Andrea Röpke · Andreas Speit (Hg.)
Neonazis in Nadelstreifen

Andrea Röpke · Andreas Speit (Hg.)

Neonazis in Nadelstreifen

Die NPD auf dem Weg in die Mitte der Gesellschaft

Ch. Links Verlag, Berlin

Abbildungsnachweis

Zacharias O. Gross: S. 47, 75
Karl-Bernd Karwasz: S. 22, 175 u.
Monitorex: S. 38, 193
Polizei Osnabrück: S. 151
Recherche-Nord: S. 35, 53, 69, 83, 110, 115, 123, 133, 158, 185
Andrea Röpke: S. 93, 95, 175 o.

Die Deutsche Nationalbibliothek verzeichnet diese
Publikation in der Deutschen Nationalbibliografie;
detaillierte bibliografische Daten sind im Internet
über http://dnb.d-nb.de abrufbar.

1. Auflage, März 2008
© Christoph Links Verlag – LinksDruck GmbH
Schönhauser Allee, 10435 Berlin, Tel.: (030) 44 02 32 - 0
Internet: www.linksverlag.de; mail@linksverlag.de
Umschlaggestaltung: KahaneDesign, Berlin,
unter Verwendung eines Fotos vom Bundesparteitag der NPD
im November 2006 in Berlin (Marko Priske/spot)
Satz: Bild1Druck GmbH, Berlin
Druck und Bindung: Druckerei F. Pustet, Regensburg

ISBN 978-3-86153-467-9

Inhalt

Einleitung
Professionalisierung und Modernisierung der Partei – Sozial, national, radikal – Angestrebter Imagewandel

»Klasse statt Masse!«, lautet eine Maxime von Udo Voigt. Der Bundesvorsitzende der *Nationaldemokratischen Partei Deutschlands* (NPD) bekräftigte jüngst diese Haltung in einem Interview mit der extrem rechten Zeitschrift »Hier & Jetzt«: »Wir brauchen Führungskräfte und keine Kleiderfetischisten.« Der Erfolg der NPD in Sachsen und Mecklenburg-Vorpommern hat den Wandel der Partei beschleunigt. Die einstige »Altherrenpartei« steht für die rechte Szene als neuer Hoffnungsträger da. Trotz mancher Pleiten und Pannen: Neue Mitglieder kommen, beleben Parteistrukturen und Politikalltag, intellektuelle »Neue Rechte« feilen an Programmen und Argumenten. Die Partei eint der Wille, bürgernah und jugendgemäß zu erscheinen, um wählbarer zu werden. Insbesondere im Schweriner Landtag haben die sechs NPD-Abgeordneten um Udo Pastörs aus der personellen Schlammschlacht der Kollegen in Dresden gelernt, die dort die Fraktionsarbeit anfänglich bremste. Nach über 100 Tagen im Amt demonstriert Pastörs' Fraktionstruppe immer noch Geschlossenheit. Als Erfolg verbucht sie auch die Teilnahme ihres Anführers beim Neujahrsempfang der »Industrie- und Handelskammer« 2008 im feinen Schweriner Staatstheater. Der Nadelstreifen-Neonazi saß in der ersten Reihe – mit freiem Blick auf die Redner und den Ministerpräsidenten.

Die NPD schickt sich an, einen alten Traum zu verwirklichen: sich als »nationale Sammlungsbewegung« zu etablieren, die die Führung im extrem rechten Lager übernimmt. So hat sie in den letzten Jahren nicht nur ihre Mitgliederzahl auf 7200 verdoppeln können und ist damit zur mitgliederstärksten Partei der völkisch-nationalistischen Bewegung geworden, sondern hat sich auch zu einem »Gravitationsfeld« der rechten Szene entwickelt.

Bei der Bundestagswahl 2005 votierten rund 250 000 Wähler für die NPD. »In Mitteldeutschland findet eine geräuschlose völkische Graswurzelrevolution statt«, frohlockt Parteitheoretiker Jürgen Gansel hinsichtlich des Wählerpotentials in den neuen Bundesländern.

Für diesen Erfolg ist eine neue Strategie verantwortlich, die sich in den letzten Jahren immer deutlicher herauskristallisiert hat. Ihre Elemente sind Professionalisierung und Modernisierung der Partei, eine veränderte Bündnispolitik sowie eine gezielte Einbindung von rechten Milieus, die der früher eher altbacken auftretenden NPD bislang skeptisch gegenüberstanden: die »Freien Kameradschaften« mit ihrem Umfeld zwischen aggressivem Rechtsrock und gewaltbereiten Neonazis.

Neben den »klassischen« ausländerfeindlichen Kampagnen setzt die NPD längst verstärkt auf soziale und regionale Themen, sei es Hartz IV oder »Heimatschutz«. Vor allem aber forciert die Partei kommunalpolitische Aktivitäten und gemeinnütziges Engagement ihrer Mitglieder, durch die sie sich eine größere gesellschaftliche Akzeptanz als bisher verspricht. Auch in dieser Hinsicht hat Udo Voigt schon vor rund zehn Jahren die langfristige Marschrichtung vorgegeben: »Bürgernähe zeigen, vor Ort siegen – auf kommunaler Ebene kann die Ausgrenzung unterlaufen werden.« Durch die kommunale Verankerung sollen ganz neue Wählerschichten gewonnen werden.

Die Partei ist dabei, einen Imagewandel auch im äußeren Erscheinungsbild zu vollziehen: weg von der glatzköpfigen Skinhead- und Hooligan-Partei hin zur seriös-biederen Interessenvertretung des kleinen Mannes. Dazu gehören Anzug, Schlips und Scheitel, selbstbewusstes Auftreten und rhetorische Schlagfertigkeit ebenso wie das offene Bekenntnis zur Radikalität, mit der man sich im Kampf gegen die »herrschenden Bonzen« als einzig wahre Opposition empfiehlt. Sozial, national, radikal – das ist der Dreiklang, mit dem die NPD populistisch auf Stimmenfang geht. Und die kommunale Verankerung soll dafür sorgen, dass nicht nur Protestwähler kurzfristig an die Wahlurne gelockt werden, sondern das Protestpotential nachhaltig an die Partei gebunden wird.

Mit dieser zweigleisigen Politik von »Verbürgerlichung« und Radikalisierung durch die Öffnung für gewalttätige Kameradschaftsführer wandelt die NPD auf einem schmalen Grat. Bisher ist es der Parteiführung unter Udo Voigt gelungen, die sich daraus ergebenden Spannungen auszubalancieren. Die Wahlerfolge in Sachsen und Mecklenburg-Vorpommern halfen Voigt, den Kurs beizubehalten. Und obwohl die NPD mit ihrem versuchten »Sprung in den Westen« bei der niedersächsischen Landtagswahl mit 1,5 Prozent der abgegebenen Stimmen scheiterte, so ist sie doch gegenüber der Bundestagswahl 2005 mit über 50 000 Wählern stabil geblieben. Denn die NPD ist auch intelligenter geworden, Chancen werden realistisch eingeschätzt. Und sie ist gelassener im Umgang mit »personellen Schwierigkeiten« geworden. Bundesvorstandsmitglieder wie der mehrfach verurteilte Thorsten Heise werden nicht öffentlich abgemahnt, wenn bei einer Razzia in seinem Haus Waffen und belastende Tonträger gefunden werden. Nationalistisch gesinnte Straftäter werden für den Landtagswahlkampf in Niedersachsen mit offenen Armen aufgenommen, um sie in den eigenen Reihen »zu resozialisieren«. Reue müssen diese Aktivisten für ihre oftmals brutalen Taten nicht zeigen.

Der Einfluss radikaler »Freier Nationalisten« innerhalb der NPD ist gewachsen. Die Hälfte der Führungsmannschaft im Schweriner Landtag besteht aus Kameradschaftsaktivisten. Auch ehemalige Politikkader demokratiefeindlicher, verbotener Kameradschaften wie Matthias Fischer von der *Fränkischen Aktionsfront* machen nun Karriere bei der bayerischen NPD, und finanzstarke, aber unkontrollierbare Gesinnungstäter wie Jürgen Rieger können offen einem Hitlerismus frönen. Sie alle werden toleriert.

Die Partei hat Antworten gefunden, nicht nur im Umgang mit »internen Problemen«. Bei der Umsetzung der angestrebten kommunalen Verankerung werden angehende Nachwuchspolitiker umfangreich geschult und mit Argumentationshilfen ausgestattet. Mit der allmählichen Professionalisierung in der Partei geht eine vielfach unterschätzte Intellektualisierung einher. In feinen Anzügen, geschult in Rhetorik und Wortergreifung, besetzen sie immer mehr gesellschaftlichen Raum. Gerade in den alten Bundesländern sind NPD-Funktionäre keine Randexistenzen mehr, unter ihnen befinden sich Gymnasiasten, Anwälte, Handwerker und Unternehmer.

Die NPD ist auf dem Weg in die Mitte der Gesellschaft. Das heißt nicht, dass sie demokratisch geworden wäre. Dass sich die

Ziele und Botschaften trotz allem Imagewandel nicht geändert haben, können weder feines Tuch noch gepflegter Haarschnitt verbergen. Nicht nur Personal, Programme und Parolen, sondern vor allem die politische Praxis der NPD innerhalb und außerhalb der Parlamente zeigen: Auch Neonazis in Nadelstreifen bleiben Neonazis.

In der Öffentlichkeit ist von der NPD meist nur die Rede, wenn ihre Abgeordneten mal wieder für einen außergewöhnlichen Eklat gesorgt oder ihre Anhänger außerhalb des Parlaments eine besonders schwere Gewalttat verübt haben. Was in der NPD und ihrem Umfeld alltäglich passiert, das wird kaum wahrgenommen. Ohne einen Blick hinter die Kulissen und in die verdeckten Strukturen dieser Partei sind aber die in den letzten Jahren erfolgten strategischen Veränderungen nicht zu verstehen. Die Autoren dieses Bandes sind alle ausgewiesene Kenner der extrem rechten Szene. Ihre jahrelangen Recherchen zu den erstarkenden Kameradschaftsstrukturen haben sie 2004 in dem Buch »Braune Kameradschaften – Die neuen Netzwerke der militanten Neonazis« veröffentlicht. Basierend auf der inzwischen erfolgten »nationalen Verbrüderung« zwischen Kameradschaften und NPD soll mit »Neonazis in Nadelstreifen« die neue Generation der Kader, die gewandelte Strategie der NPD und ihr meist unsichtbar bleibendes Netzwerk an Unterstützern und Anhängern dargestellt werden.

Im Kapitel »Höchststrafen für das deutsche Parteiensystem« geht Andreas Speit den Wahlkampfstrategien nach, zeigt Möglichkeiten und Grenzen der NPD und der »Freien Kameradschaften« auf, hinterfragt ihre strategischen Konzepte und benennt die handelnden Kader. Er betrachtet die parlamentarische Arbeit der NPD in Mecklenburg-Vorpommern und Sachsen sowie das Zusammenspiel der Fraktion mit der »nationalen Apo«. Selbst wenn ihre Wahlkämpfe und ihre kommunalpolitischen Bemühungen in Ost und West nicht immer von Erfolg gekrönt sind, so schafft diese Partei es doch, wie Speit belegen kann, sich neu aufzustellen.

Selbstsicher sucht die NPD mittlerweile die Auseinandersetzung mit dem politischen Gegner. Auf dessen Veranstaltungen erscheinen Parteikader, um den Verlauf der Diskussion zu bestimmen. Diese Taktik der Wortergreifung gelingt auch, weil die

Rechten nicht bloß ihre alten Positionen zeitgemäß formulieren können. Längst ist eine Intellektualisierung der »nationalen Opposition« im Gange. Andreas Speit stellt verschiedene Projekte vor, mit denen neu-rechte Intellektuelle die Partei ideologisch und argumentativ modernisieren wollen. Die ideologische Neuausrichtung wird auch von der Jugendorganisation der NPD vorangetrieben. In der Öffentlichkeit werden die Bemühungen der *Jungen Nationaldemokraten* oft nicht wahrgenommen. Vielleicht, weil sie kaum noch die Klischeevorstellung von Glatze, Bomberjacke und Springerstiefel erfüllen. Stattdessen kommen sie im lässigen Schick von Studenten daher und feilen an ihren Schreibtischen an den Argumenten für ihre Kameraden auf der Straße.

»Das Potential ist in Bayern so groß wie in keinem anderen westlichen Bundesland«, glaubt der Landesvorsitzende der NPD Ralf Ollert aus Nürnberg und hat bereits die Landtagswahlen im Visier. Tatsächlich kommt auch eine Studie der Friedrich-Ebert-Stiftung zu dem erschreckenden Ergebnis, dass das traditionsbewusste CSU-regierte Bundesland, was radikale politische Einstellungen betrifft, »mit den tiefsten Ostprovinzen« mithalten kann. Der Münchner Fachjournalist und Szenekenner Robert Andreasch beobachtet seit Jahren die Entwicklungen und Veränderungen im braunen Netzwerk rechts von der CSU. Seine Recherchen belegen, dass die NPD in Bayern nicht nur mit verdeckten Initiativen auf Wählerfang geht, sondern auch nicht vor direkter Kooperation mit äußerst militanten Neonazis zurückschreckt. Zusammen mit Andreas Speit dokumentiert er den langsamen Aufstieg des Landesverbandes, der oft nicht wahrgenommen wird, weil sich der kritische Blick meist auf den Osten richtet.

Eine der wichtigsten, aber auch umstrittensten Fragen bezüglich des Rechtsextremismus ist: Woher haben die Neonazis ihr Geld? Andrea Röpke geht in ihrem Beitrag dieser schwierigen Frage nach. Sie erzählt am Beispiel des ebenso bekannten wie berüchtigten NPD-Millionärs Jürgen Rieger aus Hamburg, wie finanzielle Mittel organisiert werden können. Sie nennt biedere Hintermänner und finanzkräftige Sponsoren, belegt, wie Immobilien der politischen Arbeit nutzen, und berichtet über die zweifelhafte Rolle des Staates, wenn Steuergelder in Millionenhöhe in braune Kanäle fließen. Von der Öffentlichkeit wenig beachtet, entwickeln sich aber auch eigene Wirtschaftsnetzwerke, und die NPD unternimmt zunehmend Anstrengungen, durch regionale Stammtische und Wirtschaftsforen Handwerker und mittelständische Unternehmer für sich zu gewinnen. Frauen und Mädchen sehen sich als Teil einer nationalistischen Front. Sie wollen nicht mehr nur die Freundin eines Neonazis sein, sondern rechte Politik mitgestalten. Die NPD hat das große Potential interessierter Frauen erkannt und versucht, sie langfristig an die Szene zu binden. Der im Herbst 2006 gegründete *Ring Nationaler Frauen* soll als rechtes Pendant zu den frauenpolitischen Gruppen etablierter Parteien ausgebaut werden. Dem Spannungsfeld, in das Frauen geraten, die in und bei der Partei selbstbewusst Politik gestalten wollen, gehen Andrea Röpke und Andreas Speit nach. Sie zeigen zudem, wie es rechten Mädchen und Frauen in den Kommunen schneller gelingt, von der Gesellschaft akzeptiert zu werden, und so das Image der Partei in der öffentlichen Wahrnehmung verändern. Doch solche Frauen stoßen auch an Grenzen, die von der männerdominierten Szene gesetzt werden; Aussteigerinnen berichten von Gewalt und Sexismus. Selbst verdiente »Straßenkämpferinnen«, das zeigen Röpke und Speit, werden irgendwann an ihre angebliche »biologische Verpflichtung« als Frau und Mutter erinnert.

Die NPD geht mit dem harmlos klingenden Begriff »Volksgemeinschaft« auf Wählerfang. Sich am Nationalsozialismus orientierend, sollen im Sinne eines »Lebensbundprinzips« ganze Familien der Kameraden in die politische Arbeit eingebunden werden. Das heißt: 24 Stunden Neonazi sein. In diesen »Sippen« herrschen straffe Hierarchien und militante Erziehungsmethoden. »Jeder, der in der rechten Szene was auf sich hält«, so die Aussteigerin Tanja Privenau, »gibt seine Kinder in die HDJ.« Die *Heimattreue Deutsche Jugend* ist eine bundesweit agierende Organisation, die seit Jahren im großen Stil, aber äußerst konspirativ Lager und Schulungen für Hunderte von Kindern und Jugendlichen durchführt. Nach zweijähriger, gefährlicher Recherche weist Andrea Röpke auf die Aktivitäten NPD-naher, oftmals vorbestrafter Erzieher hin, die im Stile der verbotenen *Wiking-Jugend* bislang unbehelligt weiterarbeiten.

Die Rechtsrock-Experten Christian Dornbusch und Jan Raabe dokumentieren, wie die NPD in den letzten Jahren mit Erfolg den Schulterschluss mit der rechten Musikszene gesucht und vollzogen hat. Mittlerweile nutzt sie nationalistische und rassistische Liedermacher, um ihre politischen Botschaften in ein breiteres Spektrum zu transportieren. Rechtsrock wird nicht zuletzt massiv eingesetzt, um an den Schulen mit Gratis-CDs für die Partei zu werben und rechtes Gedankengut unter die Schüler zu bringen.

Rechtsextreme Gewalt ist in den letzten Jahren bedrohlich angestiegen. Seit 1990 kamen dabei mehr als 136 Menschen ums Leben. Thomas Niehoff berichtet von rechten Gewalttaten, von eigenartigen Reaktionen auf Seiten der Polizeibeamten, ihren Behörden und manchem Bürgermeister. Immer noch müssen Opfer rechter Gewalt selbst auf den politischen Hintergrund des Angriffs hinweisen. Und längst gibt es »Zonen der Angst«, die Jugendliche und Menschen mit Migrationshintergrund meiden. Dieser alltäglichen Gewalt geht Niehoff nach, beleuchtet aber auch die szeneinterne Aggression und Brutalität in den Kreisen von NPD, »Freien Kameradschaften« und ihren Gefolgsleuten.

Die weltweite Empörung über die Vorfälle in Mügeln und Halberstadt, wo ein rechter Mob ausländische Mitbürger bzw. Mitglieder einer Theatergruppe angriff, zwang die Verantwortlichen in Politik und Gesellschaft, sich mit dem Problem Neonazismus erneut auseinanderzusetzen. Gelder wurden bewilligt, neue Präventionsstellen eingerichtet. Doch eine Unterstützung von laufenden Projekten gegen neonazistische Bestrebungen ist immer noch nicht nachhaltig gewährleistet. Stattdessen müssen sich Opferberatungsstellen von Zuschuss zu Zuschuss durchhangeln. Etablierte Präventionseinrichtungen entlassen qualifizierte Mitarbeiter aus Kostengründen oder können Projekte nur kurzfristig bewilligen. Selbstorganisierte, alternative Aktionen gegen Neonazismus werden derweil von Politik und Behörden oft skeptisch beobachtet. Doch nur eine breite und vielschichtige Gegenwehr kann das Vordringen rechter Kräfte aufhalten. Ständiger Widerspruch gegen die rechte Alltäglichkeit ist nötig – in Ost und West.

Hamburg, im Februar 2008   Die Herausgeber

Andreas Speit

»Höchststrafe für das deutsche Parteiensystem«

Nach der Niederlage – Partei und Kameradschaft –
Gravitationskraft durch Erfolg – Parlament als Podium –
»Kalkulierter Tabubruch« – »Wir kümmern uns« –
Kommunale Verankerung – Vor den Wahlen

»Niederlage«: Nach der Landtagswahl in Niedersachsen beschö-
nigt NPD-Spitzenkandidat Andreas Molau wenig. Der erhoffte
Durchbruch im Westen der Bundesrepublik ist ausgeblieben.
Einen Einzug in die Landtage von Niedersachsen und Hessen
hatte die Bundesführung der Partei am 27. Januar 2008 auch
nicht erwartet, wohl aber einen Achtungserfolg vor allem in
Niedersachsen erhofft.

»Wir konnten lediglich rund 53 000 Wähler dazu bewegen,
ihre Stimme der nationalen Opposition zu geben«, sagt Andreas
Molau. Zwei Tage vor der Wahl für den Landtag in Hannover
hatte er ohne Wahlkampfrhetorik offen bekannt: »2 Prozent
wären befriedigend, 3 Prozent gut, 5 Prozent super.« Mit den
erreichten 1,5 Prozent ist er nicht zufrieden. Doch kein Anlass
für ihn, sich von der Politik abzuwenden. »Als ›Überzeugungs-
täter‹« verspricht Andreas Molau auf der NPD-Website leicht
selbstironisch, »werde ich auch nach 1,5 Prozent nicht aufgeben.« Eine klare Botschaft, die in der bundesdeutschen Szene
von NPD bis »Freien Kameradschaften« gut ankommt. »Welcher andere NPD-Mann gesteht auch schon mal eine Niederlage
ein. Diesen unverkrampften Umgang mit Niederlagen wünsche
ich mir von der gesamten Partei«, heißt es in einem rechten
Internetforum und: »Weiter so, Andreas Molau!«

Am selben Wahltag erreichte die NPD 0,9 Prozent in Hessen.
»Strukturelle Probleme« räumte die hessische NPD-Spitzenkan-
didatin Doris Zutt schon vor dem Stichtag ein, gab sich aber
zugleich zuversichtlich: »Durch diese Wahl kommen wieder
neue Mitglieder.« Die Bundesführung hatte sich keinen großen
Illusionen hingegeben, auch wenn die Rhetorik im Vorfeld der
beiden Landtagswahlen ganz anders geklungen hatte.

Hannover, vier Monate zuvor, am 15. September 2007: »Nach gut vierzig Jahren zieht die NPD erstmals wieder in ein Westlandesparlament« ein, verkündet der Bundesvorsitzende Udo Voigt vollmundig im Hannoverschen Congress Centrum (HCC). Applaus von den rund 600 NPD-Kameraden in der schmucklosen Halle. Welcher Politiker würde auch beim Wahlauftakt niedrigstapeln. Die Partei muss in Wahlkampfstimmung gebracht, die Wähler vom Gedanken des Stimmenverschenkens abgehalten werden. Auch Andreas Molau steigt mit Schwung auf die Bühne: »6 plus x« gibt das NPD-Bundesvorstandsmitglied als Losung aus. Beide Daumen streckt er selbstbewusst in die Höhe. Das Wahlkampfmotto »Sozial geht nur national« prangt im Hintergrund der Bühne. Ganz Wahlkämpfer, versucht Molau die Partei auf die kommenden Wochen einzustimmen. »Die NPD ist heute die Speerspitze für eine knallharte Oppositionspolitik«, erklärt er unter großem Beifall.

In der Halle wird Andreas Molau den Erwartungen als Hoffnungsträger der Partei gerecht. Schon mit Blick auf die Zeit nach der Wahl äußert ein älterer Herr in Trachtenkluft begeistert: »Solche Männer brauchen wir.« Und ein jüngerer Kamerad, auf dessen T-Shirt »Kein Existenzrecht für Israel« steht, meint beeindruckt: »Der bewegt die Partei.« An diesem Samstag in Hannover beweist Molau, dass er genau weiß, wann er wie was zu sagen hat. »Das ist ein Mann, der auf der Straße den Bürger ansprechen kann«, beteuert Udo Voigt. Brav und bieder braucht Molau vor den Parteianhängern im HCC nicht zu sein, hier kommen zurückhaltende Aussagen weniger an. »Die SPD hat den sozialen Gedanken längst verraten« wettert er. »Noch immer spielt man sich als Vertreter des Kleinen Mannes auf.« Er hebt die Stimme und fragt donnernd in Richtung etablierter Parteien: »Für wie dumm halten sie die Niedersachsen?«

Die wichtigsten Adressaten der NPD-Wahlkämpfer sind wieder vor allem jene Menschen, die sich nach Einführung von Hartz IV und der Anhebung des Rentenalters auf 67 Jahre um die Zukunft sorgen. Ängste, die die NPD nicht allein im Wahlkampf vor Ort aufzugreifen versucht. »Wir kümmern uns«, verspricht die NPD in vielen Bundesländern. Lautstarken Zuspruch erntet Molau, als er eine Art Apartheid in der Bildungspolitik fordert. Die Schulklassen müssten, so der ehemalige Waldorflehrer, in ausländische und deutsche Kinder getrennt werden. »Wir sind einfach nicht mehr bereit, uns bevormunden zu lassen«, schimpft Molau weiter: »Auch und besonders nicht vom Zentralrat der Juden in Deutschland.« Völlig alten Positionierungen anhängend, droht er der Vorsitzenden des Zentralrats der Juden: »Ihre Religionsgemeinschaft, Frau Knobloch, ist hierzulande ohnehin überprivilegiert. Ich versichere Ihnen: Wenn die NPD die Richtlinien der Politik in Deutschland bestimmt, dann können Sie diese Sonderbehandlung vergessen.« Anhaltender Applaus – auch und gerade von jenen radikaleren Aktivisten aus dem Netzwerk der »Freien Kameradschaften«.

Im Vorfeld der Wahlen hatten sich deren Anführer und NPD-Funktionäre miteinander arrangiert. Eine »enge Zusammenarbeit« verkündet denn auch im HCC Dieter Riefling, einer jener Kader, die im Hintergrund das Netzwerk der »Freien Kameradschaften« lenken. Bereits vor seiner Rede hatte der später zum NPD-Landtagskandidat gekürte Riefling erklärt: »Wir setzen hier ein Signal, dass es möglich ist, dass Partei und Freie Kräfte gleichberechtigt in den Wahlkampf starten.« Der vormals wegen Körperverletzung Verurteilte fügte hinzu: »Andreas Molau ist seit langem der erste ehrliche Vertreter der NPD.«

Beide Seiten verheimlichen nicht, dass das Bündnis zwischen dem offen nationalsozialistisch orientierten Netzwerk und der bemüht moderat erscheinenden Partei spannungsgeladen ist. In der Bundesführung fürchten einige um das angestrebte neue Image. Als Glatzenpartei wollen sie nicht wahrgenommen werden. Ohne Hilfe der Kameradschaften jedoch, die seit Mitte der 90er Jahre Kader von verbotenen neonazistischen Kleinstparteien und Vereinen aufgebaut hatten, kann die Partei kaum Wahlkämpfe an der Basis bestreiten. Schon in Sachsen und in Mecklenburg-Vorpommern führten NPD und »Freie Kameradschaften« die Wahlkämpfe gemeinsam. Trotz manch gegenseitiger Skepsis sind sich die Anführer beider Strukturen der Vorteile eines gemeinsamen Vorgehens bewusst. Die Kameradschaften, die sich in Abgrenzung zu extrem rechten Parteien »Freie Kräfte« oder »Freie Nationalisten« nennen, erreichten in den vergangenen Jahren durch ihr Organisationsprofil und ihre politischen Positionen vor allem Jugendliche und junge Erwachsene – nicht bloß bei Wahlen. In dieser Szene finden ständig Aktionen, Konzerte und Partys statt. Das Politische fällt mit dem Privaten zusammen: Man kämpft, man feiert gemeinsam. Ihre Führungspersonen sind meist wesentlich jünger als Parteifunktionäre, ihr Aktionismus vor Ort oft größer, ihre Parolen radikaler.

»Es zählt, was eint!«, ist das immer wiederkehrende Credo Udo Voigts. In die gleiche Richtung zielte Molau, als er am 18. Januar 2008 in der DVU-nahen »National-Zeitung« mahnte: »Wir müssen als Nationale aber lernen, eine Mannschaft zu sein. Viele nationale Aktivisten sind freilich ungeduldig. Jeder meint, es besser zu können und vor allem schneller.« Beschwichtigend fügte er aber hinzu: »Jeder hat eine Position, aber alle spielen auf ein Tor.«

In Niedersachsen gelang es besonders Andreas Molau, der bislang als Publizist im neu-rechten Spektrum vor allem den »Kampf um die Köpfe« führte, Mitglieder der »Freien Kameradschaften«, die sich zuvor auf den »Kampf um die Straße« konzentriert hatten, einzubinden. Im Vorfeld der Wahlen traf er sich mehrfach mit wichtigen Drahtziehern der »Freien Kräfte« zu konspirativen »Stammtischgesprächen« im Raum Lüneburg. Die Zusammenarbeit mit diesen Parteikritikern kam nicht nur wegen Molaus klaren Aussagen zustande, sondern auch, weil er im Wahlkampf mit anpackte. »Der klebte nachts selbst Plakate«, schrieb ein Anhänger bewundernd in einem Szeneforum. »Anpacken und nicht bloß schnacken«, das gefällt in diesen Kreisen.

Im Hannoverschen Congress Centrum hat die Veranstaltungsregie sich für den Wahlauftakt auch eine Idee der Kameradschaften zunutze gemacht. Politische Reden von Partei- und Kameradschaftsgranden begeistern selten Jugendliche, deshalb werden die politischen Botschaften in Hannover zusammen mit musikalischen Beiträgen angeboten. Seit längerem sorgen Bands und Liedermacher bei Parteievents für neue Töne. Für den Samstag konnte die Partei die in der Szene beliebten »nationalen Liedermacher« Jörg Hähnel und Annett Müller für kurze Auftritte gewinnen. In der Halle sind so auch die meisten Anwesenden unter 40 Jahren. Kaum betritt Annett Müller die Bühne, laufen Fans nach vorn, mit gezückten Handys, um ihren Star abzulichten. Dass sie sich versingt und räuspert, stört hier niemanden.

Tosenden Beifall erhält schließlich Udo Pastörs. Die NPD sei die »Höchststrafe für das deutsche Parteiensystem«, dröhnt der Chef der NPD-Fraktion in Mecklenburg-Vorpommern und verspricht, die Partei werde »auf politisch offensive Aggression umschalten«. Er weiß: »Ohne den Sieg in den Parlamenten gibt es keinen Sieg auf der Straße« und »ohne den Sieg auf der Straße keinen Sieg in den Parlamenten.«

Die wechselseitige Abhängigkeit ist den führenden Kadern insbesondere nach dem ernüchternden Wahlsonntag im Januar bewusst geworden. Um vorzubeugen, dass die hoffnungsvollen Erwartungen nun in enttäuschte Abgrenzung umschlagen, versicherten die »Freien Nationalisten« um Dieter Riefling am 28. Januar 2008 in einer »Erklärung« zum niedersächsischen Wahlergebnis: »Andreas Molau [hat] ein neues ›Wir-Gefühl‹ geschaffen.« Zwar habe die Wahl nicht zu der erhofften »nationalen Aufbruchsstimmung im Westen« geführt, aber ein Einzug in den Landtag sei »von vornherein« eine Illusion gewesen. Auch sie hatten aber gehofft, »zwischen 2 und 3 Prozent« zu erreichen. Ganz auf Parteilinie, hoben sie optimistisch hervor: »Durch den gemeinsamen Wahlkampf der freien und parteigebundenen Kräfte konnte ein neues Netzwerk geschaffen werden, welches durchaus über den Wahlkampf hinaus erhalten bleiben wird.«

Kritik aus dem NPD-Bundesvorstand, dass Kameradschaften Geld für ihre Unterstützung, die sie im Wahlkampf in Niedersachsen geleistet hatten, fest zugesagt worden sei, konnte sich in der Partei nicht durchsetzen. Dass deren Arbeit entlohnt werde, findet etwa Andreas Molau »richtig«. In der bislang einzigen offiziellen Stellungnahme der NPD zur Wahl bekräftigte er nicht bloß als Mitglied des niedersächsisches Landesvorstandes, sondern auch des Bundesvorstandes: Erfolge seien »nur im Schulterschluss zwischen Partei und freien Kräften möglich«.

Einen Triumph vermeldete die NPD am 31. Januar dieses Jahres laut: »NPD ist stärkste nationale Kraft.« Nach Jahren hat die NPD erstmals mehr Mitglieder als die *Deutsche Volks-Union* (DVU) des Münchner Millionärs Gerhard Frey. Heute haben nach Angaben des Bundesamts für Verfassungsschutz 7200 Personen ein NPD-Parteibuch, während die Mitgliederzahl der DVU von 8500 auf 7000 gesunken ist. Durch diese Meldung des Verfassungsschutzes fühlt sich die Parteiführung der NPD in ihrer neuen strategischen Ausrichtung bestätigt.

In Berlin befindet sich die Bundeszentrale der NPD, verborgen hinter Sicherheitstüren aus Stahl und vergitterten Fenstern. Fremde Besucher werden im Windfang der Seelenbinderstraße 42 in Berlin-Köpenick gemustert. In der »Belle Etage« im ersten Stock residiert Udo Voigt, einen Fahnenständer mit NPD-Fahne – für potentielle Filmaufnahmen – hinter seinem Schreibtisch. In den parteieigenen Räumen, umgeben von seinem engsten Gefolge, wird der Bundesvorsitzende die Presseerklärung eines Mitarbeiters zum Mitgliederzuwachs abgenickt haben. Zufrieden und vielleicht auch ein wenig selbstgefällig kommentierte er die Entwicklung: »Das Fundament unserer Weltanschauung ist die Grundlage zum Ausbau einer wirklichen nationalen Opposition in Deutschland. Angesichts der verstärkten Repressionsmaßnahmen wie Berufsverbote, Hotel- und Kontenkündigungen gegen die nationale Opposition belegen diese Veröffentlichungen einmal mehr, daß eine Bewegung, deren Zeit gekommen ist, so nicht aufzuhalten ist.«

Das ist keine bloße Propaganda. Als »Gravitationsfeld im Rechtextremismus« musste bereits im Dezember 2006 das Bundesamt für Verfassungsschutz die NPD einschätzen. Der Hamburger Verfassungsschutz wurde unlängst noch deutlicher: »Sie ist das Gravitationszentrum der rechten Szene.« In den Bundesländern versucht die NPD, je nach personellem und logistischem Niveau der Landesverbände, aktuelle Regionalthemen und soziale Probleme aufzugreifen sowie auf kommunaler Ebene im Vereins- und Alltagsleben der Gemeinden bürgernah und jugendgemäß zu erscheinen. Gezielt wird vor Ort die Zusammenarbeit der »nationalen Opposition« vorangetrieben und die eigene politische Arbeit professionalisiert. Eine Entwicklung, die vor zehn Jahren nicht abzusehen war.

1996 hatte die NPD gerade noch 2800 Mitglieder. Die Partei befand sich im freien Fall. »Altherrenpartei« war damals selbst in der extremen Rechten noch die höflichste Bezeichnung für die NPD. Die Parteiführung war zerstritten, die Kassen leer, das Programm nicht mal für Neonazis ansprechend. Udo Voigt übernahm in diesem Jahr eine handlungsunfähige Organisation von seinem Amtsvorgänger. Der damalige Bundesvorsitzende Günther Deckert saß zu diesem Zeitpunkt gerade wegen Volksverhetzung in Haft. Nur mit zwei Stimmen Mehrheit setzte sich der dröge Rheinländer, damals NPD-Chef in Bayern, auf dem

Bundesparteitag in Bad Dürkheim durch. Ein Wendepunkt für die NPD. Gegen interne Widerstände bemühte sich Voigt mit Getreuen wie dem heutigen sächsischen NPD-Fraktionschef Holger Apfel und NPD-Fraktionsgeschäftsführer in Mecklenburg-Vorpommern Peter Marx um eine neue politische Ausrichtung der ältesten neonazistischen Partei in Deutschland. Die Strategen entwickelten langsam, aber stetig das heutige Selbstverständnis, sowohl Wahlpartei als auch Gesinnungsgemeinschaft zu sein. In »Alles Große steht im Sturm«, einem Hochglanzband für Mitglieder, erklärte Holger Apfel 1999, dass die NPD als »aktiv-kämpferische, nationale Weltanschauungspartei« nicht mehr versuche, mit Stellungnahmen »im beschränkenden klassischen nationalen Lager« zu werben, sondern »durch klare Positionierungen und neue Wege« »neue Wähler- und Anhängerschaften« erreichen zu wollen.

Für diese Strategie konnte Udo Voigt die Delegierten erstmals auf dem Bundesparteitag 1998 in Stavenhagen sichtbar gewinnen. Seitdem lautet die Parole: »Kampf um die Straße, Kampf um die Köpfe und Kampf um die Parlamente«. Eine Gewichtung der einzelnen Bereiche ist nicht festgelegt. Vielleicht um Fraktionskämpfe in der Partei über die Strategie nicht zuzuspitzen, betont Holger Apfel: »Je nach Interessenslage und Verankerung« könne sich der Aktivist eine »der drei für den Erfolg der NPD entscheidenden Auseinandersetzungen« aussuchen. Der Aufstieg der NPD unter Voigt verlief nicht ohne Schwierigkeiten. Interne Parteiintrigen, ein vom Bundestag initiiertes, aber gescheitertes Verbotsverfahren, laufende Steuerermittlungen und immer wieder leere Kassen waren zu meistern. Ihm nahestehende Parteikameraden griffen den Vorsitzenden schon mal an, so etwa sein Vize Apfel, der sich wegen der Nähe zu den Kameradschaften sorgt.

Ein großer Redner ist der 1952 geborene Voigt nicht. Mangelndes Charisma wird dem graumelierten Herrn aus der eigenen Partei vorgehalten. Doch den Parteiapparat weiß der ehemalige Bundeswehroffizier zu dirigieren. Über parteiinterne Seilschaften lenkt er, der wegen der NPD seine Offizierslaufbahn bei der Luftwaffe beenden musste, die Geschicke der Partei. Voigt selbst sagt oft: »Ich fühle mich noch als Soldat«, und meint damit wohl auch seinen ständigen Kampf gegen den bestehenden Staat. Dabei konnte er 2003 einen Erfolg verbuchen, als er das angestrebte Verbotsverfahren gegen die NPD ohne größeren Schaden für sich und seine Partei überstand. Am 18. März 2003 hatte das Bundesverfassungsgericht den Verbotsantrag des Bundestages wegen der Existenz von verdeckten Ermittlern eingestellt, da es eine mögliche Fremdsteuerung der Partei durch sogenannte V-Leute als »nicht behebbares Verfahrenshindernis« ansah. Die Auseinandersetzung um die verdeckten Ermittler riss die Partei nicht auseinander. Zwar traten einige Personen aus, doch schon 2004 wuchs die Mitgliederzahl wieder. Verfassungsschutzbehörden prophezeiten damals noch eine andere Entwicklung. Sie mussten sich eines Besseren belehren lassen: Denn nur knapp vier Monate nach deren Einschätzung gelang der NPD in Sachsen nach 36 Jahren erstmals wieder der Einzug in ein Landesparlament. Am 19. September 2004 erzielte die NPD 9,2 Prozent der Wählerstimmen. Kritik aus der Partei an dem neuen Kurs des Bundesvorsitzenden verstummte schlagartig. Die Szene geriet in Aufbruchsstimmung. Nach dem Erfolg erklärte Udo Voigt in der neu-rechten Wochenzeitung »Junge Freiheit« am 24. September 2004: »Die NPD ist bestrebt, die Menschen dort abzuholen, wo sie sich geistig befinden.«

Die Signale des 31. Bundesparteitags der NPD im November 2006 in Berlin waren denn auch eindeutig: »Geschlossenheit!« und »Weiter so!«. Knapp zwei Monate zuvor, am 17. September 2006, war der NPD mit 7,3 Prozent der Stimmen der Einzug in ein weiteres ostdeutsches Parlament gelungen, in den Landtag von Mecklenburg-Vorpommern. »Nichts für uns, alles für Deutschland!«, schmetterte Udo Voigt in den Saal. Die traditionelle Abschlussformel des NPD-Bundesvorsitzenden, der an demselben Wahltag zudem als NPD-Fraktionschef in die Berliner Bezirksverordnetenversammlung von Treptow-Köpenick eingezogen war, gefiel wieder. Applaus brach unter den rund 600 Delegierten und Sympathisanten im Saal des Fontane-Hauses in Berlin-Reinickendorf aus. Erstmals konnte die NPD ihren Bundesparteitag in der ehemaligen »Reichshauptstadt« abhalten. »Aus der Mitte des Volkes« stand an der Bühne.

Das Motto des Parteitags am 11. und 12. November 2006 war das Lieblingsthema des Parteivorsitzenden. Voigt zitierte genüsslich aus der kritischen Studie zu »rechtsextremen Einstellungen« in Deutschland »Vom Rand zur Mitte«, wie stark sich rechte Ressentiments in der »Mitte der Gesellschaft« festigen

NPD-Vorstandsmitglieder beim Bundesparteitag im thüringischen Leinefelde Ende 2004, vorn links Vorsitzender Udo Voigt, daneben Holger Apfel.

und verbreiten würden. Freudig ließ er seine Anhänger wissen, dass nach Angaben dieser Erhebung über 39 Prozent der Menschen in »West- und Mitteldeutschland« eine »gefährliche Überfremdung« der Bundesrepublik durch Ausländer sähen und über 15 Prozent sich einen »Führer« wünschten. Um diese »schweigende Mehrheit« für sich zu gewinnen, betonte er, müsse stärker als zuvor ein »kommunaler Unterbau« geschaffen werden, bevor man nach »Höherem« streben könne.

Auf dem Parteitag versicherte DVU-Bundeschef Gerhard Frey, den gesundheitliche Probleme und die Sorge um einen adäquaten Nachfolger plagten, dass die Absprachen Bestand hätten. Im Februar 2005 hatten die beiden langjährig verfeindeten rechten Parteien NPD und DVU den »Deutschland-Pakt« geschlossen. »Der Bruderkrieg ist eingestellt«, verkündete Udo Voigt zufrieden. Bis zum Jahr 2009 legten sie fest, wann wo wer in welchem Bundesland um die Gunst der Wähler streiten solle.

Das Dreisäulenmodell der NPD – Kampf um die Köpfe, die Straße und die Parlamente – hatte Voigt bereits Ende 2004 beim Bundesparteitag im thüringischen Leinefelde um »den Kampf um den organisierten Willen« erweitert, als man symbolträchtig die führenden Kameradschaftskader Thomas Wulff, Thorsten Heise und Ralph Tegethoff als NPD-Neumitglieder vorstellte. Noch vor der Sachsen-Wahl hatten diese in wechselnden Zusammensetzungen mit führenden Parteikadern wie Holger Apfel Gespräche geführt, um »Vorbehalte und Differenzen« auszuräumen. »Es war der Wille zu spüren, die einmal gemachten Fehler nicht zu wiederholen und sich als Partei in das Gesamtgefüge einer Bewegung des Widerstands einzufügen«, schrieben sie in ihrer »Erklärung zum Eintritt« am 17. September 2004 und ergänzten an die Adresse der Kameradschaften gerichtet beschwichtigend: »Wir halten diese freien Arbeitsstrukturen auch weiterhin für absolut wichtig.«

Die »sozialpolitische« Orientierung bestätigte der Berliner Parteitag, ebenso wie die taktische Bündnispolitik mit der DVU und den »Freien Kameradschaften«. Die Kameradschaftsszene selbst wuchs auf etwa 4400 Aktivisten an. Der Verfassungsschutz zählte zudem 10 000 »subkulturell geprägte und sonstige gewaltbereite Rechtsextreme«. Ein Milieu, das mit den Kameradschaften verwoben ist. In der Erklärung forderte Voigt voller Elan: »Jetzt heißt es ›rein in die NPD‹, damit 2009 im deutschen Bundestag endlich wieder deutsch gesprochen wird!«, und: »Nur mit organisiertem Willen lässt sich der Überfremdung unseres Vaterlandes begegnen.«

Nur die *Republikaner* (REP) trotzen offiziell noch den Umwerbungsversuchen. Den »politikfähigen Resten« der Konkurrenz bietet Voigt nun an, »den Weg zur NPD [zu] finden oder sich als Organisation dem Deutschland-Pakt an[zu]schließen«. Die extrem rechten *Republikaner* um den Bundesvorsitzenden Rolf Schlierer lehnen die Zusammenarbeit mit der NPD bislang ab, auch wenn ihm längst nicht mehr alle Mitglieder folgen und sich ganze Kreisverbände der NPD anschlossen. Manch früherer Republikaner kann jetzt gar mit Kameradschaftern umgehen. Die haben längst an Macht und Einfluss innerhalb der NPD gewonnen und gestalten die Politik der Partei mit. Nicht nur im Bundesvorstand sind Doppelzugehörigkeiten inzwischen üblich. In einigen Bundesländern wie Hamburg und Sachsen-Anhalt sind die Grenzen zwischen Partei und Kameradschaft längst fließend geworden. Etliche Kader der Kameradschaften wandten sich in Bayern, Hessen, Thüringen und Schleswig-Holstein der Partei zu. In Berlin verschwanden sogar freie Netzwerke zugunsten der NPD. Insbesondere im Hinblick auf die NPD-Fraktion in Mecklenburg-Vorpommern und ihre angestellten Mitarbeiter wird der gestiegene Machtanspruch der »Freien Nationalisten« deutlich.

Vorn rechts am Fenster, vom Landtagspräsidium aus gesehen, sitzen die sechs Abgeordneten der NPD im Schweriner Landtag. Der etwas größere seitliche Abstand ihrer Abgeordnetensitze zu den Plätzen der anderen Fraktionen fällt ins Auge. Eine Distanz, die dem NPD-Fraktionschef Udo Pastörs recht sein dürfte, erklärt er doch gern öffentlich: Diese »Demokratenfratzen« müssten mit »Besen aus Stahlborsten« aus den Ämtern gejagt werden. Seine Wortwahl mag erschrecken. An den Stammtischen politisch Verdrossener und sozial Enttäuschter aber schockieren sie weniger. »Die da oben, wir hier unten«, lautet die stetig wiederholte Botschaft der NPD aus dem Schloss.

Tatsächlich fiel Pastörs' Fraktion bisher weniger durch interne Querelen als durch gezielte politische Affronts auf, so etwa am 30. Januar 2008. In einer Reihe hintereinander hatten die NPD-Kader Udo Pastörs, Stefan Köster, Michael Andrejewski, Raimund Bormann und die Kameradschafts-Aktivisten Tino Müller und Birger Lüssow auch an diesem Tag wie gewohnt Platz genommen. Dort blieben sie auch dann noch demonstrativ sitzen, als Landtagspräsidentin Sylvia Bretschneider (SPD) die Abgeordneten bat, sich für eine Gedenkminute für die Opfer des Nationalsozialismus von ihren Sitzen zu erheben.

Anlässlich des 75. Jahrestags der Machtergreifung der Nationalsozialisten 1933 erklärte Bretschneider zu Beginn der Sitzung: »Der 30. Januar 1933 steht für das Ende von Freiheit und Meinungsverschiedenheit.« Terror und Gewalt seien die Folge gewesen, sagte sie auch zum Gedenken an die Befreiung des Konzentrationslagers Auschwitz vor 63 Jahren. Hitlers Machtübernahme müsse eine Mahnung sein, antidemokratische Tendenzen zu bekämpfen. Eine gänzlich unpassende Erinnerung und Mahnung fand die NPD-Fraktion: Ihr Abgeordneter Michael Andrejewski warf den anderen Parteien vor, das Gedenken für »taktische Spielchen und Selbstinszenierung« zu missbrauchen: »Da machen wir nicht mit.« Stefan Köster, NPD-Fraktionsgeschäftsführer, forderte frech, dass die Landtagspräsidentin ihr Mandat niederlegen sollte. »Sie schaden der Demokratie.«

Das Parlament als Bühne für extrem rechte Botschaften. Meist wohlüberlegt inszeniert, auch vom NPD-Fraktionsgeschäftsführer Peter Marx, der oft hinten im Saal sitzt und mit kleinen Zeichen unauffällig die Parteiauftritte seiner Kameraden lenkt. Die NPD profitierte an diesem Donnerstag Ende Januar mal wieder vom Überraschungsmoment. Die Fraktionschefs von CDU, SPD, Linker und FDP mussten beraten, ob das Verhalten der NPD nach der Geschäftsordnung sanktioniert werden könne. Derweil berief die NPD-Fraktion provokativ den Ältestenrat ein und beantragte eine Sitzungsunterbrechung. Denn für Udo Pastörs hatte die Landtagspräsidentin eigenmächtig gehandelt, als sie zur Gedenkminute aufforderte. Dem eigenen Geschichtsverständnis folgend, erklärte er weiter: »Die NPD-Fraktion ist nicht bereit, sich am einseitigen Schuldkult zu beteiligen. Auch wir Deutschen hatten Opfer, insbesondere die unzähligen Toten nach den angloamerikanischen Terrorangriffen auf unsere Städte sowie die Millionen Opfer von Flucht und Vertreibung.« Erst wenn die »deutschen Opfer« mit einbezogen würden, werde »sich die NPD-Fraktion an solchen Opfergedenken beteiligen«.

Die Schweriner Provokation weckt Erinnerungen an eine ähnliche Aktion in Dresden. Dort nutzte die NPD-Fraktion um Holger Apfel vor drei Jahren ebenfalls einen Gedenktag für einen Eklat. »Klamauk um des Klamauks willen« lehnt Apfel zwar ab, doch den »kalkulierten Tabubruch« befürwortet er. Am 21. Januar 2005 suchte er ihn im Sächsischen Landtag. »Jämmerlich« und »würdelos zum Erbrechen« sei es, sagte er, dass für »die Opfer des alliierten Bombenterrors« im »dicht gefüllten Terminkalender der Sühnekultur in Deutschland kein Platz mehr übrig« sei. Jürgen Gansel, Fraktionsmitglied und Parteitheoretiker, legte nach: »Die Behauptung, ein alleine durch Deutschland verschuldeter Krieg sei in Form des alliierten Bombenterrors auf das Land der Täter zurückgefallen, (…) ist infam, weil unwahr.« Sein gezielt verwendetes Wort vom »Bombenholocaust« bestimmte später die öffentlichen Diskussionen.

Widersprechen solche Aktionen nicht der Parteilinie, wenn Apfel, Gansel und Pastörs immer wieder betonen: »Wir werden daran gemessen, was wir zur Lösung der sozialen Fragen beizutragen haben«, und deshalb fordern, sich der Gegenwart zu-zuwenden? Nur bedingt, denn auch Erinnerungskultur ist Gegenwartspolitik. Nicht nur für die NPD, die mit diesen Ver-lautbarungen ihrem Klientel demonstrieren will, dass sie sich im Landtag von den verhassten »Systemparteien« nicht zähmen lässt. Aber die Partei zielt mit solchen Wortmeldungen nicht zuletzt auf die gesellschaftliche Mitte. Denn eine 2005 von Infra-test dimap durchgeführte Umfrage zum »Bomben-Holocaust« offenbarte: 27 Prozent der Deutschen unter 30 Jahren und 15 Prozent der über 60-Jährigen stören sich nicht daran, die alliierte Bombardierung Dresdens mit der nationalsozialis-tischen Judenverfolgung gleichzusetzen.

In Schwerin freute sich die NPD über die Aufmerksamkeit, die sie mit ihrem bloßen Sitzenbleiben erzielt hatte. Die Bilder der NPD-Abgeordneten, die sich der Bitte Bretschneiders teils höhnisch grinsend widersetzten, lösten Kritik aus. Nicht aber allein an der NPD. »Dieser Vorfall zeigt deutlich, welch Geistes Kind die NPD ist«, sagte die Bundestagsvizepräsidentin Katrin Göring-Eckhardt (Grüne), hob jedoch gleichzeitig hervor: »Hier einfach zu schweigen und zur Tagesordnung überzugehen er-leichtert es den rechtsradikalen Ideologen, ihr menschenverach-tendes Gedankengut zu verbreiten.« Kritik, die die Gescholtenen weit von sich wiesen. Der mecklenburgische CDU-Fraktionschef Armin Jäger erwiderte, es wäre »ein Leichtes gewesen, ein ge-harnischtes Wort zu sprechen.« Doch das habe man bewusst nicht gewollt. »Wir wollten, dass alle Welt sieht, wie sich die NPD verhält.« Die NPD habe durch ihr Verhalten, so auch SPD-Fraktionsvorsitzender Volker Schlotmann, »ihr wahres Gesicht gezeigt und keinen Zweifel daran gelassen, wo ihre ideolo-gischen Wurzeln liegen«. Im Landtag bemühen sich die Frakti-onen zwar schon seit dem Einzug der NPD, ihnen möglichst keine Gelegenheit zur Profilierung zu bieten, aber vielleicht wä-ren am 30. Januar doch eindeutigere Worte als sonst nötig ge-wesen.

Sylvia Bretschneider weiß um die Schwierigkeit, einen ange-messenen Umgang mit der NPD zu finden: »Die NPD ist demokra-tisch gewählt, gleichwohl gehört sie nicht zu den demokratischen Parteien.« Letzteres ist keine Unterstellung, NPD-Fraktionschef Udo Pastörs verkündet selbst: »Ich bin kein großer Freund die-ser Form des Parlamentarismus.« Die anderen Fraktionen hatten schon vor dem Wahltag überlegt, wie sie vermeiden könnten, so Bretschneider, der NPD »auch nur einen Millimeter mehr Raum in unserer demokratischen Ordnung einzuräumen, als unbedingt nötig ist«. Populistische Erfolge, wie sie die NPD-Fraktion in den ersten Sitzungen des Landtages in Dresden erzielen konnte, sollten in Schwerin unterbunden werden. Eine Idee: die Verkürzung der Redezeit. Eine weitere: Nur ein Abgeordneter hält für alle Fraktionen die Gegenrede, so bestimmt die NPD nicht die ganze Sitzung. Im Schweriner Schloss erhöhte die Verwaltung zudem die Sicherheitsmaßnahmen. »Was will man erwarten von einer Fraktion«, spielte Bretschneider auf Stefan Köster an, »deren parlamentarische Geschäftsführer« eine »am Boden liegende Frau mit Füßen« tritt.

»Schlimm sind die Bemerkungen der Neonazis, wenn sie sich laut untereinander über etwas lustig machen«, erzählt eine Abgeordnete. Ein anderer berichtet, er fühle sich oft hilflos und wütend, »wenn ich diese menschenverachtenden Zwischenrufe höre«. Oder wenn beispielsweise Udo Pastörs selbstsicher lächelnd zum Redepult geht und dann zur Sozialpolitik meint: »Sie sprechen von der Unterstützung benachteiligter Menschen«, doch »unser erstes Augenmerk hat dem Gesunden und Starken zu gelten«. Ein anderes Mal war er vorgeblich in Sorge um »Rechtsstaat und Meinungsfreiheit« und beantragte, den sogenannten Volksverhetzungs-Paragraphen aus dem Strafgesetzbuch zu streichen. Er sprach von einem »Denkverbot«, denn der § 130 gewähre ein »Sonderrecht für Minderheiten«. Immerhin sei eine »Relativierung vom Bombenholocaust« ja möglich, wetterte der Neonazi.

Den selbstgesetzten Regeln des parlamentarischen Umgangs folgend, ging allein Sylvia Bretschneider auf Pastörs Antrag auf Streichung des § 130 ein: »Sie wollen also, dass straflos zum Hass gegen Teile der Bevölkerung aufgestachelt werden könnte« und dass »ohne Weiteres geleugnet werden darf, das Homosexuelle oder Andersdenken während der nationalsozialistischen Terrorherrschaft inhaftiert und getötet wurden«. Zwischenrufe von der NPD. Ordnungsrufe des Landtagspräsidiums. Nichts Neues. »Allein die NPD provozierte 81 Ordnungsrufe«, sagt Mathias Brodkorb. Der SPD-Landtagsabgeordnete verantwortet das Internet-Projekt »Endstation Rechts«, das die Arbeit der NPD kritisch dokumentiert.

Die Themen der NPD sind indes sehr bewusst gewählt. Schon im Vorfeld des G-8-Gipfels warnten die Neonazis berechnend vor den Kosten, auf denen das Bundesland sitzenbleiben könnte. Vermeintliche Verfehlungen in der Wirtschafts- und Sozialpolitik gehören ebenso zum Standardrepertoire wie die Warnung vor genmanipuliertem Saatgut oder die Hinweise auf kriminelle »Linksextremisten« und vermeintliche Überreaktionen bei ausländerfeindlicher Gewalt.

Soziale Themen, hebt Mathias Brodkorb hervor, seien die Schwerpunkte der NPD. Themen also, mit denen die NPD sich als einzig wahrer Vertreter der sozial Schwachen gerieren wolle. Die Partei macht aber auch mit dem Leid von Kindern Stimmung. »Warum gehen sie so achtlos mit den kleinen Knirpsen um?«, fragte Stefan Köster für die NPD. Bei einer aktuellen Stunde wollte er den Hungertod der kleinen Lea Sophie aus Schwerin auf die Tagesordnung setzten. Der Mehrheit des Hauses warf er im gleichen Atemzug vor, einen früheren NPD-Gesetzesentwurf zu »Früherkennungsuntersuchungen« abgelehnt zu haben. Wieder eine populistische Aktion, so Mathias Brodkorb, schließlich habe die NPD den Entwurf damals von der CDU aus dem Saarland einfach kopiert. Ihn überraschte es wenig, dass die NPD dann im Verlauf der Sitzung einer Bearbeitung eines Gesetzentwurfs zur »Untersuchungspflicht für Kinder« in den Ausschüssen nicht zustimmte. Denn dort, wo die parlamentarische Arbeit von den Abgeordneten jenseits der öffentlichen Bühne bewältigt wird, bringen sie sich kaum ein.

In Dresden wird diese Verweigerungshaltung ebenfalls registriert. Nicht Inkompetenz führt zum Fernbleiben oder Schweigen der NPD-Funktionäre in den Ausschüssen, sondern es ist Teil ihrer Parlamentsstrategie. In dieses »Hamsterrad«, betont Jürgen Gansel in Dresden, begäben sie sich nicht. Der Schweriner Brodkorb erinnert sich, dass Michael Andrejewski einmal über Ausschüsse sagte: »Sie interessieren sich nicht für unsere Argumente, wir uns nicht für ihre.« »Die NPD-Fraktion konzentriert sich voll auf die Landtagssitzungen, da veranstalten sie Rambazamba«, sagt Brodkorb, denn »da sind die Kameras«. Die Fraktion agiert aber nicht nur im Schweriner Schloss. Vor Ort suchen sie weiterhin den Kontakt zu ihrer Szene und ihren Wählern.

Das Bürgerbüro der NPD liegt an der Hauptstraße des Ortes. In den Fenstern des Büros von Udo Pastörs und Stefan Köster hängen hellgraue Transparente. »Wir kümmern uns!«, steht in blauer Schrift darauf. »Sprechen Sie mit uns« werben sie, »wir helfen Ihnen«. Auffällige Schutzmaßnahmen hat die NPD an dem Gebäude in Lübtheen nicht vorgenommen. In der kleinen mecklenburgischen Stadt sind sie unnötig. Die NPD ist hier etabliert. Im Wohnort von Udo Pastörs gelang ihnen schon lange vor der Landtagswahl 2006 eine Verankerung im alltäglichen Gemeindeleben – wie in vielen Regionen des Landes.

»Raus aus den Hinterzimmern!«, hieß die Losung Stefan Kösters, die längst Parteistrategie ist. In der »Deutschen Stimme« forderte er 2006 die Kameraden auf, »im bundesrepublikanischen Alltag aktiv [zu] sein«. Ihr Leben in der »Gemeinschaft der volkstreuen Bewegung« dürfe nicht »nur in dieser Gemeinschaft stattfinden«. In einer »örtlichen Bürgerinitiative, in einem Sportverein, der Freiwilligen Feuerwehr oder anderen überparteilichen Organisationen«, forderte er, sollten die rechten Männer und Frauen mitwirken. Im Land zwischen Elbe und Haff haben NPD- und Kameradschaftskader schon länger begonnen, sich als nette Nachbarn, freundliche Vereinsmitglieder, hilfsbereite Elternvertreter und zupackende Sportfreunde anzudienen. Auf Nachfrage erklärt Köster gern: »Nationale Menschen sind in Lübtheen in der Mitte des Volkes«, und schildert, wie man sich durch das alltägliche Miteinander – auch über die Kinder – nähergekommen sei: »Lübtheener pflegen freundschaftliche Kontakte zu der nationalen Opposition«, meint er. Und Udo Pastörs ergänzt: »Hier wächst eine Kernmannschaft der nationalen Opposition zusammen mit den Menschen, die hier leben.«

Jeden Donnerstag ist das Bürgerbüro der Neonazis geöffnet. Wer will, kann telefonisch einen Termin vereinbaren. Glaubt man Passanten, dann gehen da auch Leute hin. »Die lassen sich dort wohl beraten, helfen.« Die »Verbürgerlichungsstrategie ging auf«, konstatiert Karl-Georg Ohse vom Mobilen Beratungsteam für Demokratie und Kultur. Die NPD verfüge in dem Bundesland längst über eine Stammwählerschaft, sagt er. »Die Akzeptanz in der Bevölkerung gegenüber rechtsextremen Inhalten wächst stetig.« Ute Lindenau, Bürgermeisterin (SPD) in Lübtheen, gibt offen zu: »Anfänglich haben wir nicht bemerkt, dass das Rechte sind.« Das sei inzwischen anders. Längst versucht eine Bürgerinitiative »Wir für Lübtheen« dieser Entwicklung entgegenzutreten.

In der 300 Kilometer entfernten Region Anklam gelang es Michael Andrejewski, die NPD zu etablieren. Vor Ort bot der jetzige NPD-Landtagsabgeordnete lange vor der Landtagswahl eine – wie er es nennt – »Lebenshilfe« an. Einmal im Monat lädt der Jurist zur Hartz-IV-Sprechstunde in Ueckermünde ein. Gemeinsam mit den Kameraden bemüht sich Andrejewski, der seit 2004 außerdem im Kreistag Ostvorpommerns sitzt und Stadtvertreter in Anklam ist, die Partei weiter zu verankern. Der »Landtagszirkus«, sagte er der »tageszeitung«, sei für ihn Nebensache. Seine Wähler interessierten sich ohnehin kaum für die Parlamentsarbeit, »die sind zufrieden, wenn wir denen in Schwerin mal ordentlich die Meinung geigen«.

Schon 1992 war er in der »nationalen Opposition« aktiv. Im August schaute die Weltöffentlichkeit entsetzt nach Rostock-Lichtenhagen. Dort attackierten Hunderte Menschen mehrere Tage lang das mehrgeschossige »Sonnenblumenhaus« im Hochhausviertel. Tausende Anwohner applaudierten, als dort gegen Menschen in der Zentralen Aufnahmestelle für Asylbewerber Molotowcocktails flogen. Im Vorfeld der ausufernden Krawalle waren fast 100 000 Flugblätter vor Ort verteilt worden. Unter der Überschrift »Widerstand gegen die Ausländerflut« hieß es hetzerisch: »Heute haben wir sechs Millionen. Sie nennen sich Einwanderer und erzählen uns, Deutschland gehöre jetzt ihnen.« Das Flugblatt wurde von einer Aktion *Rostock bleibt deutsch* herausgegeben – verantwortlich dafür war Michael Andrejewski. Mit den fürchterlichen Folgen will der NPD-Kader jedoch nichts zu tun haben. Im Deutschland Radio erklärte Andrejewski am 24. August 2007 zum Flugblatt ausweichend: »Da wird kein Bezug genommen auf dieses Asylbewerberheim, es wird nur generell von Ausländern gesprochen, es wird zur Gründung einer Bürgerinitiative aufgerufen, es wird überhaupt nicht zur Gewalt aufgerufen.«

In Anklam gelang es Andrejewskis Wahlkreismitarbeiter unlängst, einen ehemaligen »Konsum«-Laden in der Innenstadt mitzukaufen. Bei der Zwangsversteigerung vor dem Amtsgericht soll Alexander Wendt als Bieter nicht aufgefallen sein. Im Nachbarort Salchow betreibt er seit Jahren ein »Nationales Wohnprojekt«. Genau dort hat Michael Andrejewski sein Wahlkreisbüro eröffnet. Der Wahlerfolg macht's möglich. Mit den staatlichen Geldern kann die NPD nun die langfristige Strategie der kommunalen Verankerung vorantreiben. Jährlich erhält die Fraktion 1 275 210,60 Euro. Geld, mit dem sie zwölf Kameraden einstellten – Kader, die meist noch andere Funktionen haben und so finanziell abgesichert werden. Das nationale Versorgungsnetzwerk läuft auch in Dresden bestens. Den acht NPD-Abgeordneten stehen dort monatlich 109 040 Euro zur Verfügung. Parteifunktionäre wurden angestellt, und Theoretiker der »Neuen Rechten« konnten für die intellektuelle Aufrüstung gewonnen werden. Bis zur Hälfte ihrer Diäten sollen Mandatsträger der Partei spenden.

In Schwerin hält Udo Pastörs nicht nur mit der Anstellungspraxis, was er seinen Kameraden im Wahlkampf versprochen hat: ein enges Zusammenspiel von »nationaler Parlamentsfraktion« und »nationaler Außerparlamentarischer Opposition«. So stand die Fraktion den Hamburger Kameradschaftskadern Thorsten de Vries und Torben Klebe im Juni 2007 bei ihrer Geschäftsgründung bei. In Rostock eröffneten sie den Shop »East Coast Corner«. Beide stammen aus dem Umfeld verbotener Kameradschaftsstrukturen. Ihr Geschäftsmotto lautet: »Von der Bewegung – Für die Bewegung«. Ausgerechnet mitten im alternativ geprägten Stadtteil Kröpeliner-Tor-Vorstadt wollten sie rechte Szenebekleidung und CDs anbieten. Schon die Eröffnung löste Proteste aus. Prompt machte die Pastörs-Fraktion eine Ortsbesichtigung. Presseerklärungen zugunsten des Neonazi-Ladens folgten, ebenso zwei Solidaritätsmärsche. Birger Lüssow, NPD-Abgeordneter und Kader der Kameradschaftsszene in Rostock, richtete sogar sein Bürgerbüro in dem Eckhaus ein.

Als am 15. Januar 2008 Vermummte in den Laden stürmten, Thorsten de Vries verletzten und den Laden mit seinem Angebot zerstörten, reagierte die NPD-Fraktion sofort. Per Presseerklärung schimpfte Udo Pastörs, nun gehe die »Saat« auf, die die »politische Klasse der Blockparteien« gegen »die nationale Opposition ›mit nahezu pausenloser Hetze‹ und ›hanebüchenen Anschuldigungen‹« lege. Da machte es auch nichts, wenn Aktivisten wie de Vries in der Partei nicht immer wohlgelitten waren. Was zählt, ist die punktuelle Zusammenarbeit.

Nicht immer ist das Verhältnis der Partei zu allen Kameradschaftsstrukturen so eng und unbelastet. In den vergangenen Jahren organisierten sich Kameradschaftsanhänger als »Nationale Autonome«. Nicht bloß ihr Name ist vom politischen Gegner entliehen, auch ihr Outfit – dunkle Kappen, Outdoor-Jacken und Kapuzenpullover – ist von der linken Szene kopiert. Oft kann ein Außenstehender erst an einem kleinen Button mit der Aufschrift »Autonome Nationalisten« erkennen, welcher Gesinnung der Betreffende anhängt. Sie hören Hardcore und Hip-Hop-Musik und greifen linke Aktionsformen auf. Als »Schwarzer Block« erscheinen junge Anhänger bei NPD-Aufmärschen. Ihre Slogans sind nicht wie bei der NPD ohne Anglizismen gehalten, sondern lauten: »Fight the system! Fuck the law!« Zur Inszenierung gehören militantes Auftreten und radikale Inhalte. Dieser Teil der Kameradschaftsszene, die bundesweit etwa 400 Anhänger haben soll, findet sich oft in größeren Städten. Insbesondere in Nordrhein-Westfalen und den neuen Bundesländern gewinnen die scheinbar hierarchielosen »Nationalen Autonomen« an Attraktivität. Inhaltlich sind sie sich uneinig, manche lehnen den »Hitlerismus« ab, wollen »nur national« sein, andere verfolgen die jeweilige Linie ihres Kameradschaftsumfeldes. Vor allem geht es aber darum, »Anti-Antifa«-Arbeit zu leisten, das heißt, politische Gegner zu fotografieren, auszuspionieren oder einzuschüchtern.

Die NPD reagierte auf dieses neue Phänomen unlängst in ungewöhnlich scharfer Form. »In zunehmenden Maß ist bei Aktionen des nationalen Widerstands das bisher nur von linksradikalen/antifaschistischen Demonstrationen bekannte Phänomen des ›Schwarzen Blocks‹ zu beobachten. Als Unterzeichner [...] sprechen wir uns [...] gegen derartige Erscheinungsformen aus«, hieß es in einer Erklärung des Bundesvorstandes vom 15. August 2007. Der Grund: »Öffentliche Demonstrationen sollen unseren Landsleuten ein Bild von dem vermitteln, wie wir uns als Nationalisten das kommende Deutschland vorstellen. [...] Doch um glaubwürdig zu agieren, müssen wir zunächst einmal selbst überzeugend wirken.« Das sei mit dieser kopierten Optik, Sprache und Erscheinungsform nicht möglich. Vor allem jedoch werde so »kein positives einheitliches Erscheinungsbild« geschaffen. Reaktionen der verärgerten »Autonomen Nationalisten« auf diese Erklärung blieben nicht aus. Sven Skoda aus dem Umfeld der Düsseldorfer Kameradschaft ließ verlauten, die Partei sei eben auf einem »auf das bürgerliche Lager ausgerichteten Kurs«. Früher habe die NPD auch schon verächtlich über »Neonazis, Provokateure, Uniformfetischisten und Skinheads« gesprochen. Schnell sahen Partei- und Kameradschaftskader eine weitere Zusammenarbeit mit jungen Anhängern gefährdet. Wohl auch deshalb äußerte sich das NPD-Parteipräsidium am 10. September 2007 wesentlich moderater: »Die NPD steht weiterhin zum Schulterschluss mit allen parteiunabhängigen Nationalisten, die ihrerseits zu einer konstruktiv-partnerschaftlichen Zusammenarbeit mit der NPD bereit sind.« Und sie betonte, die Erklärung habe sich nur gegen die »Erscheinungs- bzw. Aktionsform« gerichtet.

Diese Debatte ist nicht neu. Gerade Kameradschaftskader wie Christian Worch warfen in den 90er Jahren der NPD vor, zu moderat im Programm und zu sehr auf den Parlamentarismus ausgerichtet zu sein. Kein Grund für ihn, heute nicht der Partei zu helfen. Inhaltliche Differenzen zur Parteiführung müssen nicht zur Einstellung der Zusammenarbeit führen. Im schwarzen Outfit der »Autonomen Nationalisten« tritt auch Michael Schäfer auf. Der Student der Politikwissenschaften an der Martin-Luther-Universität in Halle/Saale meinte in der »Deutschen Stimme« die »NPD öfters mal daran erinnern« zu müssen, »wo sie herkommen«, denn er würde viele Fehlentwicklungen sehen. Auch ihm, der 2007 den Bundesvorsitz der NPD-Jugendorganisation *Junge Nationaldemokraten* übernahm, ist in der Partei ein radikaler »moderner Nationalismus« zu wenig verankert. Doch in der Partei will er das ändern, nicht jenseits von ihr. Die JN solle zudem »das Bindeglied zwischen der Mutterpartei und den radikalen Kräften« werden. In der Augustausgabe 2007 der Parteizeitung hob er hervor: »Wir müssen dafür sorgen, dass das Bündnis zwischen […] konstruktiven Gruppen außerhalb der NPD und dem parlamentarischen Arm der Bewegung bestehen bleibt.« Keine leeren Worte. In Sachsen-Anhalt drängten Kameradschaftsanhänger in die JN, und einige ihrer Kader arbeiten in den Parteigremien des Landesverbandes an führender Stelle mit. Für die NPD sitzt Michael Schäfer im Kreistag des Harz-Kreises. Nicht im Szeneschick, sondern im biederen Outfit soll er zu den Sitzungen kommen. Aus Sachsen-Anhalt kam ganz praktische Hilfe für den Wahlkampf in Niedersachsen.

Selbstkritisch räumte die JN kurz vor dem Wahltag Ende Januar aber ein, dass »die Unterstützung für den Wahlkampf« von »Sachsen-Anhalt« aus »eher schlecht als recht« gewesen sei.

Der Wahlkampf verlief für Andreas Molau oft nicht wie geplant. In Groß Denkte nahe Wolfenbüttel lebt er. Das handgearbeitete Namensschild am Haus erinnert noch an seine frühere Berufstätigkeit. Aus Naturholz ist der Familienname des früheren Lehrers an der Waldorfschule in Braunschweig geschnitzt. Jahrelang unterrichtete er Deutsch und Geschichte. »Wir haben ihn verkannt«, sagt der Geschäftsführer der Waldorfschule, Michael Kropp, sehr berührt. Im November 2004 musste er das Arbeitsverhältnis mit Andreas Molau aufheben und den Schulbesuch von dessen Kindern untersagen. Denn der beliebte Lehrer hatte eine Beurlaubung beantragt, um bei der sächsischen Landtagsfraktion und bei der »Deutschen Stimme« mitzuwirken. »Man mochte das gar nicht glauben«, erzählt eine Mutter. Viele im Kollegium und der Elternschaft konnten sich nicht vorstellen, dass sie in den acht Jahren seine Gesinnung nicht bemerkt hatten. Mit vielen Aktionen bemühte sich die Schule, dieses Versäumnis aufzuarbeiten. Molau inszenierte sich indes als Opfer.

Zur Landtagswahl ermunterte ihn, wie den gesamten Landesverband, die Kommunalwahl 2006. Damals gewann die NPD immerhin 18 Mandate, weitere sechs gingen an NPD-nahe Wählergemeinschaften. Molaus Fazit: »Die Partei ist nicht beliebt, das Personal schon.« Einer dieser angesehenen rechten Lokalpolitiker lebt in Süpplingen nahe Helmstedt, im ehemaligen »Zonenrandgebiet«. In dem kleinen Ort ist der Landwirt Adolf Preuß jedem bekannt. Seit fast 40 Jahren sitzt er für die NPD im Gemeinderat und beinahe 20 Jahre war er im Kirchenvorstand. Erst kritische Nachfragen von der »tageszeitung« und der »Zeit« bei der Landeskirche lösten ein Umdenken aus. Politische Gespräche, gestand Pfarrer Bernhard Sieverling, habe er vorher mit dem NPD-Mann nie geführt. Der hat seine Gesinnung jedoch nicht verheimlicht. Ein rostiges Metallschild hängt an der Scheunenwand seines Hofes. Es zeigt das Deutsche Reich in den Grenzen von 1937: »3 geteilt? Niemals!« prangt darauf. Im Ort schwärmen Anwohner von seiner Hilfsbereitschaft, er hilft der Feuerwehr und beim Osterfeuer. Nach Aussprache in der Kirche und Diskussionen in der Gemeinde musste Preuß sein

*NPD-Stadtrat Michael Hahn aus Bad Lauterberg und Spitzen-
kandidat Andreas Molau (rechts) bei einer Parteidemonstration
zum 1. Mai 2007 in Vechta.*

Kirchenamt abgeben. Nicht alle Süpplinger finden das richtig.
Bei der Landtagswahl erreichte die NPD in Helmstedt 3,6 Pro-
zent. Nur in Bad Lauterberg erzielte NPD-Stadtrat Michael
Hahn ein noch besseres Ergebnis: 5,9 Prozent.

Auf kommunaler Parlamentsebene agieren NPD-Mandatsträ-
ger sehr unterschiedlich – mal engagiert, mal passiv, mal verbal
aggressiv, mal moderat kleinbürgerlich. Bundesweit hat die
NPD etwa 125 Mandate in Kreistagen, Gemeinde- und Stadträ-
ten. Um diese Arbeit zu professionalisieren, gründete die NPD
am 26. Juni 2003 die *Kommunalpolitische Vereinigung*, kurz
KPV. Auf einer Jahreshauptversammlung erklärte der NPD-
Kreistagsabgeordnete Stephan Meise 2006: »Der Umgang mit
der Kommunalverfassung, der jeweiligen Geschäftsordnung
und der Kreisordnung muß ebenso thematisiert werden wie das
Auftreten vor dem Auditorium und vor der Presse.« Schulungen
sind angelaufen. Viele Mandatsträger sind zum ersten Mal im
Amt. Passivität hat auf kommunaler Ebene oft etwas mit Uner-
fahrenheit zu tun. Eine Untersuchung der Friedrich-Ebert-Stiftung zur kommunalpolitischen Arbeit der extremen Rechten
bestätigt, dass die NPD sich »insbesondere in den neuen Bun-

desländern mit lokal- und sachpolitischen Themen« bemüht, als national-demokratische Partei zu erscheinen. Nach Angaben der Autoren der Studie, Benno Hafeneger und Sven Schönfeld, sind diese Bemühungen vor allem in der Sächsischen Schweiz und in Teilen Mecklenburg-Vorpommerns zu beobachten. Mit unterschiedlichem Erfolg. In Stralsund sitzen für die NPD Dirk Arendt und Bernd Flotow im Rat. »Wir haben das große Glück, dass es zwei Blödköpfe sind«, sagte ein Ratsherr gegenüber Hafeneger und Schönfeld. Einige Stadtverordnete in Anklam berichteten indes, dass Michael Andrejewski »eine gewisse Kompetenz« habe. Aus der CDU wird ihm gar »formale wie inhaltliche Qualität« bescheinigt. Ein SPD-Ratsherr warf der CDU vor, einen »persönlichen Umgang« mit Michael Andrejewski zu pflegen. Dass dieser nichts tue, kann man dem rührigen NPD-Kader jedenfalls nicht vorwerfen. Im niedersächsischen Bad Lauterberg dagegen fällt das Urteil des SPD-Fraktionsvorsitzenden Heinz Kalamorz zur Ratsarbeit des NPD-Mannes Michael Hahn härter aus: »Von Aktivitäten kann man eigentlich nicht sprechen.« Per Presseerklärung erwidert der Gescholtene, dass er sich sehr wohl engagiere. So habe er »sich weiterhin für den Erhalt des Altenheims« eingesetzt, und bei der entsprechenden Ratssitzung hätten Zuschauer ihm gar applaudiert.

Klingt nebensächlich, doch solch Zuspruch sorgt manche Kommunalpolitiker. Sie fürchten, dass die NPD noch mehr Akzeptanz finden könne, wenn es ihr gelingt, gegenüber den Bürgern als jene zu erscheinen, die sich in der Stadt oder Gemeinde tatsächlich bemühen, die jedes noch so kleine Begehren ernst nehmen und handeln.

Ein Geheimnis machte Molau aus seinen Sorgen im niedersächsischen Landstagswahlkampf 2008 nicht. Kurz vor dem Wahltag erklärte der Spitzenkandidat, die »Werbemöglichkeiten sind nicht so groß wie bei der Wahl in Mecklenburg-Vorpommern«. Tatsächlich konnte die NPD in der heißen Phase des Wahlkampfes nur an einzelnen Orten den Wahlkampf kurzfristig intensivieren. Mit einem Budget von rund 100 000 Euro hatte die Wahlleitung noch Anfang 2007 gerechnet. Doch Rechtsstreite um staatliche Bezuschussungen scheiterten. Die Bundesverwaltung behielt Geld ein, um Schulden der NPD auszugleichen, die durch Manipulationen zu viel Geld erhalten hatte.

In Harz und Heide, an Nordsee und Deister verteilten die Wahl-helfer nach Parteiangaben trotzdem über eine Million Exemplare ihrer Wahlkampfzeitung. Eine zweite Ausgabe folgte. Der Partei gelang es gar, bei dem Anzeigenblatt »Wolfenbüttler Schaufenster« ihre Wahlzeitung als Beilage in einer Teilauflage mitzuveröffentlichen. Doch gerade mal 20 000 Plakate sollen Szenegerüchten zufolge vorrätig gewesen sein. Zu wenig, um sich in einem Flächenbundesland wie Niedersachsen massiv zu präsentieren. Mehr Präsenz hatte auch das Landesamt für Verfassungsschutz in Hannover erwartet: Die Kampagne der NPD »kommt viel schmächtiger daher, als zu befürchten war«, sagte Sprecherin Maren Brandenburger.

In Mecklenburg-Vorpommern hatte die NPD 2006 selbst in den kleinsten Dörfern Wahlkampfplakate geklebt. Vor Ort führten sie beim Verteilen von Werbeflyern immer wieder Gespräche. In Niedersachsen fehlten dafür die Kräfte. Eilig fuhren sie in den letzten Tagen noch mit Lautsprecherwagen herum. Als Grund für das schlechte Abschneiden nennt Andreas Molau außerdem die geringe Zahl von Veranstaltungen, die man habe ausrichten können. Und schließlich sei die Medienberichterstattung zur NPD eine reine Diffamierung gewesen. Andreas Molau verschweigt, dass die NPD im niedersächsischen Wahlkampf nicht ein einziges Thema setzen konnte, das die Wähler ansprach. »Freie Nationalisten« um Worch und Riefling sind da selbstkritischer. Sie räumen eine »Mitverantwortung« dafür ein, dass die »soziale Frage« nicht so sehr besetzt wurde, wie man sich das vorgenommen hatte.

Das Wahlergebnis in Niedersachsen zeigt aber auch, dass dort, wo Partei und Kameradschaft sich regelmäßig vor Ort engagierten, sichtbar Politik machten, sie größeren Zuspruch erfuhren. Nicht bloß in Bad Lauterberg und Helmstedt hat die Partei prozentual mehr Wählerstimmen als im Bundesland erhalten. In Verden, wo die Partei ebenfalls Kommunalvertreter stellt, stimmten 2,7 Prozent für sie. In Walsrode, Celle, Soltau und Bergen, wo Kameradschaften stark sind, erreichte die NPD bis zu 2,5 Prozent. In Buxtehude, Delmenhorst und Wilhelmshaven kamen sie auf 2,1 Prozent.

So werden jetzt schon Stimmen in rechten Webforen laut, dass bei der nächsten Kommunalwahl »ein paar schöne Kreistagsfraktionen« möglich würden. »Die Grundlage für diese Basisarbeit

Auf Wählerstimmenfang im Januar 2008 in Niedersachen: Infostand der NPD in Celle.

ist jetzt endlich auch in Niedersachsen geschaffen worden«, meint ein anderer: »Nun heißt es, diese aufgebauten Strukturen weiter auszubauen und die nächsten fünf Jahre weiter gute Arbeit zu machen! Dann sieht das nächste Ergebnis ganz anders aus!«

Denn das magere Wahlergebnis von 1,5 Prozent bringt der klammen NPD immerhin Geld. Rund 20 000 Euro dürfte die Partei als Wahlkampfkostenrückerstattung erhalten. Gefreut haben sich Molau und Kameraden auch über ein anderes Ergebnis. Bei der gleichzeitig zur Landtagswahl stattfindenden »Juniorwahl« an rund 120 Schulen in Niedersachsen stimmten 5,4 Prozent der Schüler im Alter zwischen zwölf und 19 Jahren für die NPD.

Dort, wo die NPD Zulauf erfahren hat, wird sie weiter verstärkt die Auseinandersetzung suchen. Christian Worch meinte schon als Kameradschaftsführer gelassen: »Nach dem wenig ermutigenden Wahlergebnis nicht abschlaffen und in der Versenkung verschwinden. Aktiv bleiben, sich immer wieder ins Gespräch bringen. Präsenz zeigen. Grundlagen schaffen, selbst kleinste Erfolge ausbauen. Und sich damit auf eine neue Runde vorbereiten.«

Neue Wahlüberlegungen werden in der rechten Szene angestellt. Nur vereint, das ist allen klar, sind Erfolge möglich. Allerdings fragen einige Kader, ob der »Deutschland-Pakt« mit der DVU nicht neu verhandelt werden sollte. Denn in Brandenburg erreichte die NPD bei Umfragen bessere Werte als die DVU. Dem Pakt entsprechend soll aber die DVU dort wieder antreten. Umfrageergebnisse deuten noch andere Entwicklungen an. Im September 2007 ergab eine Erhebung des Meinungsforschungsinstitutes Forsa, dass die NPD mit neun Prozent wieder in den Landtag von Dresden käme – sogar noch vor der SPD, die mit acht Prozent ein neues Tief in Sachsen erreichen würde. Trotz der personellen Querelen der NPD im Landtag von Sachsen bleibt die Wählerbasis der Rechten dort stabil. Ende Dezember 2007 stellte Forsa in Mecklenburg-Vorpommern bei einer repräsentativen Umfrage fest: Die NPD zöge dort ebenfalls erneut ins Schweriner Schloss ein. Mit sieben Prozent bliebe sie nur geringfügig hinter dem Landtagswahlergebnis von 2006 zurück. Das sind Zahlen, die die Parteiführung erfreuen. Sie weiß um die Chance, sich über diese strategischen Brückenköpfe bundesweit besser aufstellen zu können. Im niedersächsischen Wahlkampf benannte Andreas Molau die langfristige Perspektive: »Unser Ziel ist, weit mehr als ein paar Sitze in einem Parlament zu erringen«, verkündete er bei einer Veranstaltung in Osnabrück: »Unser Ziel ist, Deutschland zu ändern, hier wieder ein Deutschland herzustellen, in dem wir als Deutsche wieder aufrecht und stolz leben können.«

Andreas Speit

»Intellektuelle Aufrüstung«

Wortergreifung als Politiktaktik – Anschauungen
stehen nicht zur Diskussion – Suche nach modernen
Ausdrucksformen –Tradition und Revolte –
»Neue Rechte« und »Alte Rechte« – Schreibmaschine
als Kriegsgerät

Die Sitzbänke in der Pfarrkirche sind alle belegt. Am barocken
Altar der evangelischen St.-Marien-Gemeinde steht ein Weih-
nachtsbaum. Fein geschmückt und hell erleuchtet. Besinnliche
Stimmung kommt am 19. Dezember 2007 in der Gemeinde
Boizenburg dennoch nicht auf.

Leises Gemurmel erfüllt das Kirchenschiff. Besorgte Blicke
wandern durch die Reihen. »Ist er das?« – »Ja, da vorne sitzt
er«, tauscht sich ein Paar aus. »Unglaublich, dass der sich hier-
her traut«, meint ein Mädchen wenige Bänke weiter. »Das war
irgendwie zu erwarten«, sagt der bei ihr sitzende Jugendliche.
Der, um den sich die Aufregung in der Kirche dreht, weiß, dass
über ihn geredet wird. Die Blicke verunsichern ihn nicht, denn
er ist es gewohnt, im Mittelpunkt zu sein. So sitzt der NPD-
Fraktionschef in Mecklenburg-Vorpommern, Udo Pastörs, dann
auch sehr aufrecht auf der Bank, lächelnd und aufmerksam
schauend. Zu der »Andacht gegen Gewalt und Rechtsextremismus« ist Udo Pastörs mit mehreren Parteifreunden gekommen.
An diesem Mittwoch wollen sie den Verlauf des Abends bestimmen. Zu Beginn der Andacht betont Pastor Dino Steinbrink in
dem Gotteshaus: »Wir befinden uns in einer Kirche! Es herrscht
Friedenspflicht.« Vor rund 300 Besuchern mahnt der Geistliche:
»Rassistische und antisemitische Äußerungen werden nicht geduldet.« Eine Warnung, deren Berechtigung der Verlauf des
Abends bestätigen wird.

Während die Orgel erklingt, schaut man sich noch immer um.
Tuschelt weiter: »Gehört der nicht auch dazu? Weiß nicht, der
sieht normal aus.« Als geschlossene Gruppe fallen die Neonazis
bei diesem Gottesdienst mit anschließender Diskussion nicht
auf. Einzeln sind sie zu der dreischiffigen Kirche am Marktplatz

gekommen. Bewusst haben sie sich beim Eintreten nicht begrüßt, haben sich im Kirchenschiff verstreut zwischen anderen Besuchern platziert. Gleich links und rechts von Udo Pastörs sitzen zwar seine Ehefrau und der Bodyguard, direkt bei einem Zwischengang in der Kirchenmitte. Weiter vorn hat sich jedoch der Ludwigsluster NPD-Kreisvorsitzende Andreas Theißen mit Kameraden niedergelassen. Hinten suchen sich weitere Neonazis unauffällig eine Sitzgelegenheit.

Nicht sein Auftreten verriet Udo Pastörs. Im schlichten Mantel hatte der ehemalige Juwelier die Kirche in der Altstadt von Boizenburg betreten. Hier in der Region kennen aber die Bürger den NPD-Fraktionschef nicht bloß vom Fernsehen. Einigen dürfte er während der Landtagswahl 2006 auf der Straße begegnet sein, manchen hat er Flyer gegen Schulschließungen im ländlichen Raum in die Hand gedrückt oder Infoblätter, die sich gegen die Hartz-IV-Politik der Bundesregierung richten. »Vor Ort bürgernah«, lautet seit langem die Devise von Udo Pastörs, der im nahen Lübtheen-Briest wohnt. Er ist ein Rechter, der sich nicht nur zu Wahlkampfzeiten ins Gemeindeleben einbringt.

Geduldig lassen die Neonazis die christliche Andacht verstreichen. Kein abfälliges Räuspern oder gar lautes Stöhnen ist zu hören. Diskussionsfähig zu erscheinen ist heute ihre Aufgabe. Die Andacht bewegt sie allerdings nicht. Beim Psalm 85: »Herr, der du die Missetat vormals vergeben hast deinem Volk und alle seine Sünden bedeckt hast, hilf uns«, schweigt Pastörs. Zum Gebet steht er nicht auf. Nur sein Bodyguard erhebt sich. Verlegen schaut er auf seinen Chef herunter.

Draußen vor den Türen frieren andere Gäste. Sie kommen aus der Zentralen Aufnahmestelle für Asylsuchende im nahen Ort Horst. Auf dem Marktplatz stehen sie zwischen den einstöckigen Fachwerkhäusern. Der kalte Wind weht über den ungeschützten Platz nahe dem Rathaus. Wegen der NPD wissen sie nicht, ob sie in die Kirche gehen sollen. Sie sind verunsichert. Doch um ins Gespräch zu kommen, hatte die evangelische Kirche und die Gruppe »Courage Boizenburg« sie zu dem Abend extra eingeladen. Ein Angriff auf einen der Flüchtlinge aus der Aufnahmestelle hatte überhaupt erst den Anlass für die Veranstaltung gegeben. »Eine traurige Geschichte«, sagt Dino Steinbrink drinnen in der Kirche. »Im Schatten unserer Kerzen herrscht die Dunkelheit von Gewalt und Hass.«

Gut drei Wochen zuvor war der kurdische Asylbewerber C. am Bahnhof der Kleinstadt, mit ihren rund 10 700 Einwohnern an der Elbe gelegen, angegriffen worden. Am Abend des 25. Novembers 2007 wartete C. auf ein Taxi, um zurück zur abgelegenen Aufnahmestelle zu kommen. Ein Bus fuhr an diesem Sonntag nicht, erklärte der Hamburger Flüchtlingsrat, der den Angriff später öffentlich machte. »Bist du Ausländer?«, habe ihn zunächst die Frau vom Kiosk gefragt, berichtete das 32-jährige Opfer. Eine Gruppe Männer fragte noch mal nach. Als C. ja sagte, griffen sie ihn an. In den Kiosk konnte er sich nicht retten – auch nicht, als bis zu 20 Angreifer auf ihn einschlugen und eintraten. Mit letzter Kraft gelang ihm die Flucht. Über mehrere Tage musste er im Krankenhaus behandelt werden. In Boizenburg war es nicht der erste Übergriff, wie der Kirchenabend offenbart.

»Zu lange haben wir weggesehen«, gesteht eine Frau in der Kirche. Bürgermeister Harald Jäschke (parteilos) berichtet später: »Im Vorjahr wurde ein griechischer Gastwirt zusammengeschlagen. Daraufhin gab er sein Restaurant auf.« Ein Mann erzählt von Pöbeleien gegen Asylsuchende beim Einkaufen.

Zu viel Betroffenheit für die NPD-Kader. Höflich warten sie, bis man ihnen das Mikrofon hinhält, erst dann versucht der Erste den Vorfall zu verharmlosen. »Die polizeilichen Ermittlungen sind nicht abgeschlossen«, sagt Udo Pastörs ruhig. »Vorsicht vor zu schnellen Urteilen«, mahnt der NPD-Fraktionschef abgebrüht lächelnd. An diesem Punkt versuchen die NPDler die Diskussion in andere Bahnen zu lenken. Der Kreisvorsitzende Andreas Theißen spricht jetzt von der »Ausländergewalt in Boizenburg«. Seinen Namen nennt der rothaarige Mann aus Lübtheen, aber anders als Udo Pastörs verschweigt er seinen Parteihintergrund. Frech fragt Theißen in Richtung des Opfers, warum überhaupt jetzt schon von einem rassistischen Tathintergrund ausgegangen werde. »Weil die Täter erst zuschlugen, als unser Freund zugab, Ausländer zu sein«, erwidert ein Bekannter des Opfers, perplex angesichts der Dreistigkeit dieser Frage. Die Gruppe aus der Zentralen Aufnahmestelle hat sich trotz der Anwesenheit der NPD-Funktionäre entschieden, die Veranstaltung zu besuchen. Nicht bloß C., der unter ihnen ist, entsetzt die perfide Argumentation der Rechten.

Der Auftritt der ideologischen Brandstifter ist selbstbewusst. Andreas Theißen wiederholt seine Provokation: »Allein, weil

das Opfer fremder Herkunft ist, gibt es Andachten, Kerzen, derweil es in Boizenburg fast wöchentlich zu Gewalttaten von Ausländern kommt.« Gewalt sei immer schlimm, betont Theißen
scheinheilig, der selbst wegen Sprengstoffbesitzes zu einer Be-
währungsstrafe verurteilt wurde und gegen den wegen eines
Übergriffs auf einen Journalisten ermittelt wird. Wie mögen sich
die pauschal als »ausländische Straftäter« denunzierten Zuhörer
fühlen, als Udo Pastörs weiter ausführt, dass Opferberatungen
für rassistische Gewalt »berufsbedingt alles übertreiben müssen«, Straftaten »nachweislich von Asylanten« begangen werden und dieser »Büßergottesdienst« gänzlich verfehlt sei? »Bitte
verlassen sie die Kirche«, schreitet Dino Steinbrink ein und fordert Pastörs auf, zu gehen. Der Pastor begründet seinen Verweis: »Sie haben sich nicht an die Gesprächsregeln gehalten. Sie
haben Menschen mit dem Wort Asylant verunglimpft.« Das Lächeln von Udo Pastörs verrät es: Der Abend verlief für ihn wie
erhofft. Statt direkt auf Fakten und Sorgen einzugehen, gelang
es ihm lange, der Diskussion eine andere Richtung zu geben.
Beim Verlassen der Kirche sagt er, der rechten »Strategie der
Wortergreifung« folgend, ungeniert, kritische Meinungen würden ausgeschlossen. Von »Kirchensäuberung« ist später bei der
NPD die Rede. Fazit der Neonazis: »Demokratie gibt's halt nur
für ›politisch Korrekte‹.«

Ganz bewusst sucht die NPD in der »Mitte der Gesellschaft« die
politische Auseinandersetzung. Selbstsicher treten ihre Funktionäre nicht bloß im Osten der Republik regelmäßig bei Veranstaltungen gegen Neonazismus auf. Auch im hohen Norden verfolgte die NPD ihre Taktik der Wortergreifung am 5. Juni 2007
bei einer SPD-Veranstaltung. An jenem Abend diskutierte die
NPD gar im Kieler Landeshaus »getreu dem Motto: ›Gesicht
zeigen für Deutschland‹« selbstbewusst mit.

In der Partei kommen längst strategische Umorientierungen
zum Tragen. Seit Jahren bemüht sich die NPD-Bundesführung
um Udo Voigt und Holger Apfel, die älteste neonazistische Partei in Deutschland ideologisch neu auszurichten. Manch aktueller
Erfolg ist diesem bereits vor Jahren eingeleiteten Politikwechsel
geschuldet. In der »Deutschen Stimme« erklärte NPD-Bundesvorsitzender Udo Voigt schon 2003, dass die »Maßnahme der
Wortergreifung« mit mehreren Kameraden organisiert werden

solle. Er fügte hinzu: »Natürlich sollte ich nur solche Veranstaltungen aufsuchen, wo wir mit unserer Haltung zum Thema polarisierend eingreifen können.«

Die NPD-Monatszeitung soll nach Parteiangaben eine Auflage von 40 000 Exemplaren haben, sie erreicht ihre extrem rechte Klientel bundesweit. Gut drei Jahre später erinnerte Udo Voigt in der NPD-internen Handreichung »Argumente für Kandidaten & Funktionsträger« an die Bedeutung dieser politischen Interventionsform, in der sich auch die ideologische Neuorientierung der Partei widerspiegelt. »Besuchen wir«, schrieb er 2006, »im Sinne der Wortergreifungsstrategie die Veranstaltungen des politischen Gegners. (…) Sobald er eine öffentliche Veranstaltung macht, müssen wir Nationaldemokraten vor Ort sein, um etablierte Politiker und Kandidaten zur Rede zu stellen.« Im selben Jahr machte die Bundesführung der NPD-Jugendorganisation *Junge Nationaldemokraten* (JN) diese Strategie offiziell zur Doktrin: »In der direkten Konfrontation mit dem Gegner soll dieser nicht mehr in der Lage sein, über die Nationalisten, sondern nur noch mit ihnen zu diskutieren.« Eine Kampfansage, die einen gewissen Machtanspruch demonstriert. Die JN-Publikation »Der Aktivist« formulierte dies bereits 1999 noch deutlicher: »Nur mit einer zeitgemäßen Wortergreifung werden wir Gehör finden für die Notwendigkeit einer Machterlangung, um Besserung für unser Volk zu erwirken. Dies ist keine Frage der Strategie, sondern der Taktik; hier steht keine Anschauung zur Diskussion, sondern nur ihre moderne Ausdrucksform.«

Diese Forderung einer ideologischen Modernisierung von Seiten der JN war Ende der 90er Jahre zugleich eine Kritik an der NPD. Denn das Programm und Profil der Partei hielten damals selbst eingeschworene Kader von NPD und JN für zu rückwärtsgewandt. Nur langsam schien Udo Voigt nach seinem Amtsantritt 1996 gemeinsam mit Holger Apfel Kurskorrekturen in der Partei durchsetzen zu können. Interner Widerstand bremste die neue Ausrichtung. Damals missfiel, was NPD-Bundesvize und Fraktionschef in Sachsen Holger Apfel heute oft und offen erklärt: »So wichtig der Kampf um die historische Wahrheit ist: Wir werden daran gemessen, was wir zur Lösung der sozialen Frage beizutragen haben.« In dem von ihm herausgegebenen NPD-Buch »Alles Große steht im Sturm« deutete er 1999 die ideologische Modifizierung an, um die Menschen »dort abzuholen, wo sie stehen«. Nach »jahrelanger Vorarbeit junger Nationaldemokraten«, schrieb er, würde sich das »politische Handeln« der Partei nun »an den Ergebnissen der Naturwissenschaften orientieren und sich zugleich auf die wichtigsten Fragen der Gegenwart konzentrieren«.

Mit genau dieser Hinwendung zu gegenwärtigen Themen und einem Rückgriff auf vermeintlich wissenschaftliche Erkenntnisse bemüht sich die »Neue Rechte«, rechtsextreme Argumentationen und rassistische Ressentiments zu modernisieren. In der Bundesrepublik tauchte der Begriff »Neue Rechte« erstmals 1968/69 synonym mit »Junge Rechte« auf. Ursprünglich ist er eine Selbstbezeichnung junger Rechtsintellektueller bei der NPD, die sich von der »alten erstarrten Rechten« distanzieren wollten. Diesen Bezug verschweigt Holger Apfel nicht: Bei den »jungen Nationaldemokraten«, so behauptet er, hätten »Denkansätze der Neuen Rechten längst Einzug gehalten«. Nach dem Wahlerfolg der NPD 2004 in Sachsen, die auf 9,2 Prozent der abgegebenen Wählerstimmen kam, zogen nun auch Vertreter dieser modernisierten intellektuellen extremen Rechten erstmals in den Dresdener Landtag ein.

Im zweiten Stock des Landtagsgebäudes an der Elbe residiert die NPD-Fraktion. An seinem Schreibtisch feilt Karl Richter an Formulierungen. Der studierte Historiker weiß, je eher die NPD aus dem Schatten des Nationalsozialismus tritt, desto wahrscheinlicher und schneller sind weitere Wahlerfolge zu realisieren. Da muss die Wortwahl stimmen. Zufrieden dürfte sich Karl Richter zurücklehnen, wenn NPD-Granden bei Fernsehauftritten höflich erklären, »Hitler war ein großer Staatsmann, wie auch Nero ein großer Staatsmann war«, oder wenn radikale Aktivisten auf Nachfrage geschickt antworten: »Hitler ist Vergangenheit, Hartz IV, Globalisierung aber sind bittere Gegenwart.« Gleich nach dem Einzug der NPD in den Sächsischen Landtag richtete Karl Richter sein Mitarbeiterbüro ein. Der »neu-rechte Intellektuelle« ist einer der ersten Angestellten der Fraktion. Zog der Erfolg den studierten Historiker an? Oder lockte Karl Richter, der aus den Reihen der Münchner Burschenschaft *Danubia* stammt und der zuerst zu den extrem rechten *Republikanern* ging, gar das Geld? In Interviews schweigt er zu solchen Fragen. Stattdessen erklärte der »Neu-Rechte« in der »Deutschen

Stimme« euphorisch, dass er aus politischen Gründen zu der alt-rechten Partei übergewechselt sei. In einem Gastkommentar 2004 schrieb er: »Heute Sachsen, morgen Deutschland«, und gleichzeitig lobte er die NPD, »die von allen patriotischen Par-teien am längsten und konsequentesten den politischen Kampf gegen das System von 1949 führt«. Seine eigene Aufgabe sieht er so: In der Fraktion müssten nun die »Instrumente, Kader und Strukturen künftiger Siege geschmiedet« werden. »Es wäre schade, diese Gelegenheit nicht beim Schopfe zu fassen«, gestand er gegenüber dem Berliner »Tagesspiegel«.

Der 1962 in München geborene Karl Richter bezeichnete sich unlängst als »Chef des wissenschaftlichen Beraterstabs«. In den Räumen der Fraktion soll er sich laut Szene-Gerüchten auch gern häufig wie ein »Chef« aufführen. »Da kommt Oberst Richter!«, wird in den Fluren der Partei wohl gern gescherzt. Hinter dem Spaß steckt ein Clou: Karl Richter war es vor ein paar Jahren gelungen, im vielfach ausgezeichneten Kinofilm »Der Unter-gang« die Komparsenrolle des Adjutanten von Generalfeld-marschall Wilhelm Keitel zu erhalten. Zum Filmstart 2004 veröffentlichte er einen Werkstattbericht in dem neu-rechten Periodikum »Nation & Europa«. Unter dem Titel »Mit dem ›Führer‹ in Halle 12« beschrieb er süffisant, wie ihm eine »schwan-gere und rotbackige« Kostümschneiderin seine Uniform über-reichte: »Passt wie angegossen. Ein Eisernes Kreuz bekomme ich auch noch. ›Heben Sie mal den rechten Arm‹, sagte die Rot-backige. Mach ich.« In dem »Deutschen Monatsheft«, so der Untertitel von »Nation & Europa«, spielte Karl Richter aber auch mit Bildern und Begriffen: »In einer Ecke nur Stahlhelme, in einer anderen Berge von Schirmmützen (...). Weiter hinten, kreuz und quer übereinander gestapelt, eine Halde nackter Pup-pen, wie aus irgendwelchen KZ-Befreiungsvideos.« Auf Nach-fragen des »Tagesspiegels« erklärte der bemüht bieder wirkende Mann mit Brille, seltsam seien ihm auch schon die Leichenberge in den Dokumentarfilmen über die Konzentrationslager vorge-kommen, die er sich als Jugendlicher auf Aufforderung von Re-ferendaren der 68er-Generation hätte anschauen müssen. »Für mich war das eine Puppenoptik«, bekräftigte er herablassend. Eine bewusste Wortwahl, um eine bestimmte Sichtweise darzu-legen. Verletzende Worte, die jedoch nicht direkt den Holocaust

Karl Richter bei einer Kundgebung der Bürgerinitiative Ausländerstopp
in München im Dezember 2007.

verharmlosen oder leugnen, also nicht justizrelevant sind. Nicht immer gelang es Karl Richter, einer Strafverfolgung zu entgehen. 1995 wurde er als presserechtlich Verantwortlicher von »Nation & Europa« aufgrund des Abdruckes eines »Asylbetrügergedichtes« wegen Volksverhetzung verurteilt. Von 1991 bis 1997 war er Chefredakteur des Monatshefts.

Bereits 1951 erschien der Vorgänger »Nation Europa«. Früh öffnete sich die Redaktion mit Sitz in Coburg in den 60er Jahren gegenüber den aufkommenden neu-rechten Ideologien und Strategien. Das DIN-A5-Hochglanzheft gilt als Wegbereiter der »Neuen Rechten«. Bis heute zählt »Nation & Europa«, herausgegeben von Peter Dehoust und Harald Neubauer, zu den Ideengebern der rechten Bewegung. Die Redaktion hat sich ganz der Intellektualisierung der Politik und der Integration der Szene verschrieben. 2001 lag die Auflage laut Verfassungsschutzangaben bei 14 500 Exemplaren, 2006 stieg sie auf rund 18 000.

Nach dem knappen Scheitern der NPD an der Fünfprozenthürde bei der Bundestagswahl 1969 hatte die Partei enorm an Bedeutung verloren. Trotz eines Wahlergebnisses von 4,3 Prozent begann eine tiefe und lang anhaltende innerparteiliche Krise. Unter dem Label »Neue Rechte« entstanden im Lauf der Jahre dagegen verschiedene Projekte: in Kassel der Studienkreis *Thule-Seminar e.V. – Arbeitskreis für die Erforschung und das Studium der europäischen Kultur*, in Stegen bei Freiburg im Breisgau die Zeitung »Junge Freiheit« (JF) sowie auf dem Rittergut Schnellroda zwischen Querfurt und Naumburg an der Saale das *Institut für Staatspolitik* (IfS). Statt einer kaderförmigen Organisation und parteipolitischen Strukturen bauten neu-rechte Intellektuelle wie Dieter Stein, Chefredakteur der JF, oder Karlheinz Weißmann, Vordenker des IfS, Netzwerke auf. Ihr Ziel: im vorpolitischen Raum eine »kulturelle Hegemonie« zu erlangen, um die »politische Macht« zu gewinnen. Die »Neue Rechte«, betont der Politikwissenschaftler Armin Pfahl-Traughber, will »mittels der Diffamierung oder Umwertung demokratischer Begriffe (eine) Delegitimation des demokratischen Verfassungsstaats«. Der Gründer des einschlägigen *Thule-Seminars*, Pierre Krebs, erklärte 1982: »Man kann nämlich keinen politischen Apparat umstürzen, ohne sich zuvor die kulturelle Macht gesichert zu haben (…). Man muß zunächst die Zustimmung des Volkes gewinnen: Man muß zunächst auf die Ideen, die Sitten, die Denkweise, den Bedeutungsinhalt der Werte, die Künste, die Erziehung einwirken.« Unter der Parole »Gramscismus von rechts« entwarf einer der Vordenker der französischen »Nouvelle Droite«, Alain de Benoist, die Strategie der »Kulturrevolution von rechts«. In seiner gleichnamigen Schrift, 1985 in Deutschland erschienen, betont er: »Die Alte Rechte ist tot. Sie hat es wohl verdient.« Der Theoretiker für eine »Neue Rechte« versuchte, Ideen des italienischen Marxisten Antonio Gramsci zur Partei- und Kulturarbeit aufzugreifen, um eine europäische Wiedergeburt zu ermöglichen. Die barschen Abgrenzungen zwischen der »neuen« und der »alten Rechten« sind mittlerweile Vergangenheit. Heute legt NPD-Vorstandsmitglied Jens Pühse, der gleichzeitig der Herausgeber des »Taschenkalenders des Nationalen Widerstandes 2007« ist, dort seinen jungen Kameraden Alain de Benoists »europäische Selbstfindung« nahe.

Bereits mit 15 Jahren hatte sich Jens Pühse in Bremen den *Jungen Nationaldemokraten* angeschlossen. 2005 wurde der ehemalige Neonazi-Skinhead Geschäftsführer des im sächsischen Riesa beheimateten Parteiverlags Deutsche Stimme. Seit 2003 erscheint beim Deutsche Stimme Verlag der »Widerstand«-Kalender, in dem neben deutschen Dichtern wie Gottfried Benn auch Adolf Hitlers Stellvertreter Rudolf Hess vorgestellt wird. Dass Alain de Benoist seinen Machern gefällt, verwundert wenig, stammt von ihm doch das Zitat: »So bleibt Deutschland die Voraussetzung für Europa, wie Europa nur die Auswirkung von Deutschland sein kann.« Alain de Benoist hatte allerdings bereits 1983 in seinem Buch »Aus rechter Sicht« selbst darauf hingewiesen, dass diese Aussage ursprünglich nicht auf ihn, sondern auf Arthur Moeller van den Bruck zurückgeht, der schon in den 20er Jahren ebenjene Ansicht zur Zukunft Europas vertreten habe.

Nicht nur Arthur Moeller van den Bruck hat erheblichen Einfluss auf das Denken der »Neuen Rechten«. Die gesamte »Neue Rechte« in Europa greift auf die Theoretiker und Publizisten aus dem Spektrum der »Konservativen Revolution« und des italienischen Faschismus zurück. Trotz ihrer jeweiligen Unterschiede in der Ausrichtung bilden sie heute weiterhin einen wichtigen Referenzrahmen. Die Protagonisten dieser nach dem Ersten Weltkrieg aufgekommenen geistig-politischen Strömungen – von Arthur Moeller van den Bruck und Oswald Spengler über

Ernst Jünger und Carl Schmitt bis Julius Evola und Vilfredo Pareto – beklagten an der modernen Welt vor allem den Verlust alter europäischer Werte. Sie standen für eine »spezifisch rechte Revolte«, so der Politikwissenschaftler Kurt Lenk, und gegen demokratische und emanzipatorische Bestrebungen und Bewegungen zu Beginn des 20. Jahrhunderts. In der modernen bürgerlichen Industriegesellschaft sahen die Herren – Frauen gehörten nicht zu dem politisch-publizistischen Kreis – den modernen Menschen gequält von der Sinnlosigkeit eines vereinzelten Daseins und der arbeitsteiligen Zersplitterung aller Lebensbereiche. Die »Entzauberung der Welt« (Max Weber) durch Säkularisierung und Rationalisierung zerstörte ihrer Ansicht nach die ursprünglichen Gemeinschaften und ureigenen Traditionen. Insbesondere die Ideen der Aufklärung und die Ziele der Französischen Revolution waren den »Konservativen Revolutionären« suspekt. In ihrem Gedankengebäude führte die Hoffnung, dass alle Menschen gleichwertig seien und gleiche Rechte haben, nur zu Entfremdung und Niedergang. Ihr erklärtes Ziel war der Sturz des verhassten »Weimarer Systems«, um eine neue Ordnung mit alten Werten zu schaffen – getreu der Formel Arthur Moeller van den Brucks aus seinem 1923 erstmals erschienenen Buch »Das Dritte Reich«: »Dinge zu schaffen, die zu erhalten sich lohnen«. Dies könne jedoch nur über die Verwurzelung im eigenen Volk und in der eigenen Nation gelingen.

In seiner Schrift »Heidnischer Imperialismus« warnte auch Julius Evola 1928 vor der Unmöglichkeit einer demokratischen Selbstregierung und der Irrationalität des Gleichheitsgedankens und rief »zu einer entschlossenen, bedingungslosen, integralen Rückkehr zur nordisch-heidnischen Tradition« auf. »Wir machen Schluß mit jedem Kompromiß, jeder Nachsicht gegenüber allem, was von der semitisch-christlichen Wurzel herkommt, unser Blut und unseren Verstand infiziert hat.« Heidentum als europäisches Ideal, Antisemitismus als antisemitisch-christliches Programm – damals wie heute – von den Protagonisten unterschiedlich interpretiert und umgesetzt. Den Wunsch nach dem Ausschluss des Anderen, des ausgemachten fremden Volks, haben sie dennoch gemein. Noch immer gilt für ihr Denken, was Carl Schmitt 1932 in seiner Schrift »Der Begriff des Politischen« schrieb: »Wer Menschheit sagt, will betrügen.« Denn der »humanitäre Menschheitsbegriff« sei eine »polemische Verneinung«, der zu einer »universalen Gesellschaft« führe, in der »es dann keine Völker als politische Einheit« mehr gebe. Fast 50 Jahre später, 1981, erklärte Alain de Benoist, dass der Begriff Menschheit eine reine Abstraktion sei. Der »Universalismus«, von ihm abgeleitet, werde zur »falschen Religion«.

Auch heute beklagt der NPD-Vordenker Karl Richter regelmäßig das vermeintliche Verschwinden der »Völker« und Ethnien. In den 60er Jahren hatte die »Neue Rechte« schon ihr Konzept des »Ethnopluralismus« entworfen, einen Nationalismus auf Gegenseitigkeit, der vorsieht, dass die Welt nach völkischen Kriterien neu geordnet werden soll. Denn jedes »Volk« und jede Ethnie sei durch eine »jahrtausendlange Anpassung« ihres Lebensraums entstanden und habe so eine »einmalige Kultur« entwickelt. »Viva la difference!« ist das Leitmotiv, nach dem eine strikte Trennung der »Völker und Kulturen« angestrebt wird. Vor kurzem, in der Dezemberausgabe 2007 von »Nation & Europa«, warnte Karl Richter vor den Schachzügen, mit denen »Merkel, Schäuble, Bush und Co.« den »Krieg der Kulturen« führten. Hierbei greift er auf ein Schlagwort des US-amerikanischen Politikwissenschaftlers Samuel Phillis Huntington zurück, dessen Aufsatz »The Clash of Civilizations?« 1993 bereits weltweit heftige Debatte ausgelöst hatte. Richter stört allerdings, dass das Abendland als »christlich-jüdisch« verstanden wird. Eine »›christlich-jüdische‹ Symbiose (…) hat es nie gegeben«, betont Richter in seinen Ausführungen. Stattdessen würde die »Völkervielfalt« durch eine »Infiltration des globalen ›Weltgewissens‹ mit dem Holocaust-Dogma« zerstört, »die auf die weltweite Inthronisierung einer jüdischen Sonder-Identität zu Lasten jeder anderen nationalen Integrität hinausläuft«. Ethnopluralismus also, verwoben mit Antisemitismus. In den neuen Argumentationen schlagen alte Positionen durch. Ein Widerspruch, der in der NPD allerdings keine Diskussion hervorruft. Die offensive Haltung beim Thema Holocaust könnte zudem der öffentlichen Stimmung geschuldet sein.

Denn in der NPD werden wissenschaftliche Untersuchungen zu rechten Ressentiments in der Mitte der Gesellschaft sehr genau registriert. Die Ergebnisse der Studie »Vom Rand zur Mitte – Rechtsextreme Einstellungen und ihre Einflussfaktoren«, durchgeführt im Auftrag der Friedrich-Ebert-Stiftung, sind dem NPD-

Bundesvorstandsmitglied Jürgen Gansel bestens bekannt. Die repräsentative Befragung aus dem Jahr 2006 offenbarte weitverbreitete antisemitische Stimmungen in der Bevölkerung. Von den befragten 5036 Personen waren 17,9 Prozent der Ansicht: »Auch heute noch ist der Einfluss der Juden zu groß.« 13,8 Prozent meinten: »Die Juden arbeiten mehr als andere Menschen mit üblen Tricks, um das zu erreichen, was sie wollen«, und 13,5 Prozent der Befragten glaubten, dass »Juden« etwas »Eigentümliches an sich haben« und »nicht so recht zu uns passen«. Daraus zog NPD-Stratege Gansel ein eigenes Fazit: »›Nachfrage‹ nach einer seriösen nationalistischen Partei ist allemal da, bislang scheint nur das ›Angebot‹ – bedingt durch eine maßlose Medienhetze – nicht als in diesem Maß wählbar wahrgenommen worden zu sein.«

Seit 2004 arbeitet auch der 1974 in Opladen geborene Jürgen Gansel als NPD-Abgeordneter im Sächsischen Landtag am besseren Auftritt der Kameraden. In der Partei wird der schlaksige Mann mit Bürstenschnitt und Brille als weiterer Cheftheoretiker geschätzt: Während des Studiums in Gießen schloss er sich der extrem rechten Burschenschaft *Dresdensia-Rugia* an. Bis 1993 gehörte er noch der CDU sowie deren Jugendorganisation, der Jungen Union, an. Später radikalisierte er sich bei der *Jungen Landsmannschaft Ostpreußen*. In der NPD, der er 1998 beitrat, übernahm er schnell Funktionen. Nach einigen publizistischen Arbeiten fand er bei der »Deutschen Stimme« 2001 eine hauptamtliche Redaktionsstelle.

In der Partei, wo er im Bundesvorstand das »Amt Politik« innehat, versucht Gansel seitdem, besonders die »soziale Frage zum zentralen Thema« weiterzuentwickeln. Die Bundeslinie erklärt er, regelmäßig. Im Interview mit der »Deutschen Stimme« führte er im Januar 2006 aus: »Adolf Hitler und die NSDAP sind Vergangenheit, Hartz IV und Globalisierung, Verausländerung und EU-Fremdbestimmung aber bitterböse Gegenwart.« Und wenig später, in der Februarausgabe, forderte er: »Insofern haben wir Nationalisten zwingend Gegenwartsthemen aufzugreifen und die soziale Frage konsequent zu nationalisieren. Laden wir die soziale Frage weiterhin völkisch auf – ›Wir Deutsche oder die Fremden‹, ›Unser Deutschland oder das Ausland‹ – und untermauern wir den Schlachtruf ›Gegen Verausländerung,

NPD-Theoretiker Jürgen Gansel beim NPD-Aufmarsch zum
Gedenken an die Bombardierung Dresdens, 2006.

Europäische Union und Globalisierung‹ noch stärker program-
matisch, werden wir die etablierten Volksbetrüger schon bald
das Fürchten lehren.«

Ohne populistische Mimikry benennt Gansel das politische
Programm. Seine vermeintliche Antwort auf den ökonomischen
Wandel ist allein die Re-Nationalisierung und Re-Ethnisierung
des Sozialen: »Längst ist ein systematischer Bevölkerungsaus-
tausch im Gange, der dem Wolfsgesetz eines Weltarbeitsmarktes
folgt.« »Deutsche Intelligenz« würde derweil »zunehmend ins
Ausland« gehen, während »ausländische Dummheit mit sozial-
schmarotzerischer Neigung ungebremst ins Land kommt«.

Auch in der internen NPD-Handreichung »Argumente für
Kandidaten & Funktionsträger« ist Gansels vordergründige Ka-
pital- und Globalisierungskritik biologisch-rassistisch aufgela-
den. Gansel sieht sie als eine »Argumentationshilfe« für alle
»Kameradinnen und Kameraden, die sich im ›politischen Nah-
kampf‹ mit den antideutschen Kräften befinden und / oder das
werbende Gespräch mit dem Normalbürger suchen«. In der

knapp 35 Seiten umfassenden Schrift, die erstmals 2005 erschien und zahlreiche Bezüge zu den Vordenkern der »Konservativen Revolution« enthält, finden sich zu Fragen wie: »Ist die NPD eine ausländerfeindliche Partei?«, gleich mehrere Antworten: »Nein, wir sind keine ausländerfeindliche, sondern eine einwanderungsfeindliche Partei. Gegen Türken in der Türkei haben wir nichts.« Und: »Wir sind in allererster Line eine inländerfreundliche Partei.« Der Ethnopluralismus der »Neuen Rechten« klingt wieder an.

Die Idee zu dieser »intellektuellen Aufrüstung« kam Jürgen Gansel, wie er selbst stolz erklärt, nach über 40 Schulgruppengesprächen im Landtag. Die Parteikader sollen offensichtlich ihre Aussagen auf das jeweilige Publikum abstimmen. Die Argumentationshilfe wird in der Partei auch als interne Schulungsbroschüre verstanden. Sie ist zweifelsohne dem Fehlverhalten manch eines politischen Vorgängers Gansels geschuldet, der sich verbal hatte hinreißen lassen. So soll auf die Frage »Warum lehnt die NPD so entschieden die Globalisierung ab?« geantwortet werden: »Die globale Waren- und Kapitalmobilität treibt aufgrund des Fehlens von Zollschranken und Kapitalverkehrskontrollen die Hochlohnländer in einen ruinösen Verdrängungs- und Vernichtungswettbewerb mit Billiglohnländern.« Eine moderate Antwort, die gegebenenfalls auch durch eine radikalere Variante mit antisemitischen Anklängen ersetzt werden kann: »Es handelt sich bei der Globalisierung um das planetarische Ausgreifen der kapitalistischen Wirtschaftsweise unter der Führung des Großen Geldes. Dieses hat, obwohl seinem Wesen nach jüdisch-nomadisch und ortlos, seinen politisch-militärisch beschirmten Standort vor allem an der Ostküste der USA.« Weiter heißt es, die Globalisierung sei eine »unverblümte Imperialismusstrategie der USA«, um »der ganzen Welt den von US-Konzernen ausbeutbaren American Way of Life – besser: American Way of Death – aufzuzwingen. (…) Es handelt sich gleichermaßen um ein politisches Entmündigungs- wie wirtschaftliches Ausbeutungsprogramm der Völker.«

Schon früh hat sich Gansel mit vermeintlich antikapitalistischen Alternativen beschäftigt. Das Thema seiner Magisterarbeit 1999: »Antikapitalismus in der ›Konservativen Revolution‹ in Deutschland 1918–1932«. Die Idee eines »preußischen oder nationalen Sozialismus« sprach ihn an. 1919 war Oswalds Spenglers Buch »Preußentum und Sozialismus« erschienen, in dem er Karl Marx als englischen Denker brandmarkte, der dem preußischen Wesen nicht gerecht werde. Spenglers eigene Gesellschaftsvision hat wenig mit der Sozialkritik des Begründers des Marxismus gemein. Seinen Vorstellungen nach muss sich der Einzelne bedingungslos der Gemeinschaft unterordnen. 1914 hatte für Spengler die deutsche Revolution bereits stattgefunden, als im August des ersten Kriegsjahres vermeintlich ein ganzes Volk, unabhängig von Ansehen, Klasse oder Rang, zu den Waffen griff, um seine Pflicht für das Staatsganze zu erfüllen. Eigentum verstand Oswald Spengler als ein im »Auftrag der Allgemeinheit (…) anvertrautes Gut«. Von Enteignungen der Konzerne und Großindustrie war nicht die Rede. Sozialismus als gefühlte Idee? Gansel feierte in seiner Magisterarbeit diesen »Frontsozialismus« im Ersten Weltkrieg fast euphorisch. »Der Kriegsausbruch 1914 riss plötzlich alle im wilhelminischen Kaiserreich bestehenden Schranken nieder«, schreibt er. Für die jüngere Generation »war dies die erste Begegnung mit einem tief erfahrenen, volksgemeinschaftlichen Sozialismus«.

Das Begriffspaar »volksgemeinschaftlicher Sozialismus« weckt Assoziationen. Allerdings soll diese Idee mit der nationalsozialistischen Volksgemeinschaft gar nichts gemein haben. In der »Handreichung« legt Gansel dar, dass die Volksgemeinschaftsidee »keine Erfindung der Nationalsozialismus« gewesen sei, »sondern wesentlich älter«, »also vor-nationalsozialistischen Ursprungs und von zeitloser Gültigkeit«. Den extrem rechten Politikkanon will Jürgen Gansel von den nationalsozialistischen Verbrechen trennen. Nichts anderes ist die politische Intention der theoretischen Operationen. Hier folgt der NPD-Kader der »Neuen Rechten«. Mit dem Rückgriff auf die »Konservative Revolution« und auf den italienischen Faschismus will man sich der Verantwortung für den Zweiten Weltkrieg und für den Holocaust entledigen. Bewusst ziehen »Neue Rechte« eine Trennlinie zwischen »Konservativer Revolution« und Nationalsozialismus, um die von ihnen offen Verehrten von der Schuld der kulturellen Wegbereitung für das Hitler-Regime reinzuwaschen. Die »Konservativen Revolutionäre« erscheinen heute bei der »Neuen« und »Alten Rechten« als missverstandene Einzelkämpfer, denen in der Geschichte doppelt Unrecht geschah. Sei es, weil das nationalsozialistische System zwischen 1933 und

1945 ihre Ideen angeblich missbraucht hat, oder sei es, weil sie nach 1945 gar als theoretische Wegbereiter des Nationalsozialismus galten.

In der NPD wird dieser Kurs der Entlastung von der deutschen Vergangenheit bewusst vorangetrieben. Die »Deutsche Stimme« veröffentlicht regelmäßig Porträts von Protagonisten aus dem ideologischen Spektrum der »Neuen Rechten«. Im »Aktionsprogramm« der NPD zur Niedersachsenwahl 2008 tauchte auch Arthur Moeller van den Bruck auf. Ähnlich im »Taschenkalender des Nationalen Widerstands 2008«, wo sich »Konservative Revolutionäre« und italienische Faschisten zwischen verherrlichten Wehrmachtsoffizieren und »Freiheitskämpfern« wiederfinden.

Auch Olaf Rose möchte das eigene Gedankengebäude frei von einem Zusammenhang zu den nationalsozialistischen Verbrechen darstellen. In den Räumen der sächsischen NPD-Fraktion bewegt sich der studierte Historiker seit 2006. Lange ist der 1958 geborene, aus Bochum stammende Rose in diversen Verlagen der »Neuen Rechten« tätig gewesen. Von 1987 bis 2003 arbeitete er aber als Stadtarchivar für die Kommunen Herdecke und Herne. In jenen Jahren schrieb Olaf Rose die NS-Geschichte schön. So rechnete er die Zahl der Zwangsarbeiter in Herne und Wanne-Eickel von 30 000 auf 9000 Betroffene herunter. Als die »tageszeitung« 2003 kritisch darüber berichtete, musste er gehen.

Bevor er bei der NPD-Fraktion »parlamentarischer Berater« wurde, veröffentlichte er als Filmautor geschichtsrevisionistische Videoproduktionen wie »Geheimakte Hess – Geschichte und Hintergründe der gescheiterten deutsch-englischen Friedensverhandlungen« und »Über Galgen wächst kein Gras – US-Folterjustiz vom ›Malmedyprozess‹ bis Abu Ghraib«. Mit Hilfe vermeintlich neuer wissenschaftlicher historischer Erkenntnisse versucht Rose die Geschichte umzuschreiben. Er hat mit Karl Richter nicht nur die Fraktionsarbeit gemein. Sie publizieren beide zudem in dem rechten Organ »Deutsche Geschichte«, das Gert Sudholt verantwortet. Das Zweimonatsmagazin, erklärt das Bundesamt für Verfassungsschutz, »bemüht sich regelmäßig um eine günstige Darstellung der nationalsozialistischen Vergangenheit«. Bei diesem einschlägigen Magazin, mit einer Auflage von etwa 10 000 Exemplaren, arbeitete auch ein anderer

»Neu-Rechter«: Andreas Molau. Der Deutsch- und Geschichtslehrer gehörte von 2004 bis 2006 ebenfalls zu den Mitarbeitern der NPD-Fraktion in Sachsen.

»Wenden Sie sich der Literatur zu«, lautete die Empfehlung Armin Mohlers, einst Vordenker der »Neuen Rechten«, an Andreas Molau. Lächelnd erzählt das jetzige NPD-Bundesvorstandsmitglied jene Anekdote, nach der ihn Armin Mohler warnte: »Gehen Sie nicht in die Politik!« Der 1968 in Braunschweig geborene Molau entschied sich jedoch für die Literatur und für die Politik: In der heißen Phase des niedersächsischen Landtagswahlkampfes 2008 erschien von dem NPD-Spitzenkandidaten Molau sein literarisches Debüt. In Göttingen hoffte der Vorreiter Verlag, mit dem Autor das Werk im Fünf-Sterne-Romantik-Hotel »Gebhards« vorstellen zu können. Der rechtslastige Verlag gab an, 200 persönliche Einladungen für den 18. Januar 2008 verschickt zu haben. Ein extremer Rechter sollte zum feingeistigen Literaten stilisiert werden. Doch die Stühle in der feinen Georgia-Augusta-Stube blieben in der Mehrzahl leer. Antifaschistische Proteste im Haus bewegten die Hotelleitung dazu, die Lesung in ihren Räumen sofort zu untersagen. Man habe nicht gewusst, dass es der »NPD-Spitzenkandidat« sei, der sein Erstlingswerk »Die Entdeckung des Alexander Kern« präsentieren wollte.

Sein Verlag, so erklärte Andreas Molau später, hatte die Universitätsstadt auserkoren, weil der Roman hier spiele. Gut zehn NPD-Freunde, unter ihnen der aufstrebende NPD-Kader und »nationale Barde« Jörg Hähnel aus Berlin, waren im Vortragssaal des Hotels anwesend. Molau, als früherer Lehrer an der Waldorfschule Braunschweig, hob sich schon rein äußerlich von seinen Kameraden ab. Mit Brille und Sakko, die teure englische Wachsjacke als Überzug, stand er zwischen einigen jungen Erwachsenen in grobem Hemd und Tischlerhosen. Hier in Göttingen hatte er Germanistik, Geschichte und Politik studiert. Bereits mit 16 Jahren war er den *Jungen Nationaldemokraten* beigetreten. Nach dem Wehrdienst schloss er sich während des Studiums der rechtslastigen *Deutschen Hochschulgilde Trutzburg Jena zu Göttingen* an. In der Bundeswehr lernte er, nach eigenen Angaben, bei der Psychologischen Verteidigung »das Handwerkszeug eines Journalisten«. Zum Schreiben war er allerdings schon früher gekommen. »Als 1985 das vierzigste Jubiläum der angeblichen Befreiung gefeiert werden sollte, holte ich mir damals unsere alte Schreibmaschine raus«, berichtete der Vater von zwei Kindern, denn der 8. Mai 1945 war für ihn kein »Tag der Befreiung, sondern ein Tag der Niederlage«.

Bei dieser Vorgeschichte überrascht das Thema seines späteren literarischen Debüts wenig: die Verbrechen der Wehrmacht und die Taten der Roten Armee. Der Plot geht in etwa so: Im Jahr 1989 stößt der Student Alexander Kern in einem Universitätsprojekt zu den Verbrechen der Wehrmacht im Nationalsozialismus in einem Archiv nicht bloß auf Unterlagen über Mord und Vergewaltigungen durch die Rote Armee, sondern findet auch heraus, dass sein Dozent Theo Wellmann 1968 allein mit Hilfe der Ministeriums für Staatssicherheit der DDR seine Professur erhalten hatte. »Das ist dann endlich *der* deutsche Roman der zornigen jungen Männer, auf den ich so lange gewartet habe«, gratuliert Armin Mohler dem ihm nahestehenden Autor auf dem Buchrücken. Der Roman muss länger gelegen haben, denn der neu-rechte Vordenker Mohler starb bereits 2003. »Ich hatte das Buch erst jetzt überarbeiten können«, räumte Andreas Molau ein. Immer wieder tauchen in ihm Anspielungen zur »Konservativen Revolution« auf. Literarisch verpackt, führt der Autor aber auch – ganz der »Neuen Rechten« folgend – einen moralischen Frontalangriff gegen die 68er-Generation. Indem er der Figur des linken Dozenten das moralische Recht zur Verurteilung der Wehrmacht und der Zweite-Weltkriegs-Generation entzieht, entzieht er es ebenso der 68er-Bewegung. Die »Neue Rechte« macht gerade diese gesellschaftskritische Bewegung verantwortlich dafür, dass vaterländische Werte und Regeln sowie der Familienzusammenhang in Deutschland nachhaltig zerstört worden seien. Andreas Molau ist kein theoretischer Einzelkämpfer. In der einflussreichen rechten Wochenzeitung »Junge Freiheit«(JF) warnen deren Autoren immer wieder vor den 68ern, die mit ihrer Geschichtsaufarbeitung das nationale Selbstwertgefühl und die deutsche Identität beschädigt hätten. Eine selbstbewusste Nation sei so nicht möglich. Auschwitz als Staatsräson, mahnte 2005 der Chefredakteur der »Jungen Freiheit«, Dieter Stein, und kritisierte eine »monströse Anrufung« einer »eindimensionalen geschichtlichen Fixierung«.

1990, schon während des Studiums, hatte Molau damit begonnen, für Steins neu-rechte Wochenzeitung zu arbeiten. 1994 musste er die JF jedoch verlassen. In der auf ihre demokratische Legitimation bedachten Redaktion waren Texte, die die »Auschwitzlüge« thematisierten, unerwünscht. Eine empfindliche Stelle im Leben des smarten Rechten. Noch heute antwortet Molau auf Nachfragen, dass er über den Holocaust »rein wissenschaftlich« reden möchte. Antisemitismus spielt eine zentrale Rolle im politischen Wirken von Molau, für den der langjährige Waldorflehrer weitere indirekte Ausdrucksmittel findet. Beim Karikaturen-Wettbewerb der regierungsnahen iranischen Zeitung »Hamshahri« reichte er 2006 eine Karikatur ein. In dieser wäscht sich der israelische Ministerpräsident Ehud Olmert als Pontius Pilatus vor der Kulisse des Holocaust-Mahnmals in Berlin die Hände. Gebückt als Sklavin, gießt Bundeskanzlerin Angelika Merkel Wasser über seine Hände. Im Himmel kreisen Kampfjets in Davidstern-Formation.

Die gesuchte Nähe zu proarabisch-islamischen Projekten ist nicht allein dem Denken geschuldet, dass »der Feind meines Feindes mein Freund ist«. Die Beziehungen reichen tiefer. In einem Interview von 2006 mit dem umstrittenen antiisraelischen Internetportal »Muslim Markt« aus Delmenhorst erklärte Molau: »Den Islam als gewachsene Kultur achte ich.« In Anlehnung an die Kritik der »Konservativen Revolution« an der Moderne führte er weiter aus, dass dort die »postmoderne Auflösung« durch westliche Werte die ureigenen Traditionen noch nicht gänzlich zerstört habe. Gleichzeitig meinte er jedoch, »dass es an einem vernünftigen Dialog zwischen kulturell bewussten Muslimen und deutschen Nationalisten« mangele. Davon profitierten »die wirklichen Islamfeinde« – damit meint er auch Israel und die Juden.

Als fester Redakteur bei der »Deutschen Stimme« bemüht sich Multifunktionär Andreas Molau zudem, über diese Publikation die Partei ideologisch voranzutreiben. Im Januar 2007 musste er seine Pläne für ein eigenes Schulungs- und Veranstaltungszentrum allerdings vorerst begraben. Im Auftrag einer dubiosen Stiftung internationaler rechter Drahtzieher hatte Molaus Ehefrau Gonda versucht, einen Gutshof in Brandenburg zu erwerben. Den »Hof Johannesberg« in Rauen, südöstlich von Berlin, wollte Andreas Molau angeblich zu einem »Waldorflandschulheim« ausbauen. Der Bund der Freien Waldorfschulen e.V. untersagte die Namensnutzung. Bis zum endgültigen Scheitern des Projektes sprach der Verschmähte denn auch von einem »Bildungswerk für völkisch orientierte Familien«. Kontakte nach Schweden fielen auf. Die Firma, die den Hof erwerben wollte, hat ihren Sitz in Jönköping.

Dort ist die *Kontinent Europa Stiftung* beheimatet. Der Stiftungsvorsitzende Gert Sudholt ist früher nicht bloß Molaus Arbeitgeber gewesen. Heute sind sie beide im Vorstand der Stiftung. Die Selbstdarstellung der Stiftung klingt nach neu-rechten Europakonzepten, verwoben mit dem üblichen Ethnopluralismus. Ziel sei es, »eine gemeinsame europäische Identität« zu schaffen. Denn »Europa, das ist ein gemeinsamer Gedanke, gleiche Werte und Grundhaltungen« und »lebt aus der Vielgestaltigkeit seiner Völker und Kulturen«, heißt es weiter. Ihr Europa müsste aber »frei von US-Hegemonie, frei von der wirtschaftlichen Ausbeutung durch die Spekulationen der ›Globalisierer‹« sein. In Berlin tagte der Stiftungsvorstand im August 2007, um weiter zu planen, wie »Wissenschaftler des Kontinents« zusammengeführt werden können, wollen sie doch die »gemeinsame Geschichte und Zukunft unserer europäischen Heimat pflegen«. Aus dem Umfeld der NPD kommen auch andere Direktoriumsmitglieder der Stiftung. Die Stiftung hat einen von ihnen, Lutz Dessau, mit einem Forschungsauftrag zur kulturgeschichtlichen und geopolitischen Entwicklung des Ostseeraumes beauftragt. Angestellt ist Dessau bei der NPD-Fraktion in Mecklenburg-Vorpommern.

Räume für Bildungsarbeit sucht die NPD immer wieder. Udo Voigt, NPD-Bundesvorsitzender, weiß um die Notwendigkeit interner Schulungen. In den 80er Jahren leitete er selbst ein *Nationaldemokratisches Bildungszentrum* (NBZ) in Norditalien. Heute rühmt sich Voigt, dass Teilnehmer der Schulungen inzwischen alle in führenden Funktionen der NPD seien. Fast schwärmerisch berichtet er in dem Buch »Alles Große steht im Sturm«, dass er Holger Apfel auf einem Lehrgang kennen- und schätzen gelernt habe. »Den Grundlehrgang im NBZ schloß Holger als Lehrgangsbester ab.« Einige Parteimitglieder halten den jetzigen NPD-Fraktionschef in Sachsen für den Ziehsohn des NPD-Bundeschefs. Parteipolitische Bildungsarbeit erachten sie beide als notwendig. Nicht ohne Grund holte Holger Apfel Kader der »Neuen Rechten« in die Fraktion.

Dabei muss die eigene Bildungsarbeit nicht immer nur in großen Schulungen ablaufen. Kader wie Andreas Molau und Karl Richter werden von Parteigliederungen für Vorträge eingeladen. »So ein Abend ist schnell organisiert«, sagt Patrick B. »Einen Raum in einer Kneipe und dann den Termin mit dem Referenten vereinbaren. Das war's.« Der Aussteiger berichtet, dass zu Schulungszwecken auch gern gemeinsam »alte Filme« in der Wohnung eines Kameraden angesehen würden. Regelmäßig bemühen sich NPD und JN bundesweit, Politik mit Schulung zu verbinden. In Hamburg richtet die NPD Treffen mit »Zeitzeugen der Erlebnisgeneration« aus. Die Veteranen der Wehrmacht berichten dann euphorisch von Schlachten und militärischen Heldentaten der Deutschen. Außerdem bieten andere Gruppen Ausflüge zu Zweite-Weltkriegs-Schauplätzen an, um das deutsche Geschichtsbild zurechtzurücken.

In Niedersachen gibt es auch Seminare mit aktuellen Bezügen und Inhalten. Die Thesen aus der Broschüre »Antikapitalismus von rechts – Nationalen Sozialismus durchsetzen!«, die im Umfeld der JN in Dresden entstanden ist, wurden von der Szene nicht bloß in Sachsen diskutiert. Auch in Sachsen-Anhalt fanden Bildungsabende zu diesem Thema statt. Ihre Aktionen gegen den umstrittenen Weltwirtschaftsgipfel in Heiligendamm 2007 flankierte die NPD mit Diskussionsangeboten zur Globalisierung. Texte gegen den G8-Gipfel wurden auf Websites für die eigenen Verbände bereitgestellt. Regelmäßig lädt in Thüringen die Partei zu Diskussionen ein – mit dabei auch Olaf Rose und Andreas Molau. In Mecklenburg-Vorpommern erschien die neonazistische Broschüre »Globalisierung – Das Endziel der amerikanischen Eroberer« und das Schulungsmaterial »Privatisierung – Wirtschafts- und Plünderungsstandort Deutschland«. Presserechtlich verantwortlich zeichnete Enrico Harmisch, seit längerem Mitarbeiter der NPD-Fraktion in Schwerin.

Schulungen bereitete auch die 23-jährige Ricarda Riefling, Aktivistin der NPD-Unterorganisation *Ring Nationaler Frauen* und der *Gemeinschaft Deutscher Frauen*, in Südniedersachsen vor. Ihre Themen reichen von der NS-Geschichte bis zur Naturheilkunde. Spielerisch trainieren sie unerfahrene Anhängerinnen des Neonazismus und bieten ihnen Argumentationshilfen. Auf den Tisch stellen sie ein Körbchen, in dem sich Zettel mit politischen Begriffen befinden, schilderte Ricarda Riefling den Ablauf. Wer die höchste Zahl gewürfelt hat, darf einen Zettel ziehen, wer die niedrigste gewürfelt hat, muss dann den Begriff erklären. Kurze Vorträge werden so in der Gruppe geübt. Neurechte Argumentationsfiguren will Michael Schäfer, JN-Bundesvorsitzender sowohl in der Partei als auch in der Bewegung verankern und vorantreiben. Nicht zuletzt mit Bildungsarbeit.

In Bernburg kommt die Jugendorganisation der NPD regelmäßig zusammen. Die Adresse des Treffpunktes der *Jungen Nationaldemokraten* ist bekannt. Am Markt der Kleinstadt in Sachsen-Anhalt kann die JN in einem mehrstöckigen Stadthaus Räume nutzen. Den »Kampf um die Köpfe« führt Michael Schäfer nicht erst, seitdem er JN-Bundeschef ist. Der Student der Politikwissenschaften an der Martin-Luther-Universität Halle/ Saale wirkte zusammen mit Matthias Gärtner beim »Amt Bildung« mit.

Im Januar 2007 entstand in Sachsen-Anhalt der *Nationale Bildungskreis* (NBK), mit dem auch eine Vernetzung von Gymnasiasten und Studenten angestrebt wird. Bildungsarbeit betreibt die JN seit Jahren, wie in Sachsen und Baden-Württemberg. Mit dem NBK soll das Basiswissen von autorisierten Kadern nun noch gezielter intensiviert werden. Die grundsätzliche politische Ausrichtung der JN beschrieb Michael Schäfer in der »Deutschen Stimme« im Dezember 2007: »Wir haben chauvinistische und altrechte Anfälle hinter uns gelassen und leben einen Befreiungsnationalismus, der sozialistisch ist im Wirtschaftlichen, national im Staatlichen, völkisch im Kulturellen und freiheitlich im Denken.« Damit greift der 1982 in Wernigerode Geborene eine Argumentationsfigur auf, die schon 1985 formuliert wurde. Die »Neue Rechte« entwarf damals die Idee eines Befreiungsnationalismus, der ein »Lebensimpuls gesunder Völker« sei, um die ethnische und nationale Identität vor feindlich gesinnten »Supermächten« zu schützen.

Bemüht unkonventionell im revolutionär wirkenden Schick lässt sich Michael Schäfer ablichten. Fast sieht er mit dem tief ins Gesicht gezogenen Basecap, mit dunkler Kapuzenjacke und Jeans wie ein linksautonomer Student aus. Michael Schäfer, der für die NPD im Kreistag Harz sitzt, kommt indes aus der extrem rechten Kameradschaft *Wernigeröder Aktionsfront*. Im Interview mit der »Deutschen Stimme« benannte er 2007 die doppelte Intention der Bildungsarbeit. Der Kampf um »die intellektuelle Aufrüstung« der Bewegung solle »nachhaltig« die »Ausprägungen des modernen Nationalismus« beeinflussen, »wie die wissenschaftliche Diskussion an den Hochschulen«. Ein dicker NBK-Ordner umfasst das Basiswissen, mit dem nach innen geschult und nach außen geworben werden soll. Mehrteilige Aktivistenschulungen zum »Grundwissen im politischen Kampf« finden in Bernburg längst statt. Matthias Gärtner, Politikstudent aus Magdeburg, richtet die neonazistischen Fortbildungen auch mit eigenen Vorträgen aus. In »Hier & Jetzt« legte Michael Schäfer bereits 2006 dar, sich auf »die nationalrevolutionären Ideen und Denkansätze aus der Zeit der Weimarer Republik« zu beziehen.

Vor etwas mehr als zwei Jahren, im Winter 2005, erschien die Zeitschrift »Hier & Jetzt« das erste Mal. Das nüchtern-modische Layout deutet es gleich an: Diese Zeitschrift mit dem Untertitel »Gesellschaft – Politik – Bewegung« will ein Theorieorgan sein. Nicht bloß bei der NPD löste die Redaktion um Johannes Nagel damals Jubel aus. Die »Deutsche Stimme« berichtete stolz, dass die Zeitschrift, die der JN-Verband Sachsen herausgibt, sogar in der sich gern von der NPD abgrenzenden »Jungen Freiheit« gelobt wurde: »Ein junges Periodikum«, das »durch eine gelungene Gestaltung und einen diskutablen (...) überaus informativen Inhalt ins Auge fällt«. Nagel betont ganz im konservativ-revolutionären Jargon: »Wir stehen zwischen Tradition und Revolution.« In der Selbstdarstellung bewegen sie sich weiter in diesem Kontext: »Vielleicht kann heute, im Hier & Jetzt, wo der Nationalismus sich nicht selten subversiver Methoden zu bedienen hat, die Schreibmaschine auch so etwas sein wie ein Kriegsgerät.«

Die Gründungsidee kam den Herausgebern, nachdem mehrere neu-rechte Blätter eingestellt worden waren. Viermal im Jahr erscheint die Zeitung in Pirna in der Sächsischen Schweiz. Den »Krieg der Kulturen« verband der NPD-Fraktionsmitarbeiter Karl Richter in der Frühlingsausgabe 2007 mit dem »Krieg der Krippen«. Andreas Molau legte als ehemaliger Waldorflehrer in einem Interview nahe, Kinder in anthroposophische Einrichtungen zu schicken. Richter und Molau sind in dem Projekt nicht die Einzigen mit neu-rechter Herkunft. Zum Autorenstamm gehört auch Dr. Angelika Willig. Bei der »Jungen Freiheit« leitete sie über Jahre die Ressorts »Kultur« und »Forum«. 1963 geboren, studierte sie Philosophie in Freiburg und München. In der Winterausgabe 2006 beklagte sich sie, dass »die Rechten« zwar dauernd die »Konservative Revolution« zitierten, sie »aber nie verstanden« hätten. Ihre Ideen und Argumente gelten als eigenwillig. So kommt sie in der Frühlingsausgabe 2007 von Stephen Kings »Shining« zu »Hänsel und Gretel«. »Das deutsche Märchen« schlechthin, stellt sie fest. »Es gibt nichts ›Gruseligeres‹ im europäischen Kulturkreis als die jüdische Problematik (...). Die Hexe im tiefen Wald mit ihren Schätzen und der Neigung, kleine Kinder zu schlachten, entspricht allen Klischees und nennt das Wort nicht.« Antisemitismus pur, doch Angelika Willig beherrscht trickreich die Syntax: Statt es selbst zu sagen und sich juristisch angreifbar zu machen, unterstellt sie geschickt, dass dieses Märchen so interpretiert werden könnte. In »Nation & Europa« schreibt sie auch. Schwärmerisch berichtete sie als eine der wenigen weiblichen »Neuen Rechten« dort davon, 2006 bei der NPD-Demonstration zum 1. Mai in Rostock mitmarschiert zu sein: »In Rostock ging richtig die Post ab – dank NPD.« Mit einem Anflug von Humor resümierte sie: »Marschieren ist jedenfalls besser als gar kein Sport.« Über die Auflage von »Hier & Jetzt« macht der sächsische Verfassungsschutz keine Angaben. Die Rezeption deutet den Trend an: Auflage steigend.

Nicht alle Bemühungen zur Intellektualisierung der »nationalen Bewegung« sind jedoch erfolgreich. Trotz lautstarker Vorankündigung kommen manche große Projekte erst gar nicht zustande. 2005 erklärte Jürgen Gansel nach dem Einzug in den Landtag, eine »Dresdener Schule« sei in Gründung. Der Name deutet eine gewollte Gegenausrichtung zur linksorientierten »Frankfurter Schule« bereits an. »Frankfurt war gestern, Dresden ist heute«, verkündete Gansel trotzig. Mit Bezug auf die »Konservative Revolution« und die »Neue Rechte« erklärte er, dass die »Frankfurter Schule einen Generalangriff auf das Volks-, Staats- und Geschichtsbewusstsein der Deutschen« geführt habe. »Die ideologischen Zutaten und Rezepte lagen bereits vor, als die Remigranten Max Horkheimer und Theodor Wiesengrund Adorno die Frankfurter Giftküche 1950 wiedereröffneten, um die deutsche Geisteslandschaft im Sinne der alliierten Umerzieher gründlichst umzupflügen, d. h. ein für allemal zu entnationalisieren.« Als Nachfahren und Hauptfeind macht Gansel, ganz wie Andreas Molau, wieder einmal die 68er-Bewegung aus, die heute die »staatszersetzende BRD-Nomenklatura« präge. Das Bernburger *Bildungswerk für Heimat und nationale Identität e. V.* soll die Denkansätze der NPD-nahen »Dresdener Schule im öffentlichen Diskurs popularisieren«. Doch nur ein Produkt mit dem Label »Dresdener Schule« war bisher tatsächlich erfolgreich: die Handreichung »Argumente für Kandidaten & Funktionsträger«. Tagungen des losen Personenzusammenschlusses, dem außer Karl Richter und Jürgen Gansel auch Andreas Molau und Arne Schimmer zugerechnet werden, fanden in den vergangenen Jahren selten statt. Seminare ebenso wenig. Ein Grund dürfte monetärer Natur sein, denn das rechte Bildungswerk erhielt keine staatlichen Finanzspritzen. Die Fraktion dient aber auch ganz anders als Ausbildungs- und Schulungszentrum: Anfang 2006 absolvierte Udo Pastörs dort ein Praktikum als Vorbereitung für die Landtagsarbeit der NPD-Fraktion in Schwerin.

Der Platz vor dem Kiosk in der kleinen Stadt Boizenburg in Mecklenburg-Vorpommern füllt sich an diesem Wintertag 2007 langsam. An die 400 Teilnehmer kommen aber auf den Platz vor dem Bahnhof. Genau an jenem Ort, wo vier Wochen zuvor mehrere junge deutsche Männer den kurdischen Flüchtling C. zusammengeschlagen hatten. Am Samstag, zwei Tage vor Weihnachten, wollen sie gegen die rassistische Gewalt in ihrer Elbregion demonstrieren. »Auch um den Betroffenen zu zeigen, wir stehen zu euch«, betont eine Frau und freut sich über die vielen Teilnehmer. Beim Kiosk betrachten drei Männer die Demonstranten abschätzig. »Hau ab mit deinem Scheiß«, sagt einer, als ihm ein Flugblatt gereicht wird. Bierflaschen haben sie in der Hand. Kurz darauf schaut auch eine Frau aus dem Kiosk heraus. Sie will nicht sagen, ob sie die Betreiberin ist. Sie möchte auch nicht beantworten, ob sie es war, die das spätere Opfer am 25. November 2007 zuerst nach seiner Herkunft gefragt hat. An der Kleidung sind sie alle nicht als Rechtsextremisten zu erkennen, sie tragen keine szenetypische Kleidung. Anders als einige Jugendliche und junge Erwachsene, die die Demonstration verächtlich beobachten. »Niggerfreunde«, sagt einer, und eine andere meint verächtlich: »Ach, alles Pack.« An diesem 22. Dezember 2007 erscheint Udo Pastörs nicht. Der NPD-Fraktionschef weiß, dass ein Auftritt bei dieser Demonstration ihm kein Forum bieten würde. Per Presseerklärung wiederholen die NPD-Kader stattdessen, was sie bereits beim Kirchenauftritt von sich gegeben haben: »In Boizenburg/Elbe wird der tätliche Übergriff auf einen Kurden zu einem Politikum hochgespielt.« Und sie betonen: »Unser Land hat ein eindeutiges Problem mit gewalttätigen Ausländern.« Die Boizenburger neben dem Kiosk würden ihnen zustimmen.

Als die Demonstranten vom Bahnhof zum Marktplatz ziehen, muss die Polizei mehr als 40 Platzverweise gegen rechtsorientierte Jugendliche und junge Erwachsene aussprechen, um Provokationen zu unterbinden. Am einzigen offenen Stand mit deutschem Grillgut wettert ein älterer Herr: »Einfach weg, diese Kanaken«, und ein jüngerer Kerl meint: »Die linken Zecken auch gleich mit.« In dieser Runde mit Bierfahne herrscht braunes Einvernehmen: »Den Pastörs, klar kennen wir den«, bestätigt einer aus der Runde. Und: »Der ist gut.« Der latente Zuspruch im Ort für die Parolen der NPD bereitet anderen Anwohnern große Sorgen. »Ihr Auftreten schüchtert ein«, sagt Frederike Schmidt von der Initiative »Courage Boizenburg« und hebt hervor: »Umso wichtiger, heute zu sehen, dass man nicht allein ist.« Auch C. freut sich etwas: »Die Demo gibt mir ein wenig die Sicherheit zurück, sich hier wieder ungefährdet bewegen zu können.« Pastor Dino Steinbrink kennt diese Ängste: »Manch Boizenburger traut sich nicht, was zu sagen.« Nachdenklich gesteht der Pastor, den Auftritt von Udo Pastörs in der Kirche so nicht erwartet zu haben: »Vielleicht haben wir ihn unterschätzt?«, fragt er sich. Bürgermeister Harald Jäschke bestärkt den engagierten Pastor: »Der Rauswurf aus der Kirche war ein mutiges Zeichen.« Ihm liegt aber daran, »die Boizenburger nicht alle über einen Kamm zu scheren«. Schönreden möchte an diesem Tag die Situation jedoch niemand. Der »Kampf um die Köpfe« scheint bei manchen verloren. Langwierige Bemühungen sind nötig. Das veränderte Auftreten mit geübten Argumentationen der NPD wird zu neuen Auseinandersetzungen führen.

Robert Andreasch · Andreas Speit

»Mit Schwung in den Westen«

Die NPD in Bayern – Politische Stimmungen – Lokale Angebote – Sein und Schein – Partei und Kameradschaften – Bürgernah und jugendfreundlich – Hauptfeind CSU

Rechte Aufmärsche haben in Bayern eine lange Tradition. Am 8. Dezember 2007 versammelt sich die NPD in der kleinen oberfränkischen Gemeinde Gräfenberg. Zum »Heldengedenken« will sie vor das Kriegerdenkmal ziehen. Eine steile Treppe führt zu der 1924 erbauten gewaltigen Gedenkstätte auf dem Michelsberg. Das Dach der neun Meter hohen Rotunde ziert ein Eisernes Kreuz. »2. Weltkrieg 1939–45« und »Ewig Ehre und Dank unseren Kriegern« ist an der Frontseite zu lesen. Am Samstag vor dem zweiten Advent dürfen die über 50 Aktivisten von NPD und »Freien Kameradschaften« aber wieder einmal nicht die Stufen des Denkmals betreten. Ein von der Gemeinde aufgestellter Bauzaun hindert sie daran. Willkommen sind die Neonazis den Gräfenbergern nicht.

»Von drauß' vom Walde komm ich her, ich muss euch sagen: Mich ärgert's sehr, dass diese freche braune Bande das Fest der Liebe stört«, schallt ihnen ein altbekanntes Nikolausgedicht in neuer Fassung entgegen. Die Initiative »Gräfenberg ist bunt« hat zu der Aktion aufgerufen. Viele der rund 200 Gegendemonstranten kommen passend zur Jahreszeit im Nikolaus-Outfit. Hier, in dem nur 4000 Einwohner zählenden Ort, stehen auch etliche Bürgermeister der Region mit der Rute parat. »Knecht Ruprecht, pack deine Rute aus und jag das Pack zu Stadt hinaus«, stimmen sie auf dem Marktplatz mit ein. Die »Nikolausbärte« müssen unters Kinn gezogen werden; die Polizei hatte die vermeintlich »Vermummten« aufgehalten. Selten reihen sich Gemeindevertreter so eindeutig in einer Gegendemonstration ein. Gräfenbergs Bürgermeister Werner Wolf (Freie Wähler) fordert längst »eine Änderung des Versammlungsrechtes« und ein »NPD-Verbot«.

Wütend verkündet die NPD Fürth: »Gräfenberg ist zu einem bundesweiten Synonym für diese Verbots- und Verfolgungspraktiken der herrschenden Politikklasse in der BRD geworden«. Zum 17. Mal sind die Neonazis an jenem Samstag aufmarschiert. Seit 1999 laufen sie alljährlich am Volkstrauertag auf. Seit November 2006 kommen sie jeden Monat – manchmal sogar wöchentlich. NPD und »Freie Kameradschaften« sind verstimmt, hat die Stadt doch im Jahr 2000 das Kriegerdenkmal an einen privaten Verein unter Vorsitz des Bürgermeisters verpachtet, um weitere rechte Heldenglorifizierungen auf nunmehr privatem Grund zu unterbinden. Aus dem Kampf ums rechte Erinnern ist für die bayerische NPD um den Landeschef Ralf Ollert ein Kampf ums öffentliche Auftreten geworden. Ganz auf der Linie der Bundespartei, meint der Landesverband, dass die »Initiative« einen »öffentlichen Ort der Öffentlichkeit nicht zugänglich machen« wolle. Der Marsch steht prompt unter dem Motto »Denkmäler sind für alle da!«.

Vor wenigen Jahren hätte die bayerische NPD wohl noch nicht so selbstbewusst die politische Auseinandersetzung gesucht. Doch auch in Bayern fühlt sich die Partei durch die Wahlerfolge in Sachsen und Mecklenburg-Vorpommern gestärkt. Bei der Landtagswahl am 28. September 2008, sagt Ollert, wolle sie das »Parteien-Kartell in Bayern aufbrechen«. Wahlkampfrhetorik, sicher, doch ebenso die Ansage, sich mehr in dem Bundesland politisch verankern zu wollen. Der NPD-Bundesvorsitzende Udo Voigt hatte den Wahlantritt bereits am 21. September 2006 ausgegeben. Bei einer Pressekonferenz in Berlin nach dem erreichten Einzug ins Landesparlament von Mecklenburg-Vorpommern erklärte Voigt, es werde nun »mit Schwung« der »Westen in Angriff genommen«: »2008 wollen wir in den bayerischen Landtag ziehen.« In allen 91 Wahlkreisen planten sie die Aufstellung von Direktkandidaten. Ein »Schwerpunktwahlkampf«, der sich vor allem auf die beiden Städte München und Nürnberg sowie auf die Region Oberbayern konzentriert, solle in dem Flächenbundesland den Einzug ins Maximilianeum ermöglichen.

Der Spitzenkandidat der NPD ist für die Wahlen zum 16. Landtag schon bestimmt: der Landesvorsitzende Ralf Ollert. Ein großer Redner ist der gelernte Außen- und Großhandelskaufmann

Der bayerische NPD-Chef Ralf Ollert als Redner in Nürnberg 2005.

nicht, allerdings hat der fast 50-jährige Nürnberger bereits parlamentarische Erfahrungen gesammelt. In seiner Geburtsstadt zog er 2003 für die Liste *Bürgerinitiative Ausländerstopp* in den Stadtrat ein. Ollert, immer mit Brille und meist im Anzug, bemüht sich, nett und zuvorkommend aufzutreten. Die Sprüche klingen weniger freundlich: »Die Deutsche Kraft in Nürnberg. Für unser Volk im Nürnberger Rathaus.« Eine Ausgrenzung vermeintlich nichtdeutscher Menschen klingt da durch. In einem Antrag zum Betreuungsgeld klagte Ollert Mitte August 2007, dass die »Pläne« der anderen Parteien in »erster Linie auf den ›erhöhten Integrations-Förderbedarf‹ für ausländische Kinder« ausgerichtet seien statt die »Rückkehrbereitschaft in die Heimatländer zu fördern«. Immer wieder ist er bestrebt, aktuelle Themen mit seinen grundsätzlichen Positionen zu verknüpfen. Anfang August sprach sich der Familienvater mit zwei Kindern in einem Antrag gegen ein Rauchverbot in Gaststätten aus. Denn »mit dem totalen Rauchverbot droht vielen einheimischen Wirten, vor allem den kleinen sogen. ›Eckkneipen‹, der Todesstoß!« Und er ergänzte sogleich, dass »die typische fränkische Gastwirtschaft« durch »eine zunehmende ausländische Billigkonkurrenz, bei denen die Gewerbeaufsicht offensichtlich immer öfter angstvoll beide Augen zudrück(e)«, zusehends »an die Wand gedrückt« werde.

Seit den 70er Jahren ist Ollert politisch aktiv. In den 80er Jahren wurde er Landesvorsitzender der NPD-Jugendorganisation *Junge Nationaldemokarten* (JN). Mehrmals trat er für die NPD bei Landtags-, Europa- und Bundestagswahlen an. Innerhalb der Partei musste sich Ollert, der seit 2001 den Landesvorsitz innehat, öfters gegen Kampfkandidaturen wehren. Sein Manko: Er gehörte anfänglich nicht zu den engen Getreuen des NPD-Bundesvorsitzenden Udo Voigt. Einen »revolutionären« Kurs wollte er 2000 noch gegen die Bundesführung durchsetzen. Doch das ist lange her.

Auf dem 40. Ordentlichen Landesparteitag haben die etwa 150 Delegierten ihren Landeschef im Amt bestätigt. Am 21. Mai 2006 bestimmten die Delegierten gleichzeitig den unterfränkischen NPD-Bezirkschef Uwe Meenen und den oberbayerischen NPD-Bezirksvorsitzenden Roland Wuttke zu seinen Stellvertretern. Der einflussreiche Niederbayer Sascha Roßmüller, inzwischen zum stellvertretenden NPD-Bundesvorsitzenden aufgestiegen, wurde ebenfalls zum stellvertretenden Landeschef gewählt. Er verkündete großspurig: »Bayern und Franken sind mir zu schade, um von der CSU regiert zu werden!«

Auch Ralf Ollert bekräftigte, bei der Landtagswahl 2008 ins Maximilianeum in München einziehen zu wollen. Das »gute Ergebnis« der letzten Bundestagswahl, so der Chef, ermutige die gesamte »nationale Opposition« im Süden. Bei der vorgezogenen Bundestagswahl 2005 hatte die Partei bundesweit 1,6 Prozent der Zweitstimmen, in Bayern 1,3 Prozent erhalten. Nicht eben viel, aber die Hoffnung, dass es weit mehr werden könnten, ergibt sich für den Landesverband aus dem großen Zuwachs an Sympathisanten. Noch 2002 hatten gerade mal 0,23 Prozent der Wähler ihr Kreuz bei der NPD gemacht. Hoffen lassen sie auch Studien zu rechten Ressentiments in der Mitte der Gesellschaft. »Das Potential ist in Bayern so groß wie in keinem anderen westlichen Bundesland«, erklärte Ollert im März im Gespräch mit der NPD-Zeitung »Deutsche Stimme«. In der monatlich erscheinenden Zeitung führte Jürgen Gansel, der sich gern als

Parteistratege sieht, wenige Seiten vorher genauer aus: »In ihrer Studie ›Vom Rand zur Mitte. Rechtsextreme Einstellungen und ihre Einflussfaktoren in Deutschland‹ (2006) kommt die Friedrich-Ebert-Stiftung zu dem Ergebnis, dass Bayern von allen westdeutschen Bundesländern die höchste Zustimmung zu rechtsextremen Positionen aufweist.« Und tatsächlich warnen die Autoren der Studie, Oliver Decker, Elmar Brähler und Norman Geißler: »Bayern kann, was die Verwurzelung rechtsextremer Einstellungen in der Bevölkerung anbelangt, mit den tiefsten Ostprovinzen mithalten.« Die Sozialwissenschaftler weisen darauf hin, dass in Bayern die Zustimmung bei »den ausländerfeindlichen Aussagen« weit »über dem Durchschnitt der westlichen Bundesländer liegt«. Vergleiche zwischen den Bundesländern, so betonen die Sozialwissenschafter selbst, seien im Hinblick auf die kleineren Bundesländer wegen der Datenbasis allerdings nur beschränkt möglich. Doch die Stichproben für die größeren Bundesländer seien repräsentativ. Die Ergebnisse von 5036 befragten Personen, davon allein 700 aus Bayern, korrespondieren mit anderen Erhebungen. Im selben Jahr, 2006, ergab die jährlich durchgeführte Studie »Gruppenbezogene Menschenfeindlichkeit«, dass in Bayern 51,4 Prozent ausländerfeindliche Einstellungen hegen. Die Sozialwissenschaftler um Wilhelm Heitmeyer von der Bielefelder Universität hatten 2000 repräsentativ ausgewählte Personen befragt. Jeder zweite Bayer fremdenfeindlich? Aufrüttelnde Daten, die in Bayern manchem nicht gefielen.

Im Dezember 2006 kritisierte der Berliner Politikwissenschafter Klaus Schroeder bei einer Veranstaltung der Landeszentrale für politische Bildung im Münchner Presseclub, die Auswahl der befragten Personen der Studie »Vom Rand zur Mitte« sei nicht repräsentativ und die Festlegung, wann jemand »rechtsradikal« sei, würde »willkürlich festgelegt«. Der »Fränkische Tag« wehrte gleich beide Studien ab: »Ist denn jeder, der sich in der Gesellschaft ein stärkeres Nationalgefühl (…) wünscht, gleich ein Chauvinist? Ist jeder, der die problematische Situation an der Hauptschule seines Kindes an einem zu hohen Ausländeranteil festmacht, deswegen schon fremdenfeindlich?«, fragte der Autor. Bereits im Jahr 2002 hatte der Soziologe Siegfried Lamnek von der Katholischen Universität Eichstätt-Ingolstadt indes eine Untersuchung unter Schülern durchgeführt. Über

5000 Schüler aus allen bayerischen Schulformen beantworteten einen Fragebogen. Die Antworten offenbarten schon damals Erschreckendes: 28,4 Prozent der Schüler hielten Homosexuelle für »abstoßend und pervers«, 13,9 Prozent glaubten, dass die Juden an der Verfolgung im Nationalsozialismus »nicht unschuldig« gewesen seien und 31,9 Prozent beklagten sich darüber, dass im Unterricht »nur die schlechten Seiten des NS genannt« würden.

Die NPD möchte an solche Stimmungen anknüpfen. In der Märzausgabe der »Deutschen Stimme« 2007 hoffte Jürgen Gansel, der in Sachsen zur NPD-Fraktion gehört, mit Blick auf die Studie der Friedrich-Ebert-Stiftung: »Bislang konnte die CSU dieses große nationalkonservative Potential noch an sich binden, aber auch das wird der Vergangenheit angehören.« Rüdiger Schrembs, damals noch im NPD-Landesvorstand »zur besonderen Verwendung bei den Wahlen 2008«, frohlockte im Mai 2007 hinsichtlich der von Heitmeyer veröffentlichten Zahlen: »Für unsere Wahlkampforientierung 2008 ist (...) die Erhebung von besonderer Wichtigkeit.« Auf die darin ausgemachte »fremdenfeindliche Haltung« sowie die Angst vor »wachsender Überfremdung« müsse sich der Wahlkampf ausrichten und auch die Sorge vor Arbeitslosigkeit angesprochen werden. Zuversichtlich verkündete der Münchner Schrembs: »Die bayerische NPD steht unter den Landesverbänden im Westen relativ gut da: Er ist der mitgliederstärkste; die sieben Bezirksverbände sind flächendeckend organisiert – die Bayern-NPD ist kampagnenfähig.«

Zur Landtagswahl 2003 war die NPD in Bayern bei weitem noch nicht so gut aufgestellt. An einen Antritt zur Wahl mochte die Parteiführung damals gar nicht denken. Udo Voigt, der im oberbayerischen Moosburg lebt, kennt das Flächenbundesland bestens. Über sechs Jahre lang war der heutige NPD-Bundesvorsitzende dort Landeschef. Bayern war zu dieser Zeit noch eine Bastion der *Republikaner* (REP) und der *Deutschen Volksunion* (DVU), die NPD keine wirkliche Alternative für deren Wähler. Auch für die nicht parteigebundene rechte Szene erschien die NPD wenig attraktiv. Dort dominierten die »Freien Kameradschaften«, die den »Kampf um die Straße« dem »Kampf um die Parlamente« damals noch vorzogen. In Abgrenzung zu den extrem rechten Parteien nennen sich die Kameradschaften selbst oft »Freie Kräfte« und verstehen sich als »nationale Bewegung«. Schon seit 1999 bauten Norman Bordin und Martin Wiese stetig die *Kameradschaft Süd – Aktionsbüro Süddeutschlands* (KS Süd) in München aus. Beide waren nach Bayern zugezogen: Bordin kam aus dem nordrhein-westfälischen Geldern, Wiese aus Anklam in Mecklenburg-Vorpommern. Bereits zwei Jahre nach der Gründung offenbarte sich der äußerst radikale Charakter der Münchener Neonazi-Strukturen. Am 13. Januar 2001 feierte Martin Wiese mit seinen Kameraden in der Gaststätte »Burg Trausnitz« seinen Geburtstag. Der neonazistische »Barde« Michael Müller, der 2008 für die NPD in Niedersachsen bei der Landtagswahl kandidierte, trat mit der Gitarre auf. Der feucht-fröhliche Abend endete mit einer Hetzjagd der »Kameraden« auf einen vorbeikommenden griechischen Passanten. Die Neonazis schlugen ihn fast tot und griffen auch türkische Gäste, die dem Griechen aus einer gegenüberliegenden Gaststätte zur Hilfe kommen wollten, brutal an. Norman Bordin wurde mit anderen am Abend verhaftet, noch in der Zelle schlug er einen unbeteiligten Mithäftling zusammen. Die Richter verurteilten Bordin zu einer Haftstrafe von einem Jahr und drei Monaten. Briefe aus der Haft datierte er mit der Zahl der seit der Geburt Adolf Hitlers vergangenen Jahre. So schrieb er im Januar 2001 »112 JdF« (Jahr des Führers).

Im selben Jahr wirkte im Raum Nürnberg der Kameradschafts-Dachverband *Fränkische Aktionsfront* (FAF) um Matthias Fischer aus Fürth. Das Ausspionieren von »Linken« und die Veröffentlichung von deren Porträts plus Adressen war ein Schwerpunkt der Aktivitäten der konspirativ agierenden FAF. 2004 verbot der bayerische Innenminister Günther Beckstein die FAF aufgrund von deren »Wesensverwandtschaft mit dem Nationalsozialismus«. Sie habe zudem »unverhohlen die Beseitigung der freiheitlich-demokratischen Grundordnung propagiert«. Bis heute bemüht sich die aus den FAF-Strukturen hervorgegangene *Anti-Antifa Nürnberg*, den »Feind zu erkennen, den Feind zu benennen«. Von der Neonazi-Initiative geschossene Fotos, mit Porträts von Antifaschisten, Lehrern, Gewerkschaftern und Lokalpolitikern, die sich gegen Rechts engagieren, finden sich auf der Neonazi-Website, deren Server dem verurteilten US-amerikanischen Neonazi Gary Lauck (NSDAP/AO) gehört. Bei Demonstrationen wie in Gräfenberg fotografieren die Neonazis, von der Polizei meist ungehindert, ungeniert ihre Gegner. Im Dezember 2007 musste die Nürnberger Polizei in einem Gerichtsprozess einräumen, in Ermittlungsverfahren gegen Antifaschisten selbst auf Bilder der *Anti-Antifa Nürnberg* zurückgegriffen zu haben.

Bis 2003 versuchte die NPD in Bayern noch nicht, eine politische Zusammenarbeit der nationalistischen Kreise zu bewerkstelligen. Die Initiative dazu ging von den »Freien Kräften« aus. Mit der *AG Bayern* bemühte sich damals Kameradschaftsführer Wiese um die Vernetzungen. Er half mit seiner Truppe, NPD-Infostände auszurichten, und umwarb neonazistische Bündnisse wie die *Bürgerinitiative Demokratie direkt e.V.* In München scharte sich diese »Bürgerinitiative« um Roland Wuttke. Unter dem Titel »Bewegung statt Partei« schrieb der heutige stellvertretende NPD-Landesvorsitzende Wuttke im April 2002 in dem neu-rechten Coburger Theorieorgan »Nation & Europa«, dass das rechte Spektrum untereinander keine »Kontaktallergien« hegen und wenigstens gemeinsame Stammtische und Mahnwachen durchführen solle. »Zellenbildung auf untersten Ebenen« nannte Wuttke, der aus der rechtslastigen *Deutschland Bewegung* kam, die Strategie. Sein Augsburger *Bündnis Nationale Opposition* und sein Münchner Netzwerk *Demokratie direkt e.V.* folgten dieser Idee.

Wieses bündnispolitische Bemühungen endeten 2003 abrupt, aber nicht wegen interner Streitigkeiten. Zunächst hatte er mit NPD-Anhängern Aktionen gegen die Grundsteinlegung für das neue jüdische Gemeindezentrum auf dem Münchner Jakobs-Platz geplant. Im September 2003 wurden jedoch seine weitergehenden Pläne für einen Bombenanschlag publik. Eine Kerntruppe seiner Kameradschaft hatte Schusswaffen, Handgranaten, eine Rohrbombenhülle und Sprengstoff besorgt und darüber gesprochen, bei der Grundsteinlegung am 9. November 2003 mit hochexplosivem TNT oder der Handgranate einen Sprengstoffanschlag verüben zu wollen. Wenige Tage vorher schritten die Behörden wegen »Verdacht auf Bildung einer terroristischen Vereinigung« ein – zehn Aktivisten der *KS Süd* wurden verhaftet. 2005 verurteilte das Bayerische Oberste Landgericht Wiese wegen Rädelsführerschaft in einer terroristischen Vereinigung und zahlreicher Verstöße gegen das Kriegswaffenkontroll- und Waffengesetz zu sieben Jahren Haft, die er zurzeit absitzt.

Norman Bordin (rechts) mit Kameraden bei einer NPD-Veranstaltung in Nürnberg 2006.

Der Wahlerfolg in Sachsen löste 2004 dann bei der NPD auch im Süden einen Kurswechsel aus. Ohne die Zusammenarbeit mit den »Freien Kameradschaften«, räumte Bundeschef Voigt ein, wäre der Einzug ins Dresdener Landesparlament nicht gelungen. In Nürnberg schien Ollert die Botschaft verstanden zu haben. Er suchte das Gespräch mit Anführern der Kameradschaften. Aber nicht allein der NPD-Wahlerfolg überzeugte, auch das gescheiterte Parteiverbotsverfahren. Mit der Begründung, damit »eine legale Struktur« zu haben, »welche praktisch unverbietbar ist«, trat Norman Bordin in die NPD ein. Seit 2006 führt er die JN und gehört auch zum Landesvorstand der Partei. 2007 wurde er zum stellvertretenden Bundesvorsitzenden der JN gewählt.

Den Kurs des Miteinander, wie ihn NPD und DVU-Bundesführung 2005 im »Deutschland-Pakt« festlegten, hält der Landesverband seitdem ein. Beim »politischen Neujahrstreffen« von *Demokratie direkt* und *Deutscher Partei* 2005 in München-Pasing waren die Anwesenden begeistert. Der damalige Bundesvorsitzende der *Deutschen Partei*, Ulrich Pätzold aus dem niederbayerischen Schöllnach, legte das »Münchner Bekenntnis« vor, worin sich Hunderte zu einer Unterstützung der NPD und »zum gemeinsamen Handeln aller Patrioten« bekennen. Der Aufruf »Hamburger Signal«, im Februar 2005 von Teilen der *Republikaner* initiiert, fordert ebenfalls dazu auf, mit NPD und DVU zusammenzugehen.

Aus der Justizvollzugsanstalt Bayreuth bekannte sich im Juli 2007 auch Wiese erneut zur Partei. In der zehnten Ausgabe des »JVA-Reports«, herausgegeben vom neonazistischen *Freundeskreis Brandenburg*, erklärte er: »Nur die NPD verkörpert für mich eine Partei, die (...) den politischen Kampf bestreitet, (...) um dem deutschen Volk eine Zukunftsperspektive zu ermöglichen. (...) Wenn sich die weitere Entwicklung genauso positiv darstellt, wie die der letzten Jahre, könnte ich mir vorstellen, zu gegebener Zeit der NPD beizutreten. Auf alle Fälle jedoch lohnt es sich, die NPD bei ihrem national-politischen Kampf zu unterstützen.« Solche Statements von Kameradschaftskadern haben Signalfunktion und blieben auch nicht ohne Wirkung in der Partei. Roland Wuttke verteidigte am 10. Oktober 2007 Wiese anlässlich der Wahl von Günther Beckstein zum bayerischen Ministerpräsidenten. In einer NPD-Pressemitteilung griff er Beckstein an: »2003 inszenierte er mit Hilfe von V-Leuten und unter beschämender Mitwirkung von Polizei und Justiz einen angeblichen Anschlag auf die Baustelle des Jüdischen Zentrums in München, um im Landtagswahlkampf von der Truderinger Stimmenkaufaffäre der CSU abzulenken« – und zielte damit auf die Unregelmäßigkeiten bei parteiinternen Wahlen der Münchner CSU. Vor allem aber sollen die neuen Bündnispartner eben nicht als Gewalttäter erscheinen, übernehmen doch in der Partei in steigendem Maße Kader der »Freien Kameradschaften« Ämter und Arbeit.

Immer mehr Kameradschaften nähern sich der bayerischen NPD. Die ehemalige Kameradschaft *Weisse Wölfe* um Patrick Schröder, die in den oberpfälzischen Städten Cham, Weiden und Roding aktiv ist, tritt unter wechselnden Bezeichnungen auf: Auf ihrem Transparent ist »Widerstand Weiden« sowie »NPD Weiden« zu lesen. Bereits im März 2005 übernahm Robert Dietrich aus den Kreisen der *Kameradschaft München* den Vorsitz des NPD-Kreisverbandes Freising-Erding-Ebersberg. Die Partei bestimmte auch Matthias »Baffo« Bauerfeind aus Himmelstadt zum stellvertretenden Kreisvorsitzenden der NPD Main-Spes-

sart. Dass er nicht nur die *Kameradschaft Main-Spessart* an-
führt, sondern in der radikalen *KS Süd* die Nachwuchsstamm-
tische ausrichtete, störte nicht. Auf ihrer Homepage propagiert
die *Kameradschaft Main-Spessart*: »Als junge Deutsche wehren
wir uns gegen die volkszerstörende Multikulti-Gesellschaft, gegen die immer noch fortwährende Besatzung unserer Heimat
durch fremde Mächte und gegen die nationale identitätsvernich-
tende Globalisierung.«

Es gibt noch mehr Beispiele für die neue Bündnispolitik. Der
Vorsitzende des NPD-Kreisverbandes Rhön-Grabfeld, Jens
Rüttiger aus Hohenroth, beispielsweise verantwortet die unter-
fränkische Kameradschaftshomepage »hatecore-crew«. Stefan
Winkler, der neben seinen Aktivitäten bei der Neu-Ulmer NPD
auch bei der *Kameradschaft Neu-Ulm* (KSNU) mitarbeitete, ist
schwäbischer NPD-Bezirksvorsitzender. Jahrelang richtete er
NPD-Veranstaltungen mit bekannten Holocaust-Leugnern wie
Horst Mahler und Bernhard Schaub im bayerischen Senden aus.
Auch aus dem *Kameradschaftsbund Hochfranken* wandten sich
»Freie Aktivisten« der Partei zu. Udo Sieghart und Tony Gentsch,
die zudem beim bundesweiten *Kampfbund Deutscher Sozialisten*
(KDS) aktiv sind, meldeten unter dem Namen »NPD-Kreisver-
band Hof« einen Aufmarsch im September 2007 an. Matthias
Fischer schließlich, einer der Anführer der im Jahr 2004 verbo-
tenen *Fränkischen Aktionsfront*, wurde NPD-Bezirksvorsitzen-
der in Mittelfranken. Im Landesvorstand leitet der Black-Metal-
Anhänger, auf dessen Kopf ein Tattoo mit dem Schriftzug
»Aryan Hope« (Arische Hoffnung) prangt, die »Abteilung Freie
Kameradschaften«. Mit Norman Bordin fiel er im Februar 2007
auf, als NPD-Kader zum »Tag der Ehre« ungarischer Faschisten
nach Budapest fuhren. Abends trat der oberbayerische Liedermacher Manfred »Edei« Edelmann bei einem Konzert auf, das
von der ungarischen Sektion der in Deutschland verbotenen
Blood & Honour-Bewegung organisiert worden war. »Edei«
spielt regelmäßig bei Veranstaltungen der bayerischen NPD, so
beim »Bayerntag« 2006 in Regensburg oder beim »JN-Europa-
tag« 2007 in Gremsdorf. In Budapest sang er einen Cover-Song
der im Untergrund agierenden Rechtsrock-Band *Kommando
Freisler*. In dem Refrain des Liedes »Das Giftgas« heißt es: »Ja
man muss zuerst das Giftgas in die Kammer füllen. Und um das
ganze einen schicken Schleier hüllen. Mit ’ner Brause und ’nem

Abfluss, wie 'ne Dusche sieht das aus. Und fertig ist der Holocaust.« Die NPD-Aktivisten Bordin und Fischer fühlten sich in der B&H-eigenen Immobilie wohl sicher und hoben mehrfach den Arm zum Hitlergruß.

Innerhalb weniger Jahre gelang es der NPD mit Unterstützung der Kameradschaften, ihre einst brachliegenden Strukturen in Bayern neu aufzubauen. Sieben Bezirksvorsitzende hat der Landesverband installiert, die die Partei in Bayern neu etablieren sollen. Von den bestehenden 37 bayerischen NPD-Kreisverbänden kann mindestens ein Drittel als arbeitsfähig eingeschätzt werden. Fast alle Bezirks- und Kreisgliederungen betreiben eigene Homepages.

Die strategischen Veränderungen brachten einen allmählichen personellen Zuwachs. Das Landesamt für Verfassungsschutz zählte 2006 bei der bayerischen NPD 900 Mitglieder, doch die Parteiverbände waren kaum handlungsfähig und wenig nach außen aktiv. Am 17. November 2006 erklärte der Landesverband aber, dass ein 22-jähriger Handwerker aus dem Landkreis Neumark/Oberpfalz ihr tausendstes Mitglied sei. Der Aktionsgrad stieg mit. In Mecklenburg-Vorpommern, wo die NPD sechs Landtagsabgeordnete stellt, besitzen nur etwa 300 Personen ein Parteibuch. Diese wachsende Struktur in Bayern versucht der hauptamtliche Landesgeschäftsführer Axel Michaelis aus Bamberg weiter zu professionalisieren.

Trotz neuer strategischer Ausrichtung der Partei ist nicht zu übersehen, dass die alten politischen Inhalte nach wie vor vertreten werden, nicht nur, aber auch mit Blick auf die neuen Bündnispartner. Regelmäßig marschiert die NPD mit den »Freien Kameradschaften« auf. Bei solchen Gelegenheiten, wie im fränkischen Gräfenberg, sind dann auch Transparente mit den Worten »Ruhm und Ehre der Wehrmacht« zu sehen. Aufmarschiert wird ebenfalls am Volkstrauertag, den die Neonazis »Heldengedenktag« nennen, und Kundgebungen für den Hitler-Stellvertreter Rudolf Hess gehören zum festen Aktionsprogramm ebenso wie die »Mahnwache«, die die NPD Oberbayern alljährlich im April zum »Gedenken an den Ostfrontkämpfer Reinhold Elstner« ausrichtet. Elstner hatte sich 1995 vor der Münchner Feldherrnhalle selbst verbrannt, um ein »Fanal gegen die Verleumdung und Verteufelung des deutschen Volkes« zu setzen. Solche Aktivitäten sollen der Szene zeigen: Die Partei bleibt sich treu. Wahlkampf allerdings führt die NPD seit 2004 nicht mehr mit der neonazistischen Variante von »Erinnerungspolitik«. Im »Klartext«, dem Mitteilungsblatt der sächsischen NPD-Fraktion, erklärte Holger Apfel im Februar 2006, stattdessen die soziale Frage verstärkt aufgreifen zu wollen.

Das gilt auch für die bayerische Landesführung der NPD, die damit nicht nur in der Bündnisfrage ganz dem Bundesvorstand folgt. In Bayern bemüht man sich – wie in allen Bundesländern –, verstärkt soziale Probleme und regionale Konflikte thematisch aufzugreifen. Der stellvertretende NPD-Bundesvorsitzende Sascha Roßmüller will die NPD »zwischen nationalrevolutionär und wertkonservativ« eingeordnet wissen. Einen Schwerpunkt in der »nationaldemokratischen Darstellung« möchte er auf ihr »sozialpolitisches Wollen im Zusammenhang mit der dafür zwingend erforderlichen Funktionstüchtigkeit nationalstaatlicher Mechanismen« legen. Von Bayern spricht Roßmüller in der »Deutschen Stimme« im Oktober 2007 zwar nicht direkt. Das Bundesland muss Rossmüller, der in Rain wohnt, aber auch nicht erwähnen, denn in der Partei ist bekannt, dass er an seine Heimat denkt. 1991 gründete Roßmüller während seiner Ausbildung zum Landschaftsgärtner den *Nationalen Block* (NB). Bis zum Verbot dieser Vereinigung im Jahr 1993 wirkte er politisch in Bayern. Keine zwei Jahre später gehörte er der JN an, die er knapp ein Jahr danach auf Landesebene führte. Roßmüller gilt nicht nur als verlässliche Führungskraft, sondern wird zudem als starker Redner geschätzt. Seine deutliche Art kam auch auf Bundesebene gut an. Von 1999 bis 2002 stieg er zum Bundesvorsitzenden der *Jungen Nationaldemokraten* auf. Seit 2006 ist er stellvertretender NPD-Bundesparteivorsitzender mit fester Anstellung als »parlamentarischer Berater« der NPD-Fraktion in Sachsen. Der sächsische NPD-Fraktionschef Holger Apfel schwärmt von ihm: Er verstehe doch »wie kein anderer, Intellekt und rhetorische Naturbegabung geistreich zu vereinen«. Auch der geborene Niedersachse Apfel kennt Bayern gut. Bis zum Jahr 2000 wohnte er auf dem Gelände eines ehemaligen Aktivisten der verbotenen *Wehrsportgruppe Hoffmann* im oberbayerischen Sinning bei Ingolstadt, dorthin hatte damals der NPD-Verlag Deutsche Stimme seinen Sitz verlegt. Der Aufenthalt endete erst, als die Polizei beim

Vermieter Anton Pfahler Kriegswaffen fand, die dieser auf dem Grundstück gelagert hatte.

Beim politischen Aschermittwoch 2007 erfreute Sascha Roßmüller die fast 250 Parteifreunde des NPD-Kreisverbandes in Deggendorf. »Liebe Landsleute«, donnerte der große, kräftige Mann mit dunklem Vollbart im gewohnten Ton bayerischer Aschermittwochsreden, »der Freistaat« wolle sich 2007 »für Verfassungsschutz, Integration von Zuwanderung und Unterbringung von Asylbewerbern und sonstigen Ausländern über 132 Millionen Euro netto leisten (...). Wo ist denn da der angebliche ›Hardliner‹ Beckstein in der Ausländerfrage?« Und er legte nach: »Den wenigsten ist bekannt, dass unsere Landeshauptstadt (...) einen höheren Ausländeranteil aufweist als Berlin! So viel zum Hardliner. (...) Rechts blinken, links fahren!« Starken Applaus dürfte auch Roßmüllers Hinweis erhalten haben, dass der bayerische Sozialhaushalt sich für die »psychisch kranken und hochgefährlichen Straftätern« jährlich »über 200 Millionen Euro gönne«. Selbstbewusst erklärte er schließlich: »Und sollten wir tatsächlich ›braun‹ sein, dann liegt das einzig und alleine daran, dass es uns langsam zu bunt wird!«

Die NPD redet aber nicht nur über Themen, die die Mitte der Gesellschaft bewegt. Längst ist sie in Bayern auch in der Lage, öffentlich zu handeln. In Schwandorf etwa protestierten am 15. Dezember 2007 an die 100 »Nationalisten« auf einem NPD-Marsch unter dem Motto »Gemeinsam gegen sexuelle Gewalt – Opferschutz statt Täterschutz« für die Opfer sexuellen Missbrauchs. Zur Demonstration mobilisierten Neonazis mit einem Videoclip in Online-Video-Plattformen. Der NPD-Bezirksgeschäftsführer Karsten Panzer zeigte sich begeistert: »Super«, schrieb er im Forum des neonazistischen Wikinger-Versandes. Das Video ist mit einem Lied der bayerischen Band *Freibeuter* unterlegt. Im Refrain rufen sie auf: »Die Kinderschänder – macht sie kalt!« An anderen Orten mischen sich die Neonazis ebenso populistisch ein.

In Mittelfranken führte die NPD ihre Kampagne »Stoppt die Zeit- und Lohnarbeit – Gegen Lohndumping, Sozialraub und Ausbeutung« durch. Mit gezielten Flugblattaktionen versuchte sie im November 2007, Anwohner in der Region um Ansbach, Weißenburg und Treuchtlingen zu erreichen. Auf einer eigens eingerichteten Sonderseite im Internet erklärte die NPD, dass

»alleine in Bayern« angeblich »1500 Zeitarbeitsbetriebe mit über 100 000 Beschäftigten gemeldet« seien, und hob hervor: »Arbeit muss sich lohnen – und darf nicht arm machen.«

Als am 14. August 2007 in der Landeshauptstadt Tausende Milchbauern für einen höheren Milchpreis auf die Straße gingen, erschien kurz darauf eine Pressemitteilung der NPD unter der Überschrift »Die heimatliche Milchwirtschaft fördern«. Eine andere Presseerklärung griff das Rauchverbot in Gaststätten wieder auf: »Es kann nicht angehen, dass Raucher verfolgt und schikaniert werden (...) und Ekelfleisch-Dönerbuden sowie US-Fast-Food-Fraß-Ketten das Land überschwemmen.«

Vor allem Familien und Jugendlichen will die NPD sich andienen. Eine »nationale Bewerbungshilfe Oberpfalz« bietet sie an, einen »Kinderbasar« richtete sie in Roding aus, einen »Umweltschutztag« veranstaltete sie in Bayreuth und in Passau einen »Wandertag«. Die »NPD-Krabbelgruppe Nürnberger Land« wirbt mit der Parole: »Hier wird Volksgemeinschaft gelebt«. Frauen und Mütter jeglichen Alters seien eingeladen – nur deutsch müssen sie sein.

Besonders deutlich wurde diese neue Strategie beim »Bayerntag«, den die NPD im Sommer 2007 zum zweiten Mal veranstaltete – bürgernah, jugendgemäß und kinderfreundlich. Ab 14 Uhr begann in Schmidgaden auf der grünen Wiese das Programm. Von der Bühne schimpfte NPD-Landeschef Ralf Ollert über die »Wählerverdummung der CSU«. Anwesende Gäste scherzten über den Protest des »Gutmenschentums« und der »Möchtegern-Antifa«. Die NPD behauptete, dass an diesem 16. Juni fast 800 Besucher zum »Sommerfest« in das oberpfälzische Dorf gekommen seien. Tatsächlich waren aber »nur« an die 300 Neonazis angereist. Roßmüller erklärte zum wiederholten Mal, die CSU sei »Meister« von »leeren Versprechen«. »Alleine nach dem, was die CSU mit ihrer permanenten Ankündigungsrhetorik an heißer Luft produziert, müsste Bayern Spitzenreiter bei der Windkraft sein«, versuchte er zu scherzen.

Doch es wurden nicht nur Reden geschwungen. Auf einer Hüpfburg vergnügten sich die Kinder, gleich neben den Infotischen, an denen Jugendliche mit Informationsmaterial versorgt wurden. Für die Kleinen trat die »Märchenhexe Ragna« auf. Hinter dem Künstlernamen verbirgt sich die Karlsteinerin Sigrid Schüßler, die in der braunen Szene keine Unbekannte ist. Bei der

NPD zeigt sie ihre Show für Kinder öfters. Ihr »Theater Hollerbusch« wird aber auch zum »Drachenfest« des Kreisjugendamtes Aschaffenburg und in mehrere Kindergärten eingeladen. Die Lokalpresse in Aschaffenburg kürte sie beim Existenzgründungswettbewerb zur »Top-Jungunternehmerin«. Ihr Ehemann Falko Schüßler soll nach Informationen des Recherche- und Informationsdienstes »Redok« die Werbeagentur »Propagandakompanie« betreiben. Der NPD-Unterstützer ist führendes Mitglied der Kameradschaft *Widerstand Aschaffenburg*. Im September 2003 stieß die Polizei bei einer Razzia in einem paramilitärischen Zeltlager der Kameradschaft auf verbotene Waffen und Sprengstoff. Der Werbeagentur scheint dies nicht geschadet zu haben, denn auf der Referenzliste finden sich Namen renommierter Unternehmen, Kommunen und Vereinigungen.

Beim »Bayerntag« durften musikalische Live-Acts nicht fehlen. Die Partei weiß, dass Reden allein Jugendliche nicht zu ihren Veranstaltungen locken. Gerade in Bayern musste einer der Stars der rechten Musikszene erscheinen: Frank Rennicke. Der »nationale Barde« lebt samt Familie im mittelfränkischen Altengreuth. Auf dem weitläufigen Gelände mit mehreren Gebäuden finden Neonazi-Treffen statt, wie ein Zeltlager der neonazistischen *Heimattreuen Deutschen Jugend* im September 2007. Rennicke unterstützt die NPD seit langem. Für die Gratis-CD der NPD zur Bundestagswahl 2005 steuerte er den Song »Das Mädel mit der Fahne« bei – eine Huldigung an den aufopferungsvollen Tod fürs »Dritte Reich« und die Reichsfahne. Im Herbst 2007 verteilten in München NPD-Funktionäre eine Neuauflage der »Schulhof-CD« an Infotischen und vor Schulen. Der Inhalt der »echten Münchner Schulhof-CD« entspricht dem der bundesweit verteilten CD, hat aber ein spezifisches Cover: »Garantiert ohne ›Tagebuch der Anne Frank‹« haben sie in Bayern aufdrucken lassen und bewusst »Tagebuch der Anne Frank« in Anführungszeichen gesetzt, denn szeneintern wird es als »jüdische Erfindung« ausgegeben.

Bei Speisen und Getränken ließen es sich die Besucher des »Bayerntags« lange gutgehen. »Für die NPD war es von besonderer Bedeutung«, frohlockte das bayerische Vorstandsmitglied Axel Michaelis in der »Deutschen Stimme« im August 2007. Denn jetzt sei es gelungen, »eine Traditionsveranstaltung zu begründen«.

Auch in Bayern aktiv: Jürgen Rieger (links) und der NPD-Bundes-vorsitzende Udo Voigt gemeinsam bei einer Parteidemonstration in Nürnberg 2006.

Doch trotz zunehmender Professionalisierung und neuer Strategie: Bei den Kommunalwahlen im März 2008 tritt die NPD nur in zwei bayerischen Städten – München und Nürnberg – an. In Fürth und der kleinen mittelfränkischen Stadt Pappenheim hätte die NPD auch gern auf dem Wahlzettel gestanden, konnte aber ihre Anhänger nicht in ausreichender Zahl zur Abgabe der vom bayerischen Wahlgesetz geforderten Unterstützungsunterschriften bewegen. Die Bundesführung musste sich nach diesen Fehlschlägen eingestehen, dass die Vorbereitungen und die Durchführung des bayerischen Kommunalwahlkampfes nicht so liefen, wie man sich das erhofft hatte. Vor Ort scheinen die Kräfte der Partei nicht überall ausreichend zu sein, um sich schon im Vorfeld dieser Wahl durch verschiedene Aktivitäten als wählbare Alternative präsentieren zu können. In der Landeshauptstadt gab es aber ab Ende Dezember überraschenden Aufwind für die NPD durch die anschwellende Debatte um eine angebliche »Ausländergewalt«: 1106 Münchnerinnen und Münchner unterstützten die Kandidatur der NPD-dominierten *Bürgerinitiative Ausländerstopp*. Vor der Debatte hatte die NPD es schwer gehabt, Unterschriften zu bekommen. Die Landesführung scheint gemeinsam mit der Bundesleitung die Chancen und Kräfte hinsichtlich der Kommunalwahlen abgewogen zu haben. Sie ist sich bewusst, dass lokale Verankerungen langwieriger Bemühungen bedürfen. Einen flächendeckenden Antritt bei den Kommunalwahlen 2008 erwartete deshalb die Parteiführung selbst nicht, im Gegensatz zur Landtagswahl, wo die NPD überall Direktkandidaten aufstellt.

Vor fast zehn Jahren hatte der NPD-Bundesvorsitzende Udo Voigt schon die Strategie ausgegeben: »Bürgernähe zeigen, vor Ort siegen – Auf kommunaler Ebene kann die Ausgrenzung unterlaufen werden«. In Bayern blieb das lange ungehört. Jetzt, nachdem die NPD mit dieser Politik bereits in Sachsen und Mecklenburg-Vorpommern erfolgreich gewesen ist, wird die Strategie aber auch hier aufgegriffen. Ihre Bürgerfeste, Hilfsangebote spiegeln diese Bemühungen wider. »Sie kommen im Biedermann-Outfit«, warnt Andreas Angerstorfer von der Universität Regensburg, und befürchtet, dass die NPD das »Modell Sachsen und Mecklenburg-Vorpommern« in Bayern kopieren wolle. Im Lande besetze die Partei auf lokaler Ebene kommunalpolitische Themen, um von dort den »Sprung ins Landesparlament« zu schaffen. Dieses Ziel verfolgt die Partei in Wahlbündnissen auch mit ihr nahestehenden rechten Organisationen.

In München etwa entschied sich die NPD dafür, bei der Kommunalwahl unter dem »Tarnnamen« einer *Bürgerinitiative Ausländerstopp München* anzutreten. Diese Initiative wird von den NPDlern Norman Bordin und Roland Wuttke getragen. Ihr Spitzenkandidat ist ebenfalls ein NPD-Kader: Karl Richter, »parlamentarischer Berater« der NPD-Fraktion in Sachsen.

In Bayern ist die NPD schon seit November 2007 im Wahlkampf. Die Führung will die Monate bis zur Landtagswahl im September 2008 nutzen. In der Landeshauptstadt verteilen Wahlhelfer, unterstützt von der NPD-Landesvorsitzenden in Sachsen-Anhalt, Carola Holz, und der »kommunalpolitischen Vereinigung« der Bundes-NPD, Flyer an die Haushalte. Die Bedeutung dieses Wahlkampfes hebt die Partei in der »Deutschen Stimme« nicht allein durch regelmäßige Berichterstattung aus Bayern hervor. Andreas Molau, NPD-Bundesvorstandsmitglied, erinnerte zudem ausführlich an den Einzug der NPD in den Landtag 1966. »Vor 40 Jahren«, schrieb er im Dezember 2006, habe die Fraktion trotz »Diffamierungswelle, die der üblichen Todschweige-taktik folgt«, den Einzug ins Parlament geschafft.

Mit 15 Abgeordneten zog damals die NPD ins Maximilianeum ein, unter ihnen Altnazis wie der heutige Ehrenvorsitzende der NPD Bayern, der SS-Unterstumführer Walter Bachmann. 7,4 Prozent der Stimmen erreichte sie landesweit, in einigen Gemeinden, vor allem Mittelfrankens, auch zweistellige Ergebnisse. Viele »Heimatvertriebene« hatten die NPD gewählt, eine Wählerschicht, die sie heute wiedergewinnen möchte. Heimatverbundenheit ist ein Wahlkampfthema der NPD, der traditionsorientierte Slogan heißt: »Heimat statt Globalisierung«. Kürzer als mit der aus Niedersachsen übernommenen neuen Wahlparole »Sozial geht nur national« kann die Kurswende der NPD zu den sozialen Themen kaum ausgedrückt werden.

Auf dem 41. Landesparteitag am 23. September 2007 beschlossen die rund 80 Delegierten im fränkischen Gremsdorf das Wahlprogramm. Die wichtigsten Punkte fasste Sascha Roßmüller zusammen. Dazu gehören eine gezielte Förderung »deutscher Familien«, ein bayerischer Rentenfonds für erziehende Mütter und »getrennte Schulkassen für Deutsche und Ausländer«. Außerdem stellen sie sich als einzige »Heimatpartei« und wahre »Anti-Globalisierungspartei« in ihrem Werbefaltblatt zur Wirtschafts- und Arbeitsmarktpolitik dar. »Die Globalisierung ist nichts anderes als die restlose Ausplünderung von Mensch und Natur« durch eine »kleine Gruppe milliardenschwerer ›global players‹. Das sind etwa 10 000 Multimilliardäre, die alle wichtigen Konzerne, Banken, Versicherungen, Fernsehsender und Zeitungen unter ihrer Kontrolle haben – und die Politik dazu.« Dagegen setzt die NPD die »Idee der Solidargemeinschaft« und fordert eine »raumorientierte Wirtschaft«. Die NPD Unterfranken um den Bezirksvorsitzenden Uwe Meenen, der im Internet das Antiquariat Frankenland betreibt, machte im Flugblatt »Frankenwein als Qualitätsprodukt erhalten!« deutlicher, was sie mit diesen Begriffen meint: »Die raumgebundene Wirtschaftsordnung kann aber grundsätzlich nur existieren, wenn sie kultur- und werteorientiert, d. h. völkisch und national ist.«

Umweltschutz war schon vor dem Wahlkampf für die NPD »Heimatschutz«. Die NPD Freising beispielsweise mischte sich Anfang 2007 unter die Bürgerinitiativen, die sich gegen den

Ausbau des Münchner Flughafens stellen. Erst nach und nach erklärten die Initiativen die Neonazis für unerwünscht. Zum »Heimatschutz« gehört auch ihre alte Forderung »Gentechnik – Nein Danke«, mit der im Landtagswahlkampf wieder geworben wird.

Was das Verhältnis zu anderen Parteien betrifft, so ist die Frontstellung eindeutig: »Der Hauptgegner heißt CSU.« Zur Wahl verteilt die NPD einen Flyer, der sich ausschließlich gegen die Politik der CSU richtet. »Stoiber geht, und ... die NPD kommt« titelt sie großspurig. Die grundlegende Argumentationslinie findet sich paradigmatisch in Ralf Ollerts Vorwurf: »Vor der Wahl gibt sich die CSU stets heimatverbunden und konservativ, um nach den Wahlen ihre neoliberale Globalisierungspolitik fortzusetzen.« »Reden und Handeln der CSU widersprechen sich«, erklärt der NPD-Landeschef. So erinnert die NPD auch an Edmund Stoibers ausländerfeindliche Aussage: »Die durchrasste und durchmischte Gesellschaft ist eine Gefahr für Deutschland«; die CSU-Politik habe aber nicht die Zuwanderung in Bayern eingedämmt. Solche Vorwürfe, Versprechungen nicht eingelöst und politische Positionen verraten zu haben, wiederholen sich auf den unterschiedlichsten Politikfeldern und richten sich mal gegen Personen wie Edmund Stoiber oder Günther Beckstein, mal gegen die ganze Partei CSU.

Diese Wahrnehmung der CSU-Politik überrascht genauso wenig wie der Frontalangriff, denn die NPD muss das »rechtskonservative« und »patriotische« Wählerpotential bei der CSU erreichen. Ohne einen Zulauf von diesen Wählern dürfte ein Wahlerfolg nicht gelingen. »Viele CSU-Wähler und sogar Mitglieder sind diesen patriotischen Werten verpflichtet – für sie ist die CSU heute nicht mehr wählbar«, erklärt die NPD und buhlt um deren Gunst: »Die CSU hat ihre frühere Stärke verloren. Jetzt muss man jungen, unverbrauchten Kräften endlich eine echte Chance geben!«.

Umgekehrt versucht die CSU, die Wähler auf der rechten Seite zu halten. Nachdem der Angriff auf einen Rentner durch zwei Jugendliche ohne deutschen Pass in der Münchner U-Bahn eine bundesweite Debatte ausgelöst hatte, machte die Union den Vorfall vom 20. Dezember 2007 zum Wahlkampfthema. Der bayerische Innenminister Joachim Herrmann (CSU) stellte die rhetorische Frage, »ob der Ausweisungsschutz im Ausländerrecht nicht zu hoch ist«. Schon auf dem CSU-Wahlparteitag im November 2007 in Würzburg hatte der CSU-Vorsitzende Erwin Huber erklärt: »Multikulti ist die Brutstätte von Kriminalität.« Die Aussagen aus der CSU signalisieren eine alte Botschaft. »Rechts von der CSU ist nur die Wand«, soll einst der verstorbene Ministerpräsident Franz Josef Strauß gesagt haben. Noch vor seiner Wahl zum CSU-Vorsitzenden befand denn auch Erwin Huber am 30. August 2007 im »Stern«: »Man muss in der Tat sehr darauf achten, dass man konservativen Wählern eine Heimat gibt. (…) Deshalb gilt für mich bis heute die Maxime von Franz Josef Strauß: Rechts von CDU und CSU darf es keine demokratisch legitimierte Partei geben.«

Immer wieder warnen Sozialwissenschaftler aber davor, extrem rechte Ressentiments zu bedienen. So heißt es in der Studie zur »Gruppenbezogenen Menschenfeindlichkeit«, dass »Kampagnen, die darauf abzielten, nationalistische oder patriotische Einstellungen zu schüren«, die Gefahr bergen, »die Abwertung anderer Gruppen zu fördern«. Denn die Wissenschaftler um Wilhelm Heitmeyer beobachteten: je nationalistischer die Befragten, desto stärker die »Ablehnung von ›Fremden‹«. Und mehr noch: In der »Zeit« betonte Heitmeyer am 14. Dezember 2006: »Je größer der Nationalstolz bei den Befragten ist, desto weniger wichtig sind ihnen demokratische Errungenschaften.«

Das populistische Potential des Angriffs auf den Rentner wollen die Neonazis nicht der Union überlassen. Zu einem Aufmarsch der *Bürgerinitiative Ausländerstopp* kamen am 4. Januar 2008 knapp 150 Neonazis nach München. Mitten unter ihnen: Udo Voigt. Fackeln wurden ausgegeben, schwarz-weiß-rote Reichsfahnen geschwenkt, an der Spitze der »Kameraden« ein Trommler. Erinnerungen an ganz alte Aufmärsche wurden wach. Prompt schrie Karl Richter, wie einst Adolf Hitler, seine Parolen mit rollendem »R« ins Mikrofon.

Bei dem Buhlen um die rechte Wählerschaft muss die NPD jetzt lauter werden, wenn sie gehört werden will. Deutliche Töne stehen für sie selten im Widerspruch zum bemüht biederen Auftreten. Doch ist man bestrebt, den Schein zu wahren und den Stimmenfang auch in der Mitte der Gesellschaft nicht zu gefährden. So zeigte NPD-Landeschef Ralf Ollert den 83-jährigen Arno Hamburger wegen Beleidigung und Verunglimpfung an. Der Vorsitzende der Israelitischen Kultusgemeinde Nürnberg und SPD-Ratsmitglied hatte bei der Gegenveranstaltung in Gräfenberg am Wochenende des verbotenen Hess-Gedenkmarsches gesagt, es sei an der Zeit, »diese Verbrecherpartei endlich zu verbieten«. Das hört die NPD nicht gern. Das Strafverfahren stellte die Staatsanwaltschaft am Nürnberger Amtsgericht jedoch ein. Gegen den Liedermacher Konstantin Wecker zog die NPD ebenso erfolglos vor Gericht. Wecker hätte wie Hamburger in »Wahrnehmung berechtigter Interessen« einige zugespitzte Äußerungen gemacht. Bei einem Konzert in Erlangen im November 2007 hatte Wecker das Publikum in Solidarität mit Hamburger im Chor rufen lassen: »Die NPD ist ein braunes Pack und eine Verbrecherbande.«

Im Lande sehen manche Bayern die Partei aber auch anders. Ihre Inhalte gefallen, auch wenn sich das bisher noch nicht in größerem Maße in der Wählergunst niedergeschlagen hat. Um das zu ändern, will die NPD ihre Strategie der »Bürgernähe« verstärkt fortführen, vorhandene rechte Ressentiments aufgreifen und die Wähler »dort abholen, wo sie stehen«. Die wissenschaftlichen Studien ermutigen sie.

Andrea Röpke

»Braune Kanäle«

Die Finanzierung der NPD – Sponsoren und
Vermächtnisse – Staatliche Subventionierung –
Aufbau eigener Wirtschaftsnetzwerke –
Kontakte zu mittelständischen Unternehmern –
Steuerfreiheit für Holocaust-Leugner

Er nennt rund ein Dutzend Immobilien sein Eigen. Doch sein
ausgebeultes blaues Jackett sitzt so schlecht, als entstamme es
der Altkleiderspende. Den rostigen Jetta mit Verfallsdatum stellt
er in der Einfahrt seiner Anwaltskanzlei ab, die aber liegt an
der noblen Elbchaussee im Hamburger Villenvorort Blankenese.
Er verschwendet Tausende von Euro für Strafgelder und Be-
schwerdeverfahren, ist aber privat zu knauserig, um Kranken-
versicherungsbeiträge einzuzahlen. Er gilt als einflussreicher
NPD-Aktivist, der verschmitzt zusieht, wie Preise für verkom-
mene Immobilien in die Höhe schnellen und Bürgermeister von
Bayern bis Brandenburg unruhig werden, sobald er irgendwo
auftaucht. Doch wenn Medien schlecht über ihn berichten, ist
er beleidigt. Neonazi Jürgen Rieger ist ein Mann mit Widersprü-
chen. Nicht nur sein politisches Handeln, auch seine finanziellen
Transaktionen geben Rätsel auf.

So fragten sich zahlreiche Menschen im Sommer 2007: Will
der rechte Spekulant das Hotel »Am Stadtpark« in Delmenhorst
wirklich kaufen, oder blufft er nur? Kaum ein Rechtsextremist
sorgte in den letzten Jahren für so viele Schlagzeilen wie Rieger.
»Strippenzieher auf Einkaufstour« titelte die »Frankfurter Rund-
schau« im Hinblick auf die vielen Orte, in denen er mit einem
mehr oder weniger ehrlichen Kaufinteresse vorstellig wurde. Die
»Financial Times Deutschland« schrieb: »Tatort Bruchbude.
Wenn Rechtsradikale sich für Immobilien interessieren, geraten
Kommunen unter Druck«. In anderen Medien ist die Rede vom
»braunen Pokerspieler«, der mit Hausbesitzern »Hand in Hand«
arbeite. Ob in Melle, Menden, Wunsiedel oder Kleinow – Riegers
Name reicht aus, um für Aufruhr zu sorgen. Oft war von einem
Deal die Rede. Nachweisen konnte ihm niemand etwas.

Unter den Neonazis in Nadelstreifen ist der Hamburger Rechtsanwalt einer der mächtigsten bundesweit. Obwohl der glühende Hitler-Verehrer bereits seit rund 30 Jahren politisch aktiv ist, stand er der NPD bis vor wenigen Jahren eher distanziert gegenüber. Erst mit der Öffnung der Partei für die radikaleren »Freien Kameradschaften« gewann sie auch für ihn an Überzeugung. Im September 2006 trat er dem Hamburger Landesverband der NPD bei. Er sei wegen der »sozialen« Programmatik Mitglied geworden, zitiert ihn das Parteiorgan »Deutsche Stimme«, denn: »Mir gefällt der Begriff ›Solidarismus‹. Der beinhaltet die Idee der Volksgemeinschaft, Überwindung von Klassenkampf und Klassenhass.« Felix Krebs, ein Kenner der rechten Szene, charakterisiert Riegers politischen Ehrgeiz in der Publikation »88 Fragen und Antworten zur NPD« als »gewachsenen Machtanspruch« aufgrund von dessen Führungspositionen sowohl im Netzwerk der »Freien Kameradschaften« als auch in neuheidnisch-rassistischen Gruppierungen. Nach Einschätzung des Hamburger Verfassungsschutzes ist Rieger seinerseits für die NPD wichtig, weil er die Partei mit seinen finanziellen Möglichkeiten unterstützen kann. Beim Parteitag der NPD im November 2006 in Berlin bekam der machtbesessene Jurist jedoch Grenzen aufgezeigt. Er scheiterte bei der Wahl zum stellvertretenden Bundesvorsitzenden, schaffte es aber in den Vorstand; dort wurde ihm das Referat Außenpolitik und Finanzbeschaffung übertragen. Seit Anfang 2007 ist Jürgen Rieger auch Landesvorsitzender der Partei in seiner Heimatstadt Hamburg.

Der NPD stellte Rieger über Jahre hinweg Räume in seinen Immobilien in Pößneck oder Dörverden für Parteiveranstaltungen zur Verfügung. In die eigenen Karten blicken lässt sich der braune Advokat aber auch von den Kameraden nicht. Er weiß, dass die marode Partei und deren Anhänger in Geldnöten stecken, doch sein aus Erbschaften, Aktiengewinnen und Immobiliengeschäften erwirtschaftetes Vermögen mag er mit der »nationalen Sache« nicht bedingungslos teilen. Wenn es an die eigene Brieftasche geht, dann stapelt Rieger auch schon mal tief. Als ihm Mitte 2005 vor Gericht eine Geldstrafe von 1600 Euro drohte, jammerte der Jurist, er lebe zurzeit »von der Substanz«. Wegen »aufwendiger Investitionen mit Bankkrediten« befände er sich »erheblich im Minus«. Sein Reichtum stamme nicht aus der »Anwalterei«, räumte Rieger gegenüber Journalisten freimütig ein, vielmehr habe er »ein gutes Händchen für Immobilien«. Egal ob cholerisch aggressiv oder abgebrüht – Rieger ging schon immer seinen eigenen politischen Weg.

Im Mai 1946 wurde Jürgen Rieger in Blexen bei Oldenburg geboren. Die Familie zog nach Hamburg. Obwohl sich Dr. Heinz Rieger dort als angesehener Gynäkologe niedergelassen hatte, stellte sein Sohn, der Militärfreak, den Vater in der Öffentlichkeit nur als ehemaligen »U-Boot-Kommandanten« dar. Riegers Bruder trat beruflich in die Fußstapfen des Vaters und distanzierte sich von Jürgens politischen Ansichten. Jürgen Rieger heiratete in eine Blankeneser Familie ein, die Kanzlei wurde im Elternhaus seiner inzwischen verstorbenen Ehefrau eingerichtet. Auch die beiden jetzt erwachsenen Kinder aus dieser Ehe wollen von den politischen Aktivitäten des Vaters nichts wissen, im Gegenteil, sie engagieren sich in sozialen Bereichen. Zwei weitere Kinder entstammen der Beziehung zu einer Heilpraktikerin. Gemeinsam mit seinem Vater betrieb Jürgen Rieger bis vor etwa 13 Jahren einen Campingplatz in Kollmar, einem kleinen Dorf zwischen Elmshorn und Glückstadt. Die Familie kaufte ein angrenzendes Mehrfamilienhaus hinzu. Ganz der treue Sohn, ließ er das Dach aufstocken, damit seine Mutter auf die Elbe blicken konnte. Aber zum Ärger vieler Anwohner gelang es Rieger, junge Leute aus dem Ort für seine politischen Ziele anzuwerben, der Campingplatz wurde immer wieder zum Treffpunkt für Neonazis. Als der Verpächter ihm nach dem Tod des Vaters kündigte, rastete Rieger aus. Nachbarn beobachteten, wie er mit einer langstieligen Axt über den Zeltplatz fegte und Mobiliar zertrümmerte, »alles, was ihm gehörte«. Er habe so lange weitergemacht, »bis jeder Stromverteilerkasten zerschlagen« war. Das Sanitärhaus auf dem Gelände zerlegte der aufgebrachte Neonazi mit einer Kettensäge. Danach wurde es wieder ruhig in Kollmar. Manchmal schaut Rieger noch nach dem Haus.

Immobilienkäufe wurden zu seiner Obsession. Im Lauf der Zeit erwarb Rieger zwei weitere Häuser in Schleswig-Holstein. Das windschiefe Fachwerkhaus aus dem 19. Jahrhundert liegt an der Schlei, nahe Schleswig. Den alten Besitzer, einen verarmten Landschaftsgärtner, hatten Schulden zum Verkauf getrieben. Reinhard Hornbostel und Rieger kannten sich bereits aus neuheidnischen Vereinen, deren ideologische Schnittstelle das Germanentum darstellt. Hornbostel bekam Wohnrecht eingeräumt und wurde in einem kleinen Anbau untergebracht. Den Versammlungsraum sowie die kleinen Zimmer mit uralten Schlafkoben nutzen Neonazis seitdem für ihre Zwecke. Unter dem Dach soll ein großer Schlafsaal entstehen. Die Umbauarbeiten gehen aber nur schleppend voran. Er habe sich schon bedroht gefühlt, gesteht Hornbostel, denn einige der jungen Leute könnten sich nicht benehmen und hätten Fenster und Türen zertrümmert. Richtig glücklich ist der alte Mann mit seinem Nachfolger Rieger nicht.

Auch Bauer Klaus-Hermann Christiansen aus Ockholm in Nordfriesland ist nicht gut auf den Hamburger Anwalt zu sprechen. Der ersteigerte Ende 1999 für 480 000 Euro sein Anwesen im Hauke-Haien-Koog, vorgeblich um dem in finanzielle Not geratenen Landwirt zu helfen. Damals verstanden sich die beiden Geschäftspartner noch. Rieger bot dem erwerbsunfähigen 55-Jährigen an, zur Miete weiter auf dem Hof wohnen zu bleiben. Christiansen sollte nach den Gebäuden schauen und 310 Euro Miete an Rieger zahlen. Der verschuldete Ockholmer kassierte zwar Mietzuschüsse, gab aber kein Geld weiter. Das führte zum Zwist zwischen beiden, Rechtsstreitigkeiten waren die Folge. Fast 21 000 Euro Mietschulden fordert NPD-Landeschef Rieger von ihm ein. Nun strebt er eine Räumungsklage an, will den Bauern vom Hof haben. Rückwirkend zum 4. Dezember 2007 übernimmt jetzt die Kreisverwaltung Nordfriesland die Miete für Christiansen – und überweist das Geld an den bekannten NPD-Funktionär. Mit den Ansichten des Neonazis will der Bauer nichts gemein gehabt haben. Gleichwohl erzählte er der Lokalpresse, Mitte der 90er Jahre habe ihm das *Deutsche Rechtsbüro*, fester Bestandteil der Szene zur internen Rechtshilfe für straffällige Neonazis, Rieger empfohlen.

Der ist seit Jahren Anführer rassistischer Vereine wie der *Artgemeinschaft – Germanische Glaubens-Gemeinschaft wesensgemäßer Lebensgestaltung e. V.*, *Nordischer Ring*, *Mütterdank* oder der *Gesellschaft für biologische Anthropologie, Eugenik und Verhaltensforschung*. Deren Anhänger gehören vorwiegend der gehobenen Mittelschicht an, unter ihnen Akademiker, Ärzte, Pädagogen und Wissenschaftler. Ihre sektenähnlichen Treffen finden im Verborgenen statt. Personelle und ideologische Wurzeln dieser Organisationen gehen teils noch bis in die NS-Zeit

Findling für den verstorbenen Bremer Altnazi Wilhelm Tietjen auf der Ahnenstätte in Conneforde bei Oldenburg.

zurück. Auch Verfassungsschutzbehörden warnen seit Jahren vor deren politischen Aktivitäten. Doch da sie, anders als die NPD, öffentlich kaum in Erscheinung treten, ist wenig über sie bekannt. »Diese verschworen Gemeinschaften dienen der Selbstbestätigung der faschistischen Weltanschauung, der Schulung und der rechtlichen Absicherung von Infrastruktur, so etwa von Immobilien«, urteilt Rechtsextremismuskenner Krebs.

Obwohl sich Rieger nach eigenen Angaben »seit 30 Jahren« für die NPD engagiert, kommt sein »obsessiver Rassismus« nicht überall gut an. Gemäßigte Nationaldemokraten verschrecke dessen offene Verehrung für Hitler, behauptet ein ehemaliges NPD-Mitglied. Riegers engste Gefolgschaft ist handverlesen. Viele ältere Leute aus seinen Vereinen sind alleinstehend, andere davon überzeugt, dass ihr Vermögen in den Händen der »nationalen Sache« besser aufgehoben ist als bei der eigenen Verwandtschaft. So genießt Rieger, natürlich nur hinter vorgehaltener Hand, in der extrem rechten Szene den Ruf eines »Erbschleichers«. Altnazis wie Gertrud Herr oder Wilhelm Tietjen vermachten ihm Geld oder Grundeigentum. Dafür erhielten sie als Grabstein einen Findling auf der Ahnenstätte in Conneforde bei Oldenburg. Gertrud Herr, die ehemalige BDM-Führerin, hatte zeitlebens Hitler verehrt. »Ist er nicht ein schöner Mann«, war so einer ihrer Sprüche. Jugendliche Neonazis lud sie bis zur Schließung von Riegers Neonazi-Tagungszentrum Hetendorf Nr. 13 in der Lüneburger Heide 1998 zur politischen Schulung. Immer wieder habe sie auch finanziell geholfen, berichtete die Altnazistin Ende der 90er Jahre stolz. Damals kündigte sie an, dass ein großer Anteil aus dem Verkauf der elterlichen Villa in Binz auf Rügen an Rieger gehen sollte.

Der 2002 verstorbene Bremer Lehrer Tietjen lebte zurückgezogen, galt in der Nachbarschaft als geiziger »Waldschrat«. Anwohnern fiel auf, dass der Hamburger Anwalt kurz vor dessen Tod regelmäßig im Bremer Stadtteil Hemelingen auftauchte. Tietjen, der selbst keine Kinder zeugen konnte, hatte sein Millionenvermögen aus Aktiengewinnen einer eigenwilligen Befruchtungsförderung zugedacht. »Der Onkel war in Riegers Verein *Gesellschaft für biologische Anthropologie, Eugenik und Verhaltensforschung*«, erzählte eine seiner Nichten gegenüber einem Fernsehteam von Radio Bremen. Er habe »zeitlebens von einem neuen Lebensborn geträumt«. Um die Erbschaft des braunen Lehrers sinnvoll zu investieren, richtete Rieger zunächst die britische Briefkastenfirma *Wilhelm Tietjen Stiftung für Fertilisation Ltd.* in London ein. Danach erwarb er 2003 für 360 000 Euro ein Hotel in Pößneck in Thüringen und im Frühjahr 2004 für 255 000 Euro die ehemalige Standortkommandantur der Bundeswehr im niedersächsischen Dörverden. Für die Bundestagswahl 2005 wurden die dortigen vier ehemaligen Bundeswehrgebäude, mit Atombunker und unterirdischen Schießanlagen, als eine der Wahlkampfzentralen genutzt. Mit rund 1000 Besuchern bei einem Rechtsrock-Konzert sowie einer NPD-Veranstaltung wurde das thüringische Hotel im April 2005 eingeweiht.

Riegers Immobilienimperium wächst. Die ehemalige Unternehmerin Ilse Frey aus Rodenberg im Weserbergland verschenkte eines ihrer Häuser bereits zu Lebzeiten an Rieger. Die 86-Jährige gilt in ihrem Wohnort als überzeugte Nationalistin. »Rieger ist schon lange ihr Anwalt«, weiß jemand aus ihrem Bekanntenkreis. Ebenfalls von ihm vertreten wird eine ältere Dame aus Ahrensburg bei Hamburg. Für sie hat er die Rückübertragung eines

NPD-Mahnwache im niedersächsischen Wahlkampf vor dem Gebäudekomplex von Jürgen Rieger in Hameln, Januar 2008.

vierstöckigen Wohnhauses im Bahnhofsviertel von Stralsund durchgesetzt. »Ich habe gegen die Stadt gewonnen«, prahlte Rieger stolz gegenüber den Medien. Im Sommer 2007 bezog in einigen Räumen des heruntergewirtschafteten Gebäudes ein Neonazi-Laden namens »Sonnenbanner« Quartier. Das Gebäude wurde zum rechten Szenetreffpunkt. Noch ist Irmgard L. im Katasteramt als Eigentümerin eingetragen.

Zu Riegers Schatz gehören außerdem ein über 600 Hektar großes Landgut in Schweden, ein vermietetes Mehrfamilienhaus in Hamburg-Harburg, mehrere Häuser in Niedersachsen. Doch manche Gebäude verrotten zusehends. Der Hausherr aus Blankenese ist vielbeschäftigt, eingesetzte junge Neonazis scheinen mit den Hausmeisterarbeiten überfordert. Einen 1999 erworbenen Gebäudekomplex in Hameln mit ehemaligem Kinocenter, neun Wohnungen und fünf Ladengeschäften versuchte Rieger für 2,5 Millionen Euro bei Ebay wieder loszuwerden. Ohne Erfolg. Als die niedersächsische NPD für den Landtagswahlkampf Anfang 2008 dringend Räume benötigte, sprang Rieger ein. Er hatte ohnehin zigtausend Euro in die stuckverzierte Immobilie mit gelbem Anstrich in der Deisterstraße investieren müssen. Die Stadt Hameln hatte zuvor ein Nutzungsverbot für das ehemalige Kinocenter mit seinen sechs Sälen verhängt, weil das Gebäude bauliche Mängel aufwies und nicht den nötigen Sicherheits- und Brandschutzvorschriften entsprach. Nun erhofft sich Rieger eine Aufhebung des Verbots. Großspurig kündigte er bei einer Mahnwache der NPD vor dem Haus am 12. Januar an, dass sich »demnächst auch ein Kreisverband« der Partei in der Stadt an der Weser gründen und es dort bald »richtig abgehen« werde. Die Partei wird sich die Hände reiben, für sie kommt eine Nutzung der Großimmobilie dem Wunsch nach mehr ökonomischer Autonomie sehr entgegen.

Doch allein mit Immobilienerwerbungen und Erbschaften alter Nazis lassen sich die erheblichen Finanzströme innerhalb der Neonazi-Szene nicht erklären. Seit Jahrzehnten machen Gerüchte von geheimen Geldströmen aus Übersee oder Südafrika die Runde. Der Mythos von verschlossenen SS-Konten in Schweizer oder Liechtensteiner Schließfächern hält sich hartnäckig. Doch Beweise dafür, dass NPD oder »Freie Kräfte« in den Genuss solcher Gelder kommen, gibt es bislang nicht. Tatsächlich sieht es eher so aus, als wenn Vereine wie die größte rechtsextreme Kulturorganisation *Gesellschaft für freie Publizistik* oder die *Hilfsgemeinschaft für nationale Gefangene*, die sich um Kameraden im Knast bemüht, aber auch einzelne Aktivisten – wie der in Mannheim zu einer Haftstrafe verurteilte kanadische Holocaust-Leugner Ernst Zündel – regelmäßig mit Geldbeträgen aus einem weitestgehend anonym wirkenden Sympathisantenfeld unterstützt werden.

Der frühere Neonazi Ingo Hasselbach hatte 1994 in einem Interview gesagt: »Waffen und Geld waren noch nie ein Problem in der rechten Szene. Es gibt genug Leute, die ein großes Interesse daran haben, Neonazis zu fördern. Wenn wir keine Kohle hatten, wussten wir immer, wen wir anrufen mussten. Da wurde das Geld einfach so im Briefumschlag gebracht ...« Jahre später, Ende 2005, äußerte sich die Aussteigerin Tanja Privenau ähnlich: »Die Szene zahlt Tausende von Euro an Spenden.« Während ihrer rund 20-jährigen Zugehörigkeit baute die fanatische Nationalistin Kameradschaften in Norddeutschland auf, war auch in der *Artgemeinschaft* von Rieger aktiv. Ihre Familie lebte dabei jahrelang von finanziellen Hilfen. Ihrer Meinung nach kommen gerade aus der gutsituierten *Artgemeinschaft* viele Sponsoren. »Die geben regelmäßig große Summen«, erinnert sie sich. Aber die Mutter von fünf Kindern wusste auch, dass dadurch der Ausstieg erschwert würde, denn »die finanzielle Abhängigkeit eines jeden ist groß in der Szene«.

Es gibt Gönner wie den Düsseldorfer Unternehmensberater Heiko Möhring. Dessen Firma, die Möhring Personal-Management GmbH, vermittelte auch Jobs für Kameraden. 1997 bot Möhring, der einst »Führer« des »Gaues Niedersachsen« des rechtsextremen *Bundes Heimattreuer Jugend* (BHJ) gewesen war, dem aufstrebenden NPD-Kader Holger Apfel eine Stelle im rechten österreichischen Leopold Stocker Verlag an. Die »Hildesheimer Allgemeine Zeitung« hatte ihrem Anzeigenberater aufgrund seiner politischen Radikalität zuvor gekündigt. Als Möhring 2004 64-jährig starb, betrauerte die *Heimattreue Deutsche Jugend* den Verlust ihres »Förderers, Ratgebers und Kameraden« als »aufrechten Kämpfer für unser geknechtetes Volk«, der »den Schulterschluss zwischen unserer jungen und der älteren Generation« gebildet habe.

Die Suche nach den Geldquellen der Neonazis hat sich zu einer der zentralen Fragen im Hinblick auf die NPD herauskristallisiert. Im Juni 2007 veröffentlichte eine Länderoffene Arbeitsgruppe der Senatsverwaltung für Inneres in Berlin erstmalig eine Studie mit dem Titel »Finanzquellen der rechtsextremistischen Kreise«. Den Erhebungen zufolge sind tatsächlich die eigenen Anhänger, die über Mitgliedsbeiträge und Spenden zur Kasse gebeten werden, eine der Haupteinnahmequellen der Neonazi-Partei. Staatsgelder, wie Wahlkampfkostenerstattung, Parteienfinanzierung und Fraktionsmittel, machen jedoch den größten Posten aus. Der Fiskus kam 2005 für rund 64 Prozent des NPD-Haushaltes auf. Im Vergleich dazu bestreiten die im Bundestag vertretenen Parteien lediglich zwischen 25 und 38 Prozent ihrer Ausgaben aus staatlichen Mitteln. Die »Financial Times Deutschland« bezifferte den Jahresetat der extrem rechten Partei auf knapp drei Millionen Euro.

In den 90er Jahren war die NPD mangels Wahlerfolgen überwiegend auf finanzielle Leistungen ihrer Mitglieder und Unterstützer angewiesen. Nach Angaben des NPD-Rechenschaftsberichtes zahlte jedes Mitglied 2005 im Durchschnitt etwa 79 Euro. Rund eine Million Euro für die NPD im Jahr stammen insgesamt aus privater Schatulle.

Berlins Innensenator Ehrhart Körting verwies auf Erkenntnisse, wonach Parteispenden an die NPD und die rechtsextreme DVU zu 90 Prozent jeweils weniger als 3000 Euro betrügen. Im Rechenschaftsbericht 2005 werden sieben Personen aufgeführt, deren Spenden und Mandatsträgerbeiträge 10 000 Euro überstiegen. Fünf von ihnen sind Parteifunktionäre wie Udo Voigt oder NPD-Landtagsabgeordnete wie Holger Apfel aus Sachsen. Die Partei profitierte aber auch von großzügigen Geldgebern wie dem ehemaligen Entwurfsarchitekten beim Staatlichen Hochbauamt in Stuttgart Carl-Arthur Bühring. Nach ihm benannten sie die Parteizentrale in Berlin-Köpenick. Das 2002 verstorbene NPD-Ehrenmitglied hatte nach Recherchen des »Stern« bis zu seinem Tod mehr als 200 000 Euro gespendet. Auch der Leipziger Immobilienkaufmann Wolfgang Schüler ist ein fleißiger Geldgeber. Seine Beiträge liegen nach Recherchen des »Stern« »so um die 50 000 Euro«. Allein 1998 spendete der verschwiegene Eigenheimbesitzer laut Rechenschaftsbericht der NPD, der dem Bundestag vorliegt, 242 404 DM an die Partei. Schüler ist zudem Mitinhaber der Deutsche Stimme Verlagsgesellschaft, die mit dem Verkauf von Zeitungen und einschlägigen Devotionalien nach eigenen Angaben rund 1,4 Millionen Euro Umsatz erzielt.

Nach Angaben der Verfassungsschutzbehörden in Berlin soll es keine Finanzströme aus dem Ausland geben. Ein weiterer Spender der NPD, Rolf Hanno, lebt jedoch im spanischen Marbella. Der 1919 geborene Immobilienbesitzer aus Hamburg-Wandsbek, der der NPD offiziell 24 000 Euro zukommen ließ, soll nicht der einzige Sympathisant sein, den NPD-Chef Voigt bei seinen Besuchen auf der Iberischen Halbinsel trifft, berichten Insider.

Seit 1999 bezieht die Partei wieder Geld vom Staat, damals waren es jedoch nur 15 Prozent der jährlichen Einnahmen, also rund 300 000 Euro. Mit zunehmenden Wahlerfolgen stiegen auch die Zuschüsse vom Fiskus. 2005 betrugen die Steuergelder bereits 42 Prozent der Einnahmen der NPD, die Spenden machten dagegen nur noch 33 Prozent aus. 2006 erhielt die Partei rund 1,4 Millionen Euro aus der staatlichen Parteienfinanzierung.

Grundsätzlich zahlt der Staat einer Partei für jede Stimme aus den vergangenen Landtagswahlen, der Bundestags- und der Europawahl 85 Cent. Bei einer Spende gibt es pro Euro noch mal 38 Cent öffentlichen Zuschusses. Einzige Hürde, um in den Genuss der Gelder zu gelangen: Die Partei muss mindestens ein Prozent der Stimmen erzielen. Die einnahmestärksten NPD-Landesverbände waren 2005 Sachsen, Nordrhein-Westfalen und Bayern. Doch mit steigenden Einnahmen wuchs auch die »Schuldpostenseite« der NPD. Gegenüber der Tageszeitung »Die Welt« gab NPD-Bundesschatzmeister Erwin Kemna im November 2006 an, das Barvermögen der Partei sei »aktuell nicht sehr hoch«, weil »alle Wahlkämpfe vorfinanziert« würden.

Die Studie der Länderoffenen Arbeitsgruppe weist aber auch darauf hin, dass der Bundestag von der NPD wegen »wesentlicher Fehler in den Rechenschaftsberichten« für die Jahre 1997 und 1998 rund 870 000 Euro zurückfordert. Der damalige Vorsitzende des NPD-Landesverbandes Thüringen soll in großem Umfang falsche Spendenquittungen ausgestellt haben, dadurch seien staatliche Mittel zu Unrecht ausgezahlt worden. Inzwischen haben sich NPD und Bundestagsverwaltung geeinigt, die ausstehenden Rückforderungen mit den der NPD zustehenden Abschlagszahlungen zu verrechnen. Insgesamt hatte die Partei daher 2007 gravierende finanzielle Probleme. Die Geldnöte dürften auch die Landtagswahlkämpfe in Niedersachsen und Hessen stark beeinträchtigt haben. Noch im Januar 2007 hatte der niedersächsische Landesvorsitzende Ulrich Eigenfeld in einem internen Schreiben an die Mitglieder getönt, man werde über rund »90 000 Euro Eigenmittel« verfügen und den Wahlkampf frühzeitig beginnen. Bundesvorstandsmitglied Rieger erklärte im Herbst dagegen, die Partei könne wegen Finanzmangels »nicht an frühere Erfolge bei Wahlen anknüpfen«. Da aber am 15. November 2007 die letzten Schulden an die Bundestagsverwaltung durch Einbehaltung staatlicher Auszahlungen ausgeglichen worden sind, kann die Neonazi-Partei 2008 wieder wie in den letzten Jahren auf über eine Million Euro aus der staatlichen Parteienfinanzierung hoffen.

Immer auf der Suche nach Mitteln und Wegen für zusätzliche Geldquellen, erschließen sich der NPD neue Möglichkeiten. Sie öffnet sich für mittelständische Unternehmer, nicht nur wenn diese ein verstärktes Interesse signalisieren, sich aktiv in den Wahlkampf der Partei einbringen zu wollen. Unter den 42 Direktkandidaten, die sich am 27. Januar 2008 in Niedersachsen zur Wahl stellten, waren auffällig viele Handwerker, Köche und Bäcker sowie Bankkaufleute und zwei Informatiker. Bauunternehmer wie Marc Reuter und Manfred Börm oder Tischlermeister wie Manfred Dammann traten an. Auch Alfred Brückner aus Stadthagen bei Hannover, der das Fachgeschäft Elektro-Brückner betreibt, unterstützt die NPD in Niedersachsen. Andere Parteikameraden sind in der Militaria- und Antiquitätenbranche aktiv. Eines der Neumitglieder, Graf Friedrich-Werner von der Schulenburg, entfernter Verwandter eines 1944 hingerichteten Widerständlers, unterhält einen Juwelierladen in Hameln. Matthias Behrens, Anführer der *Kameradschaft Snevern Jungs*, leitet die Firma Behrens Finanzberatung in Schneverdingen in der Lüneburger Heide. Alle beteiligen sich, wenn es um die »nationale Sache« geht. So sorgte die Firma Reuter-Bau aus Bremervörde für Sanierungsarbeiten auf Riegers »Heisenhof« in Dörverden, ausgeführt von glatzköpfigen Mitarbeitern. Behrens regelt finanzielle Transaktionen auch für Kameraden. Bauunternehmer Manfred Börm aus Handorf bei Lüneburg gehört bereits seit Jahren dem Bundesvorstand der NPD als Leiter des parteiinternen Ordnungsdienstes an. Börms Unternehmen hat keine Firmenwerbung nötig, das Mauerwerk seines Anwesens zieren ganz offen verbotene Embleme der NS-Szene, Odalrune und Wolfsangel. Börm lebt anscheinend von der Szene und arbeitet für sie.

Auch Mike Steiner, Unternehmensberater aus Lauscha, ist etabliert in seiner südthüringischen Heimatstadt. Als Anführer der extrem rechten *Kameradschaft Lauscha* steht er der NPD und der DVU nahe. In fast keiner anderen Thüringer Gemeinde beobachten Szeneexperten wie Martina Renner, Mitarbeiterin im thüringischen Landtag, solch eine Akzeptanz zwischen Bevölkerung und Rechtsextremisten. Zu deren alljährlichem »Kinderfest« strömen auch Alteingesessene. Kaum einen stört es, wenn Neonazis im Schützenverein aktiv sind und dort gelegentlich Schießturniere für Kameraden organisieren. Diese kommunale Verankerung, so Renner, bescherte dem DVU-Stadtrat, der als Redner auch bei der NPD auftritt, bei den Kommunalwahlen im Mai 2006 stattliche 18 Prozent. Eine Hand wäscht die andere.

Die Kameraden um S. unterstützen den DVU-Stadtrat in der 4000 Einwohner zählenden Gemeinde im Landkreis Sonneberg. Gemeinsam gibt man eine rechte Lokalpostille, den »Pappenheimer«, heraus. Darin werben dann auch örtliche Handwerksbetriebe.

Bundesweit entstehen so stetig wachsende Wirtschaftsnetzwerke kleinerer Unternehmer, die sich politisch der NPD verbunden fühlen. Sie inserieren nicht nur wie gewohnt in Lokalblättern auf der Suche nach Arbeitskräften, sondern auch in der »Deutschen Stimme«. Die Tischlerei Keilberg GmbH aus Sachsen suchte dort im Februar 2007 »bis zu 20 Mitarbeiter«. Ein Großhandel aus Driburg hält sich bedeckter bei der Mitarbeitersuche und gibt seinen Firmennamen nicht preis. Ebenso ein Security-Unternehmen aus Düsseldorf, das in der NPD-Zeitung nach Personal für den »Personenschutz« sucht. Umgekehrt bieten dort auch Sympathisanten ihre Arbeitskraft an. »Glühender Nationaldemokrat, 52 Jahre alt u. kernig, seit über 20 Jahren Bau- und Oberbauleiter im Straßenbau, mit abgeschlossenem Bauingenieurstudium (...) sucht eine neue Herausforderung, vorzugsweise im Raum Berlin«. Die große Anzahl solcher und ähnlicher Stellengesuche in der »Deutschen Stimme« zeigt, dass Arbeitssuchende auf eine große Zahl sympathisierender Unternehmen setzen.

Mittelständler suchen den Kontakt zur NPD, doch ebenso schlagen auch zunehmend Neonazis den Weg in den Mittelstand ein. Einer, der es vom vorbestraften Neonazi-Gewalttäter zum Kleinunternehmer geschafft hat, ist Sven Krüger aus Jamel in Mecklenburg-Vorpommern. Vor Jahren überschlugen sich die Meldungen, als Krüger und seine Hammerskin-Truppe die Region in Schrecken versetzten. »Ein Dorf in Angst?« titelte noch 2007 der »Spiegel«. Seit 1992 hatte sich in dem 30-Seelen-Ort bei Grevesmühlen ein brauner Mob breitgemacht, der dem »Führer« huldigte und nordische Götter verehrte. Die »tageszeitung« berichtete, dass an Hitlers Geburtstag über 120 Neonazis im Gutshaus der Krügers feierten. »Heute räuchern wir euch aus«, drohten sie einer zugezogenen Familie, deren Hühner wurden auf dem Gartenzaun aufgespießt. Krüger und seine Anhänger schüchterten Einheimische und Zuzugswillige über die Jahre hinweg ein. Die Reichskriegsflagge flatterte im Dorf. An der einzigen Zufahrtsstraße standen Schilder mit der Parole »Ausländer raus!«. Zweimal gingen Häuser in Flammen auf. Verängstigt verließen Fremde den Ort wieder. Sven Krüger machte sich dafür im Dorf breit, seiner Familie gehören inzwischen mehrere Häuser. Krüger sei mehrfach im Gefängnis gewesen, aber immer frühzeitig entlassen worden, beklagte ein Mitarbeiter der Landesweiten Opferberatung für Betroffene rechter Gewalt (Lobbi e.V.) 2003 gegenüber der »tageszeitung«.

Sven Krüger droht noch immer. Insbesondere Gegendemonstranten und Journalisten geraten ins Visier des bulligen Glatzkopfes und seiner Truppe. Doch Krüger nützt sein Image auch fürs Geschäft. Auf seinem Hof stehen Fahrzeuge mit der Aufschrift »Die Jungs fürs Grobe. Brigade z.b.V.« – zur besonderen Verwendung. Krüger betreibt ein Abrissunternehmen. Aus welchen finanziellen Quellen er seine Aktionen finanziert, »bleibt im Dunkeln«, so Experten des Mobilen Beratungsteams in Mecklenburg-Vorpommern, aber klar sei, dass er eine »Aktionsbasis« schaffen wolle. Als sich im Herbst 2007 rund 200 Neonazis an einem »nationalen Fußballturnier« im Dammereezer Schlosspark im Landkreis Ludwigslust beteiligten, trug eine der Mannschaften den Werbeschriftzug von Krügers Firma auf dem dunklen Trikot. Bei Neonazi-Demonstrationen marschiert der militante Skinhead neuerdings auffällig dicht hinter Angehörigen der NPD-Fraktion im Schweriner Landtag. Bereits 2005 soll Krüger beim Bundestagswahlkampf die NPD unterstützt haben.

Krüger ist nicht der einzige Unternehmer mit braunem Hintergrund in Mecklenburg-Vorpommern. Gerade im nordöstlichen Flächenland gibt es seit Ende der 90er Jahre eine gezielte Ansiedlung von Neonazis aus dem Westen. Sie betreiben Landwirtschaft, arbeiten als Zimmerleute, Maler- und Tischlermeister oder eröffnen wie der Fraktionsführer der NPD im Schweriner Schloss, Udo Pastörs, einen Schmuck- und Uhrenladen. Seine international agierende Edelmetallfirma hat Pastörs vor seiner politischen Karriere an einen Schwager in Bad Zwischenahn übertragen. Global agierend, reiste der NPD-Mann noch vor wenigen Jahren mit Sekretärin von Kontinent zu Kontinent. Als Spitzenkandidat der NPD gründete er sogleich einen Unternehmerstammtisch, bei dem Mittelständler sich über »hohe Steuern und sture Bürokraten beschweren können«. Sein Einsatz wurde belohnt: Beim Wahlkampfauftakt der NPD im Sommer 2006 scheuten sich weder die örtliche Taxiunternehmerin, der Bistrobetreiber noch der Tischlereibesitzer, vor den Augen empörter Gegendemonstranten bei Kaffee und Kuchen mit Rechtsextremisten zu plaudern. Finanziell griff Pastörs den eigenen Kameraden immer wieder unter die Arme, wie Aussteigerin Tanja Privenau bestätigt. Es entstanden neben wirtschaftlichen Verflechtungen auch soziale Netzwerke, die zu einer noch stärkeren Abhängigkeit ihrer Mitglieder führten. Extrem rechte Frauen und Männer schicken ihre Kinder in gemeinsame Krabbelgruppen, kaufen Gemüse vom sympathisierenden Öko-Bauern oder sitzen im Elternrat der Schulen ihrer Kinder, wie der Boizenburger Neonazi Thomas Wulff, genannt »Steiner«.

Der gelernte Automechaniker Wulff, einer der engsten politischen Weggefährten Jürgen Riegers, fand sogar Arbeit bei einem befreundeten Unternehmer. Denn manchmal gelingt auch der Aufstieg vom braunen Saulus zum Schlossbesitzer. Früher trieb sich Philipp Steinbeck mit »Steiner« und militanten Kameraden herum. Er brach sein Jurastudium ab und arbeitete Anfang der 90er Jahre in der Fraktion der extrem rechten *Deutschen Liga für Volk und Heimat* im Kieler Landtag. Im März 2005 dann trat Steinbeck gemeinsam mit dem ehemaligen Hamburger Kameraden Christian S. als Käufer der Schlossruine in Bernstorf bei Grevesmühlen auf. Beide bezeichneten sich selbstbewusst als Unternehmer und wiesen darauf hin, weitere Schlösser zu besitzen. Die braune Vergangenheit wollen die Yuppies wie alte, zu billige Kleidung abgelegt haben. Natürlich wisse Steinbeck von der rechten Ansiedlung in der Nähe seines Wohnsitzes bei Lübtheen, doch damit habe er nichts mehr zu tun. Kleinlaut räumte er Ende 2005 aber ein, dass sein Exkamerad Thomas Wulff, mittlerweile im Bundesvorstand der NPD aktiv, in einer seiner Firmen bei Hagenow als Fahrer arbeite. Eilig wurde Wulff entlassen. »Philipp ist doch recht spießig geworden«, schimpfte der in der Öffentlichkeit. Es galt den Schein zu wahren.

Vor einigen Jahren verkaufte der 1964 geborene Steinbeck seine Anteile an einer Bauberatungsfirma ausgerechnet an den späteren NPD-Funktionär Pastörs. Deren Namen tauchen im Handelsregisterauszug der Firma ebenso auf wie der von Manfed Börm. Steinbeck hatte nicht damit gerechnet, erkannt zu werden, als er im Herbst 2007 bei einer Neonazi-Kundgebung in Hamburg-Blankenese auftauchte. Freundschaftlich begrüßte der Export-Kaufmann den Veranstalter Jürgen Rieger. Als Kameras blitzten, verschwand er sogleich hinter dessen privater Haustür. Intern scheut Steinbeck keinesfalls den Kontakt zu aktiven Neonazis und zog etwa als Gründungsmitglied die Fäden bei der Lübtheener Bürgerinitiative »Braunkohle Nein«, in deren Reihen jahrelang NPD-Kader wie Udo Pastörs mitmischten. Auch dem Hamburger Verfassungsschutz sind die Verbindungen zwischen den reichen Exaktivisten und »ihrem NPD-Umfeld« nicht entgangen.

Schloss Bernstorf, das Steinbeck und einer seiner Partner 2004 erwarben, wurde später an einen befreundeten deutschen Unternehmer in Dubai weitergereicht. Der stammt ursprünglich ebenfalls aus Hamburg und wurde später als Nachbar des 1945 abgetauchten NS-Verbrechers Klaus Barbie im peruanischen Lima bekannt. Über die Geschäfte der Altnazis in Südamerika schien Steinbecks Freund einiges zu wissen. In der TV-Dokumentation »Hotel Terminus« sprach der Import-Export-Händler Ende der 80er Jahre über den »Schlächter von Lyon« genannten Barbie, den der »Spiegel« als »Symbol des Nazi-Horrors« bezeichnete.

In der mecklenburg-vorpommerschen Öffentlichkeit legen die Schlossbesitzer viel Wert auf gutbürgerliches Äußeres, sie verstehen sich als Repräsentanten von Geldadel und regionaler Wirtschaft. Da das neuerworbene, stark verfallene Schloss Bernstorf nach intensiven Sanierungsarbeiten verlangte, beauftragte der Eigentümer aus dem fernen Dubai dafür einheimische Firmen. So stand vor dem ehemaligen Schloss der Grafen von Bernstorff, von denen Albrecht Graf von Bernstorff 1945 in Plötzensee als antifaschistischer Widerstandskämpfer hingerichtet worden war, 2007 auch schon mal der Wagen des NPD-Unterstützers und Abrissunternehmers Sven Krüger aus Jamel. Das braune Netz hat enge Maschen – nicht nur im Norden.

Im westfälischen Vlotho an der Weser ist es einer Bekannten von Jürgen Rieger gelungen, eines der ältesten rechten Seminarhäuser wieder zu neuem Leben zu erwecken und zum internationalen Treffpunkt für Holocaust-Leugner zu machen. Doch nicht nur Hardcore-Neonazis tummeln sich in deren Reihen, auch zahlungskräftige Sponsoren. Ursula und Werner Georg Haverbeck gründeten das *Collegium Humanum* bereits 1963 im Gebäude einer ehemaligen Heimvolkshochschule, die Platz für rund 150 Personen bietet. Über 50 Jahre stand die 1929 geborene Haverbeck im politischen Schatten ihres Ehemannes, der in der NS-Zeit zeitweilig in der Reichsleitung der NSDAP beschäftigt war. Nach dessen Tod übernahm die fanatische Hitler-Verehrerin die Leitung und führte das *Collegium Humanum* wieder aus seiner politischen Bedeutungslosigkeit im extrem rechten Lager heraus. Der Trägerverein gilt als gemeinnützig, Spenden sind steuerlich begünstigt.

Ursula Haverbeck ist eine der wenigen Frauen, vor deren Aktivitäten in den Verfassungsschutzberichten der Länder gewarnt wird. Bei dem von Jürgen Rieger organisierten Marsch zum Gedenken an den Hitler-Stellvertreter Rudolf Hess in Wunsiedel 2004 durfte Haverbeck als einzige Rednerin vor rund 3000 Teilnehmern auf die Bühne. Das Amtsgericht Bad Oeynhausen hatte sie kurz zuvor, im Juni 2004, wegen Volksverhetzung zu einer Geldstrafe verurteilt. Auslöser dafür waren mehrere den Holocaust leugnende Artikel in der von ihr herausgegebenen Zeitschrift »Stimme des Gewissens«. Drei Jahre später stand die notorische Nationalsozialistin erneut vor Gericht, die Staatsanwaltschaft des Landgerichtes Dortmund charakterisierte sie als »Überzeugungstäterin«.

Zum engsten politischen Umfeld von Haverbeck zählt der Mitbegründer und ehemalige Verteidiger der Roten-Armee-Fraktion (RAF) und spätere Neonazi Horst Mahler. Der fanatische Antisemit trat 2000 in die NPD ein, 2004 erhielt er ein vorläufiges Berufsverbot als Anwalt. Bei einem Haftantritt im November 2006 zeigte Mahler nach Polizeiangaben den verbotenen Hitlergruß. Zu weiteren Mitstreitern in Haverbecks brauner Runde gehören verurteilte Hardcore-Neonazis wie Manfred Roeder, Ernst Zündel oder Germar Rudolf. Für öffentliches Interesse sorgte Haverbecks 1992 gegründeter *Verein Gedächtnisstätte*, als einer seiner Aktivisten, der Düsseldorfer Architekt Ludwig Limmer, Ende 2005 ein größeres Anwesen im sächsischen Borna ersteigerte. Das 10 500 Quadratmeter große ehemalige Bergbaugelände mit Gebäude und Park wurde von einer Immobiliengesellschaft des Bundes für nur 99 000 Euro veräußert. Der *Verein Gedächtnisstätte* als Hauptnutzer und mit Ursula Haverbeck als Mentorin errichtete dort eine »Gedenkstätte für deutsche Kriegsopfer«. Als der inzwischen verstorbene Limmer senior das geplante Projekt im Oktober 2005 vom Bau ausschuss der Stadt Borna absegnen ließ, sprach er noch lapidar von einer Gruppe »Heimatvertriebener«, die ihm 250 000 Euro für eine »Erinnerungsstätte« zur Verfügung gestellt hätten. Die acht Ausschussmitglieder sahen zunächst keine Veranlassung, dem Architekten nicht zu glauben. Seinem Antrag auf Baugenehmigung wurde zugestimmt.

Doch der arglose Schein trog. Das Ehepaar Limmer gehörte seit Jahren zum illustren Kreis um Haverbeck. Mit dabei sind auch Altnazi Hajo Herrmann, der Solinger Bauunternehmer Günther Kissel, Professor Theo Schmidt-Kaler aus Margetshöchheim, Steuerberater Professor Bernhard Bellinger, der rechte Verleger Udo Walendy, der angesehene ehemalige Chefarzt Dr. Hartmut Rau aus Bad Pyrmont sowie der Schweizer Revisionist Bernhard Schaub. Die Oldenburger Schauspielerin Imke Barnstedt, die in TV-Serien wie »Hinter Gittern« und »Berlin, Berlin« mitwirkte, unterstützt ebenfalls die Arbeit der Geschichtsverfälscher. Bereits im Juli 2003 lud *Gedächtnisstätten*-Gründungsmitglied Kissel, der laut Gerichtsbeschluss als »rechtsextremistischer Drahtzieher« bezeichnet werden darf, das Ehepaar Limmer gemeinsam mit Haverbeck, Mahler und anderen Neonazis zum »gemeinschaftlichen Mittagessen« mit Informationsgespräch in sein Privathaus nach Solingen ein. Kissel bedachte das Projekt »Gedächtnisstätte« mit einer großzügigen Spende. Als ehemaliger Obermeister der Bauinnung gilt Günther Kissel in Solingen als »ehrenwerter Bürger«. Bereits 1979 hatte der britische Holocaust-Leugner David Irving auf seinem Bauhof referiert. 1990 schrieb der ehemalige Wehrmachtsoffizier selbst in einem im Türmer-Verlag erschienenen Buch: »Als gesetzestreuer Bürger darf ich zum Beispiel an der berühmten 6-Millionen-(Holcocaust) Zahl nicht zweifeln, sonst sperrt man mich ein, und das hätte ich gar nicht so gerne. Aber muss ich dann auch gesetzestreu daran glauben?« Dem nordrhein-westfälischen Verfassungsschutz war Kissel bereits 2001 als »Spender für rechtsextremistische Parteien« aufgefallen.

Nicht zuletzt seit der politischen Zusammenarbeit mit Haverbeck und seiner Unterstützung des rechten Wahlvereins »Pro Köln« gilt er mittlerweile als eine der umstrittensten Persönlichkeiten seiner Heimatstadt. 2006 errichtete seine Firma Kissel-Rapid für rund 2,3 Millionen Euro das Fundament für eine der größten Moscheen Deutschlands in Duisburg. Landesbauminister Oliver Wittke (CDU) hatte noch beim Richtfest positiv hervorgehoben, »dass eine Firma aus Solingen – der Stadt des Brandanschlags – für den Rohbau der Moschee und der Begegnungsstätte verantwortlich« sei. Makaber, denn Günther Kissel hatte den neonazistischen Solinger Brandanschlag vom Mai 1993, dem fünf Menschenleben zum Opfer fielen, herablassend als »Türkenbrand mit Todesfolge« bezeichnet. An der Feier zu Kissels 90. Geburtstag im Januar 2007 nahmen neben zahlreichen Neonazis auch CDU-Oberbürgermeister Franz Haug sowie SPD-Fraktionschef Ernst Lauterjung teil. Das löste in Solingen Empörung aus und führte einen Monat später zur »einmütigen Distanzierung« des Stadtrates »von den rechtsextremen Thesen« Kissels.

Ihre Zentren teilen die Altnazis gern mit Vertretern jüngerer Generationen. So feierte die Neonazi-Kameradschaft *Freie Kräfte Leipzig* auf dem Gelände von Haverbecks »Gedächtnisstätte« in Borna ihr Sommerfest mit »80 jungen, deutschen Freiheitskämpfern«. Anfang Dezember 2007 warb der Verein mit einer eigenen Beilage in der »Jungen Freiheit« um Spenden für die »Gedächtnisstätte«. Aufgrund der »Einzigartigkeit« des Entwurfs vom Architekten Ludwig Limmer sei die Unterstützung »als Förderer oder durch ein Vermächtnis« gerechtfertigt. Bei all diesen Aktivitäten ist es umso verwunderlicher, dass der *Verein Gedächtnisstätte e.V.* – trotz seiner Nähe zu zahlreichen vorbestraften Alt- und Neonazis – vom Finanzamt in Herford als gemeinnützig anerkannt worden ist und dem Staatsministerium des Innern in Sachsen im März 2007 nicht als »rechtsextremistische Organisation« gilt. Dabei hatte genau dieses Ministerium ein Jahr zuvor deren Vereinsgründerin als verurteilte Holocaust-Leugnerin verortet. Die Taktik der Altnazis scheint aufzugehen: nicht anecken, Spenden sammeln, Steuern sparen.

Auch der Sohn des verstorbenen Architekten Limmer war bei dem Haverbeck-Projekt in Borna involviert. Als Miteigentümer der Immobilie in der Röthaer Straße trat Hans Christian Limmer vom März bis zum Juni 2006 in Erscheinung. Inzwischen gehört das Gelände laut Grundbucheintrag nur noch seiner Mutter. Limmer hätte Grund, sich bedeckt zu halten: Als »Erfinder« und geschäftsführender Gesellschafter einer Selbstbedienungs-Bäckereikette mit etwa 140 Filialen und rund 70 Millionen Euro Umsatz steht er im Blickpunkt der Öffentlichkeit.

Eigene Immobilien sind für Neonazis das Fundament, um autonome ökonomische Strukturen für ihre nur aus Deutschen bestehende »Volksgemeinschaft« schaffen zu können. Eine regionale Verankerung im vorpolitischen Raum sowie eigene »national befreite« Sozialräume zu gründen gehört zu diesen Zielen. Dafür wird viel Geld benötigt. Bundesweit wird die Anzahl der Großimmobilien von Kennern der Szene auf ungefähr 50 geschätzt, das Bundesamt für Verfassungsschutz ging 2007 eher restriktiv von 20 aus. Darüber hinaus verfügt die Szene zurzeit über rund 100 rechtsextreme Musikvertriebe. Einige der größeren Betreiber wie Jens Pühse oder Thorsten Heise treten zunehmend als Skinheads in teuren Anzügen auf. Sie sind Vorbild für alle, die versuchen, das Hobby zum Geschäft zu machen. Neonazis eröffnen Kampf- und Tattoostudios in zahlreichen Städten. Auch Merchandising rentiert sich. Experten zählen aktuell 45 Geschäfte mit Szenekleidung, die direkt von Angehörigen aus dem braunen Spektrum betrieben werden. Gelegentlich liegen Szenemarken wie Troublemaker, H8wear, Sport Frei oder Pro Violence auch mit im Sortiment von Outdoor- oder Sportgeschäften.

Eine eigene Erfolgsbilanz verzeichnet Thor Steinar, die beliebteste Bekleidungsmarke der Rechten. Die Kollektionen des Labels aus Königs Wusterhausen mit Aufschriften wie »Nordmark«, »Munin Wappen«, »Ultima Thule« und völkischer Symbolik werden überwiegend über einschlägige Versandfirmen und Geschäfte vertrieben, mittlerweile allerdings auch in regulären Sport- oder Fachgeschäften angeboten. Ihren Besitzern hat die Modemarke aus dem Hause Media Tex Reichtum beschert. Einer der beiden Geschäftsführer hat nach Recherchen des »Antifaschistischen Infoblattes« im August 2007 Brandenburg in Richtung Steuerparadies Schweiz verlassen. Der andere baut auf dem Gelände des ehemaligen Ferienheimes »Krimnickidyll« eine Villa mit Büro- und Wohnflächen im geschätzten Wert von 1,12 Millionen Euro.

Von solchen Summen für seine Medienpläne kann der hessische NPD-Landesvorsitzende Marcel Wöll nur träumen. Ebenso wie sein Hamburger Parteikollege Rieger macht der jüngst zu einer Haftstrafe verurteilte 25-jährige Schreinergeselle aus Butzbach keinen Hehl aus seiner Ablehnung der Demokratie. Bei einer NPD-Demonstration gegen die Verurteilungen von

NS-Kriegsverbrechern in Nürnberg 2006 beklagte er: »Wir stehen hier, weil vor 60 Jahren die deutsche Regierung gehenkt wurde!« Bei demselben Aufmarsch forderte Rieger, »dass wir es wiederbekommen, unser Deutsches Reich!« Hinsichtlich ihrer Strategien ähneln sich die beiden. In einem Interview mit einem NDR-Hörfunkjournalisten bedauerte der Millionär aus Blankenese, dass er nicht das Geld habe, um sich »einen eigenen Fernsehsender« zu kaufen, nur damit könne es eine »nationale Revolution« geben. Wöll dagegen ist pragmatischer, er macht Internetfernsehen. Gemeinsam mit Kameraden verbreitete er seine NPD-Nachrichtensendung »Die Woche« über die Internet-Videoplattform »YouTube«, bis sie gesperrt wurde. Jetzt versorgt der umtriebige Neonazi aus einem kleinen Studio im Wetteraukreis, nördlich von Frankfurt, die Szene mit kleinen Filmchen zur nationalistischen Weltsicht. Als Nachrichtensprecher trat Wöll höchstpersönlich vor die Kamera, um »kritische Nachrichten der Woche« zu verkünden. »Wir schreiben oder sprechen für Deutschland«, tönte Wöll gegenüber der ARD-»Tagesschau« und legte nach: »Natürlich machen wir Meinung, das macht jeder Fernsehsender.« Eine Videokamera, ein Computer und blauer Studiostoff reichen ihm und seinem Team für die Produktion ihrer Propagandafilme, die auch der NPD zur Verfügung gestellt werden. Auf rund 30 000 vor allem jüngere Menschen schätzt er selbst seine Zahl der Zuschauer, gemessen auf zahlreichen Internetseiten.

Alles geschieht in enger Absprache mit dem NPD-Bundesvorstand. Gern möchte die ihr »TV-Standbein« noch weiter ausbauen. Dafür werden die Anhänger aufgefordert, »Informationen, Videomaterial, Sach- und Geldspenden« zu schicken. Lauthals kündigte die Partei bereits Mitte 2006 eine »Medienoffensive« an. Es gebe eine ganze »Reihe von Graswurzelprojekten«, teilte NPD-Pressesprecher Klaus Beier mit. »Überdies arbeiten wir in Berlin an einem zentralen Projekt Neue Medien«, so Beier. Mit ihnen wolle man sich vom »Meinungsdiktat der Systemmedien unabhängig machen«. Amateur Wöll machte sich allerdings jüngst mit einem selbstgedrehten Werbefilm für den hessischen Wahlkampf lächerlich. In dem Spot eilt er als Retter hoch zu Ross mit NPD-Fahne heran, um drei Gartenzwergen beizustehen, die Gold im Boden gefunden haben. Ein öliger Politiker möchte es ihnen abnehmen. Wöll, der propere Reiters-

Ein Neonazi-Versandhändler aus Bremen trägt bei einer Demonstration in Oldenburg 2006 ein T-Shirt mit der Aufschrift »Brauner Kaufmann«.

mann, der den Fiesling verjagt, preist daraufhin die NPD als »Partei des kleinen Mannes« – und fordert anschließend ungehindert die »Ausweisung aller kulturfremden Ausländer«. Die »tageszeitung« höhnte, das »Machwerk in seiner ganzen brunzdummen Schlichtheit« könne bei »YouTube« glatt als eine Art satirischer Protest gegen die Rechtsextremisten durchgehen. Da der Hessische Verwaltungsgerichtshof das Filmchen nicht für volksverhetzend hielt, musste der Spot beim HR auf Sendung gehen. In Niedersachsen gingen die NPDler besonnener vor. Die Wahl-DVD »Offensiv«, die im Januar 2008 in 20000 Exemplaren unter das Volk gebracht wurde, ist eine Mischung aus inszenierten, vermeintlich live mitgeschnittenen Studioaufnahmen, Interviews und nationalistischen Songs von NPD-Liedermachern. Damit wollten die Macher »neue Wege« gehen, »ohne Vorurteile, ohne Hetze, ohne Ausgrenzung« – und meinten damit selbstverständlich sich selbst als angebliche Opfer einer Medienkampagne. Finanziert wurde der neue Werbeträger zunächst über den Verkauf an die eigenen Leute, für sie kosten 50 DVDs »Offensiv« 20 Euro, 1000 Stück nur 300 Euro. Die NPD rief ihre Verbände und Aktivisten zur Solidarität auf, damit die Auflage der DVD so »hoch wie möglich« steige. »Die Partei zieht ihren Mitgliedern das Geld aus der Tasche«, konstatiert Sven K., der einige Jahre selbst in leitender Position in einem Landesverband tätig war, aber mittlerweile die Szene verlassen hat. Seiner Erfahrung nach sind gerade viele jüngere Neonazis verschuldet, »weil sie ihr ganzes Geld in die politische Arbeit stecken«.

Auch Szenesponsor Rieger drückt der finanzielle Schuh. Nicht nur wurde er von deutschen und schwedischen Gerichten jüngst wegen Beleidigung, Körperverletzung und Tierquälerei verurteilt, er hat auch einiges an Geldstrafen zu zahlen. Im Frühjahr 2007 machte ihm ein cleverer Liquidator aus Thüringen seine Großimmobilien in Pößneck und Verden abspenstig, weil Rieger es versäumt hatte, rechtzeitig die Geschäftsbücher für seine Briefkastenfirma vorzulegen. Die *Wilhelm-Tietjen-Stiftung* als Besitzerin war daraufhin im britischen Handelsregister gelöscht worden. Dem empörten Neonazi wurde die Verfügungsgewalt über die herrenlosen Liegenschaften entzogen und ein Nutzungsverbot verhängt. Rieger klagt dagegen. Bis zu einer endgültigen Entscheidung wird es dauern. Doch damit nicht genug: Der braune Multifunktionär wird sich auch noch vor dem Landgericht in Mannheim wegen Volksverhetzung verantworten müssen. Die Staatsanwaltschaft hat Berufsverbot für Rieger beantragt.

Trost spenden Kontakte zu alten Kameraden. Und da wäre ja noch die betuchte Klientel des 1898 gegründeten »Blankeneser Grundeigentümer Vereins e.V.«. Aufgrund kritischer Medienberichte musste Rieger den stellvertretenden Vorsitz des Vereins abgeben, nachdem er zuvor noch »mit überwältigender Mehrheit« in seinem Amt bestätigt worden war. Rund 18 Jahre lang hatte der braune Advokat den 900 Mitgliedern der ehrenwerten Elbufer-Gesellschaft zur Seite gestanden, unter ihnen Angestellte der Justizbehörden, Richter und Anwälte. Manch ein Gönner wird es ihm danken.

Andrea Röpke·Andreas Speit

»Die deutsche Frau«

Neonazistinnen zwischen Instrumentalisierung und
Selbstbehauptung – Frauen in der NPD-Hierarchie –
Das nette deutsche Mädel von nebenan – Frauen stärken
die »Volksgemeinschaft« – »Nationaler Feminismus«

»Nationalismus ist nicht nur Männersache«, verkündete Anja
Zysk nach ihrer Wahl zur Landesvorsitzenden der NPD in Hamburg stolz. Im 41. Jahr seit Gründung der Partei 1964 war erstmalig eine Frau an der Spitze eines Landesverbandes zugelassen
worden. Ihr Engagement als Frau in der »nationalen Bewegung«
begründete sie mit Wertvorstellungen von »Heimatliebe, Patrio-
tismus und Brauchtum«. Eine lange Amtsperiode sollte es für
die 34-jährige Neonazistin allerdings nicht werden.

Dabei hatte die politische Karriere von Anja Zysk in der Hansestadt zunächst gut begonnen. Im August 2005 durfte die angehende Handelsschullehrerin für die NPD bei den Bundestagswahlen in Hamburg-Altona kandidieren. Drei Monate später
löste sie den 76-jährigen Ulrich Harder als NPD-Landesvorsitzenden ab. Harder, der den kleinen NPD-Verband jahrelang angeführt hatte, fühlte sich zu alt für weitere Führungsaufgaben. Ein
männlicher Nachfolger ließ sich nicht finden, niemand wollte
die mitgliederschwache Hamburger Truppe übernehmen. Zysk
dagegen ließ sich nicht beirren. Euphorisch versprach die ehrgeizige Nationalistin nach ihrer Wahl: »Das ist ein positives Signal
und eine Ermutigung für alle Frauen, sich künftig noch aktiver
in die NPD einzubringen.« Sie war der NPD »in dem Glauben«
beigetreten, dass die Partei eine »wirkliche Alternative zu dem
uns regierenden BRD-Parteienkartell« darstelle und »einen
bürgernahen und modernen Nationalismus« vertrete. Unterstützt von »Freien Nationalisten« wie Christian Worch, stürzte
sich Zysk in die Parteiarbeit. Sie organisierte rechtsextreme Kundgebungen »gegen Polizeiwillkür« und mobilisierte junge Kameraden für Informationsstände in mehreren Stadtteilen der Hansestadt. Die schlanke Frau mit der strengen Miene zeigte Mut.

Energisch legte sie sich mit Gegendemonstranten und Polizeibeamten an, scheute aber auch gelegentlich nicht den Konflikt mit der NPD-Spitze. An Radikalität stand sie den Männern ihrer Umgebung in nichts nach. Mit kritischen Journalisten sprach sie erst gar nicht. Ideologische Tricks waren ihr nicht fremd. 2006 verwendete die ehemalige Aachener Studentin, die von ihren Kommilitonen für »eher links« gehalten wurde, auch schon mal ein Zitat von Rosa Luxemburg. So war bei einer ihrer Kundgebungen gegen angebliche »Polizeiwillkür« auf einem NPD-Transparent zu lesen: »Freiheit ist auch immer die Freiheit des Andersdenkenden«. Am Rande der Veranstaltung in der Hamburger Osterstraße kam es zu Auseinandersetzungen. Auch das schreckte Zysk nicht ab, sie machte weiter – mit Erfolg für die Neonazi-Partei. Nach Angaben von Worch stieg die Mitgliederzahl des Landesverbandes nach einem Jahr weiblicher Führung auf 185 Mitglieder an, das entsprach einem Zuwachs von 32 Prozent. Ein besonderes Anliegen war es Zysk, die Partei für junge Frauen zu öffnen.

Die unverheiratete, kinderlose Aktivistin begann sich im neugegründeten *Ring Nationaler Frauen* (RNF) zu engagieren, den die Parteiführung zuvor als »Unterorganisation der NPD« gegründet hatte. Den Parteistrategen war aufgefallen, wie intensiv sich junge Mädchen und Frauen in der »nationalen Bewegung« einbringen. Tatsächlich belegen Untersuchungen wie die 2006 erschienene Studie »Vom Rand zur Mitte«, dass etwa 25 Prozent der Frauen ausländerfeindliche Einstellungen hegen. Und im August 2007 sorgte eine Emnid-Umfrage im Auftrag der »Bild am Sonntag« für Aufsehen, nach der sich 14 Prozent der befragten Frauen vorstellen können, bei einer Landtagswahl in ihrem Bundesland für eine Partei rechts von der CDU zu votieren. Unter den Männern waren es dagegen nur neun Prozent. Jede siebte Frau könnte demnach Gefallen an der NPD finden. Von solchen Erhebungen ermutigt, beschloss die Partei, eine eigene Frauenorganisation zu etablieren.

Am 26. September 2006 reisten 31 Neonazistinnen zu dem Gründungstreffen des RNF in Sotterhausen an. In dem kleinen sachsen-anhaltinischen Ort unterhält das Paar Enrico Marx und Judith Rothe den Gasthof »Zum Thingplatz«. Dort hatten schon häufiger Rechtsrock-Konzerte mit über 300 Besuchern oder Lager zu Ehren der Frühlingsgöttin »Ostara« stattgefunden, oft unter Beobachtung der Polizei. Die behördlichen Kontrollen aber verstimmen die rund 270 Anwohner. »Die sind doch nett«, sagt ein Nachbar. Andere schwärmen von den gut erzogenen Kindern des Paares, die »immer ordentlich gekleidet« seien. Ihr »freundliches« Auftreten dürfte Rothe das NPD-Mandat im Kreistag Mansfeld-Südharz mit beschert haben.

Rothes Gasthof wurde während des Treffens der braunen Damen von bulligen Skinheads bewacht. Im Saal wählten sie im Beisein von NPD-Generalsekretär Peter Marx die stramme Parteisoldatin Gitta Schüßler zur ersten Vorsitzenden des *Rings Nationaler Frauen*.

Die Vernetzung nationaler Frauen jeden Alters innerhalb und außerhalb der Partei, verkündete Schüßler, müsse ausgebaut werden. Eine der wichtigsten Aufgaben sei es aber zunächst, die Öffentlichkeit überhaupt erst »auf national denkende Frauen aufmerksam zu machen«. Unter der Obhut der Parteistrategen lief dann auch schnell die Propagandamaschinerie für die Fraueninitiative an.

In der Parteipolitik der NPD spielten Frauen bislang eine untergeordnete Rolle. Neben Schüßler wirkten als einzige weibliche Abgeordnete gerade mal zwei Sekretärinnen, eine Bürgerbeauftragte und eine Sachbearbeiterin in der 2004 in den sächsischen Landtag gewählten NPD-Fraktion. Dem gegenüber standen 15 Männer – in deutlich besser dotierten Funktionen. Auf Bundesebene sah es etwas besser aus: Unter den 389 aufgestellten NPD-Direktkandidaten zur Bundestagswahl 2005 befanden sich 31 weibliche. Im ländlich strukturierten Mecklenburg-Vorpommern hatte sich dagegen von 36 Direktkandidaten zur Landtagswahl nur eine Frau gefunden, eine 26-jährige Floristin, die erfolglos blieb. Zur Landtagswahl in Niedersachsen 2008 schafften es nur zwei Kameradinnen auf die Landesliste. Und obwohl eine von ihnen, die Liedermacherin Annett Müller aus Bad Lauterberg, mit ihren Liedern von der »deutschen Mutter« in der braunen Szene Kultstatus genießt, erhielt sie nur einen der hinteren Plätze.

Frauen dienen der Partei seit Jahren – aber selten im Vordergrund. Ein Zustand, den RNF-Chefin Schüßler selbst bemängelt. »Es gibt genug intelligente und gut ausgebildete Frauen«, sagt sie, »die national denken und sich unserer Partei verbunden fühlen.

Der Vorstand des Rings Nationaler Frauen *bei seiner Gründung im Herbst 2006 in Sotterhausen; 4. von links: Stella Hähnel.*

Wie kann es dann sein, dass der Großteil unserer Mandatsträger Männer sind?« Um das zu ändern, fordert Schüßler, sollten Mädchen und Frauen sich zunächst in Rhetorik schulen. Als Vorbild gilt die Sprecherin des *Rings Nationaler Frauen*, Stella Hähnel (früher Palau), aus dem Berliner Landesverband der NPD. Die zweifache Mutter hatte jahrelang Volkshochschulkurse besucht, um sich in freier Rede zu üben, und ihre Kameradinnen immer wieder aufgefordert, es ihr gleichzutun. Heute repräsentiert Hähnel den RNF. Sie ist eine gefürchtete Interviewpartnerin für Pressevertreter. Redegewandt wiegelt die jugendlich wirkende Berlinerin mit dem Pferdeschwanz kritische Fragen ab. Hähnels Kleidung ist bieder. Beim Sprechen wirkt ihr Gesicht aber ebenso hart wie das der Kameradin Zysk. Kein Lächeln umspielt die schmalen Lippen, die Augen blicken starr geradeaus. Aalglatt prallen Anschuldigungen an ihr ab, Gespräche versucht sie zu lenken und Interviews mit verhassten »Systemmedien« für ihre Zwecke zu nutzen. Hähnel, die vor Jahren mit einem der militantesten Kameradschaftsführer Berlins verheiratet war, gelangte 2006 in den Bundesvorstand der NPD. Wie zu erwarten war, ist sie dort für das Referat Familienpolitik zuständig. Ihre Rolle kennt sie: Der Partei dient sie bewusst als weibliches Zugpferd. Mit ihrer Hilfe sollen Sympathisantinnen aus der bürgerlichen Gesellschaft angeworben werden, schließlich will die NPD weg vom Schmuddel-Image.

Um das in den Studien und Umfragen belegte Potential abschöpfen zu können, versucht die Partei, durch Frauen einen Imagewandel zu vollziehen. Rassistische und antisemitische Inhalte werden zunehmend familienfreundlich verpackt, der nationalsozialistische Kampfbegriff »Volksgemeinschaft« wurde zum heimelig anmutenden Wahlkampfschlager der Neonazis aufgepeppt. Von Stralsund bis in die Oberpfalz fanden unter rot-weißen NPD-Sonnenschirmen Feste mit Hüpfburgen für Kinder, mit Kaffee und Kuchen für Familien statt. Nette Mädchen im sportlichen Outdoor-Look und freundliche Frauen im Dirndl verteilten Flugblätter mit modernem Layout und alten Inhalten, menschenverachtend und brutal. »Getrennte Klassen für Deutsche und Ausländer«, heißt so eine NPD-Forderung. Diese Strategie scheint aufzugehen. Brigitte Schlamann vom Mobilen Beratungsteam Brandenburg konstatiert: »Frauen bekommen schneller Kontakt. Sie können sich mit anderen Frauen unterhalten, ohne dass man gleich daraus schließt, dass sie in der NPD sind.« Neonazistin Stella Hähnel drückte das Gleiche in anderen Worten aus: Über den *Ring Nationaler Frauen* sei ein »sanfter Einstieg« möglich.

Bislang lag der Frauenanteil der braunen Szene je nach Region zwischen zehn und 30 Prozent. Die Sozialwissenschaftlerinnen um Renate Bitzan vom Forschungsnetzwerk Frauen und Rechtsextremismus beobachten seit über zehn Jahren einen Anstieg des weiblichen Anteils in der rechtsextremen Szene. Die Dozentin an der Universität Göttingen widerspricht Medienberichten: »Nicht eine explosionsartige Steigerung, sondern ein kontinuierlicher Anstieg von Frauen in der Szene ist zu beobachten.« Neu sei dagegen, so Bitzan, »dass Öffentlichkeit, Politik und Behörden das Phänomen ernster nehmen und genauer hinschauen«.

Unterschiedliche Motive von Mädchen und Frauen führen zum Eintritt in die als männerdominiert geltende Szene. In manchen ländlichen Regionen oder Kleinstädten gilt rechter Lifestyle mittlerweile als attraktiv. Von markigen Sprüchen, Szeneklamotten und aggressiver Musik fühlen sich auch junge Mädchen angezogen. »Hier kommst du an den Rechten gar nicht vorbei«, erzählt eine 16-jährige Realschülerin aus Ueckermünde in Ostvorpommern. Und wenn in Ostfriesland die Neonazi-Kameradschaften ihr Maibaumfest feiern und eine meterhohe Lebensrune hissen, dann sind auch die Mädchen aus den umliegenden Dörfern dabei. Wilde Partys mit Musik der *Boehsen Onkelz* und von *Landser*, gesellige Kameradschaftsabende oder gemeinschaftlicher Volkstanz bieten oftmals mehr Abwechslung als das ansonsten magere kulturelle Angebot. Schnell machen Mädchen mit, wenn es gegen »die Ausländer« geht oder »Todesstrafe für Kinderschänder« gefordert wird. »Das Dazugehörigkeitsgefühl und diese familiäre Atmosphäre« hätten sie angelockt, gibt eine Aussteigerin aus den neuen Bundesländern als Gründe dafür an, zur rechten Szene gestoßen zu sein. Von rassistischem Denken aber will sie bis heute nichts wissen. Ausländerfeindliche Parolen hätten sie nie angesprochen, wiegelt sie ab.

Ein von Frauen oft benanntes Motiv für ihre rassistische Einstellung, so Bitzan, sei die Angst vor sexuellen Übergriffen durch ausländische Männer. »Eine rassistische Logik«, so die Rechtsextremismus-Expertin, denn »die Bedrohung durch weiße deutsche Männer« werde ausgeblendet und die Angst gänzlich auf »die fremden Männer projiziert«. Auch gruppeninterne Gewalt der Szene wird verdrängt. »Vergewaltigungen sind an der Tagesordnung«, stellen die Sozialwissenschaftlerinnen Kerstin Döhring und Renate Feldmann ernüchternd fest. Oft werden sie allerdings heruntergespielt und von den Opfern nicht als solche benannt. Sie gelten dann sowohl für Männer als auch für Frauen als Vorfall, über den man nicht spricht. Vergewaltigungen, wie auch andere Misshandlungen und Nötigungen, verdrängen die Betroffenen aus ihrem Bewusstsein. »Sie spalten diese Situation von dem ideologischen oder verklärten Bild, dass sie gerne von der Gruppe hätten, ab«, betonen die Expertinnen. Den Mädchen sei es oft wichtiger, in dem Kreis bleiben zu können. Aufnahmen eines internen Neonazi-Videos von einer nächtlichen Maibaumfeier in Carolinensiel an der Nordsee aus dem Jahr 2005 zeigen den rüden Umgang von Skinheads der *Freien Jugend Ostfriesland* mit einem jungen Mädchen. Von den betrunkenen Kameraden wird sie herablassend »Vagina« genannt. Immer wieder drängen sie sich dem verängstigten Mädchen mit der Kamera auf, mit sexuellen Fragen soll sie bloßgestellt werden. Andere junge Frauen reagieren wenig solidarisch. Eine ist eifersüchtig und beschimpft sie vor den Männern als Konkurrentin. »Gerade die jungen Mädchen wurden rumgereicht«, erzählt Lisa W., eine Aussteigerin aus der Skinhead-Szene, »wenn sie mit dem Chef der Gruppe was hatten, dann sind sie ja auch wer.« Viele der jungen Frauen, die die Neonazi-Szene verließen, haben auch körperliche Gewalt zu spüren bekommen. Ebenso wie bei sexuellen Übergriffen erzählen sie aber nur ungern darüber. Meistens hat ihnen niemand geholfen. »Auch die anderen Frauen nicht«, betont Lisa. Im Gegenteil, die würden sich den Männern anpassen. Der Neid untereinander sei groß gewesen. Oft habe es unter den Mädchen geheißen: »Die ist selber schuld!«

Im Gründungsprogramm des RNF ist sexuelle Gewalt gegen Frauen kein Thema, auch auf ihrer Internetseite wird es nicht angesprochen. Dabei gibt die NPD vor, ein offenes Ohr für weibliche Sorgen zu haben. Über ihre soziale Situation sollen junge Mädchen und Frauen angesprochen werden. Eine Strategie, die auch die Hamburger NPD-Landesvorsitzende Zysk verfolgte. Mit Blick auf die Frauen erklärte sie: »Nur wenn es uns gelingt, eine Brücke zwischen nationalen und sozialen Fragen zu schlagen, werden wir die Bevölkerung für unsere Sache gewinnen.« Die Thematisierung der sozialen Frage dürfe nicht der Linkspartei/PDS überlassen werden, erläuterte sie gleich nach ihrer Wahl, »denn sonst verpassen wir eine einmalige historische Chance«. Ihr politischer Kurs auf Landesebene deckte sich weitgehend mit dem der Bundeslinie. Selbst wenn nicht alle NPD-Mitglieder eine weibliche Führungsfigur schätzten, war mancher zunächst froh, »eine vorzeigbare, intelligente und junge Frau an der Spitze« zu haben. Ehrgeizige Frauen der rechten Szene wie Zysk finden sich verstärkt im RNF. Seit der Gründung ist die Mitgliederzahl auf über 130 angestiegen. Allerdings sind weniger Neueinsteigerinnen in die Szene dabei, als propagiert wird. Die meisten Aktivistinnen sind Partnerinnen und Ehefrauen von NPD- und Kameradschaftsfunktionären, wie Jasmin Apfel, die Frau des NPD-Chefs in Sachsen, oder Marianne Pastörs, die Ehefrau des NPD-Fraktionsführers im Schweriner Landtag.

Neonazistischer Ideologie entsprechend sind Männer und Frauen gleichwertig, aber nicht gleichartig. Schüßler besucht ihre Mitstreiterinnen und hält Vorträge zum Thema »Gleiche Rechte – verschiedene Pflichten«. Damit vertritt der RNF in seinem Selbstverständnis zunächst klassisch konservative Positionen. Doch die Neonazistinnen übernehmen die Feindbilder ihrer Männer, Feminismus und Emanzipation sind für sie Merkmale verhasster »BRD-Umerziehung«. »Nationale Frauen wehren sich gegen diese Gleichmacherei«, heißt es vom RNF. Ihre Anhängerinnen fordert sie auf, »sich nicht von ideologisierten Feministinnen männliche Verhaltensnormen aufdrücken zu lassen«. Denn der »heutige Kampf gegen alles Männliche und Weibliche« sei ein Irrweg, »der in den Untergang« führe. Unterstützung erfuhr eine solche Sichtweise von dem niedersächsischen Multifunktionär und ehemaligen Waldorflehrer Andreas Molau, der in der NPD-Zeitung »Deutschen Stimme« im Januar 2005 schrieb: »Jasmin Apfel ist nicht Alice Schwarzer – deshalb weiblich und dennoch viel politischer.« Früher leitete Apfel die kleine NPD-Frauengruppe in Hannover, heute ist sie Geschäftsführerin des *Rings Nationaler Frauen*. Die Frauen treibe die Sorge »um das Land und die Familie« an, heißt es auf der Homepage des RNF. »Würde man deutsches Geld für deutsche Interessen einsetzen und es nicht maßlos verschenken«, behaupten sie, dann sei die Zahlung eines »echten« Gehaltes »für deutsche Mütter« in Höhe von 1000 Euro monatlich »als Würdigung ihrer großen Leistung« gar kein Problem.

Das Vergangene schwingt hier in der Gegenwart mit. Beim RNF wird ein stilisiertes Frauenbild völkischer und nationalsozialistischer Prägung gepflegt. Vorrangiges Ziel der deutschen Frau sei es, für den Erhalt der »eigenen Art« zu sorgen. Doch Emanzipation und Frauenbewegung haben auch Spuren in der rechtsextremen Szene hinterlassen. Nach Ansicht von Expertin Bitzan vermischen sich dort »traditionelle Lebensentwürfe mit fortschrittlichen Kombinationen von Berufstätigkeit, Partnerschaft, politischer Aktivität und Mutterschaft«. Neonazi-Frauen sehen sich als Kampfgefährtinnen der Männer, deren politische Sache sie unterstützen. Eigene geschlechtsspezifische Forderungen, die über die Parteilinie hinausgehen, stellt der RNF aber nicht. Die Gruppe gibt sich damit zufrieden, dass »die deutsche Familie« als »Grundlage unseres Volkes« die ureigenste Domäne der Frauen sei und die Partei das zu berücksichtigen habe. Der RNF fordert in dieser Männerbastion ein gewisses Maß an Aufmerksamkeit ein. Unisono herrscht ansonsten nur Lob für Partei und politische Führung vor. Kritische Themen wie die Benachteiligung von Frauen werden nicht offen angesprochen.

Aktive Kameradinnen tragen nicht nur zur Imageverbesserung der neonazistischen Szene bei, sie sorgen auch dafür, dass die Strukturen nachhaltig stabilisiert werden und allmählich gesellschaftliche Akzeptanz erfahren. Judith Rothe ist eine jener Frauen, die als nette Nachbarin auf Stimmenfang gehen. In Sachsen-Anhalt haben sich in kurzer Zeit fünf Regionalgruppen des RNF gebildet. Die Einzelhandelskauffrau ist schon lange für die »nationale Sache« aktiv. Jahrelang erledigte sie im Hintergrund die Geschäfte und organisatorischen Aufgaben ihres Freundes Enrico Marx. Den Gasthof »Thingplatz« führen sie gemeinsam. Ihr Lebenspartner lenkt die neonazistische *Kameradschaft Ostara*. Ihren Wohnort Sotterhausen geben die *Jungen Nationaldemokraten*, die Jugendorganisation der NPD, als »Stützpunkt« an. Wie zahlreiche andere rechte Frauen führte die 1979 geborene Rothe zunächst Mitgliederlisten, verwaltete Kassenbücher oder regelte den Vertrieb im Versand ihres Mannes. »Das mach alles ich«, erklärte sie energisch, als bei einer Veranstaltung kritisch auf die Geschäfte ihres Partners mit seinem Barbarossa-Versand und -Label hingewiesen wurde. Gestärkt durch den RNF, ging Rothe selbst in die Öffentlichkeit. Bewusst streben Neonazistinnen wie sie eine kommunale Verankerung an. In Sachsen-Anhalt bekleiden bereits mehrere RNF-Aktivistinnen kommunalpolitische Ämter. Die 52-jährige Bürokauffrau Carola Holz etwa, die 2007 zur NPD-Landesvorsitzenden gewählt wurde, ist im Kreistag von Anhalt-Bitterfeld vertreten. Heidrun Walde errang bei den Kommunalwahlen ein Mandat im Salzlandkreis, und Yvonne Schaper sitzt neben Rothe als Fraktionsgeschäftsführerin der NPD in der Vertretung des Landkreises Mansfeld-Südharz.

Heikle politische Themen werden von den Frauen im Wahlkampf oft nicht offen angeschnitten. Meistens gelingt es zunächst über ihre Kinder, sich unauffällig ins Gemeindeleben einzubringen. Mal ein kurzes Gespräch über Erziehung, Kochrezepte oder einen Tipp bei Krankheiten – schon denken viele offenbar: »Nette Frau«. Bei Judith Rothe ging diese Strategie im April 2007 mit einem Mandatsgewinn auf. Sie erhielt in ihrem Heimatwahlkreis 15 Prozent der Stimmen. Nationalistische Frauen als Politikerinnen – dahinter steckt parteipolitische Absicht. Manch ein NPD-Funktionär hat gelernt, dass bullige Skinheads als NPD-Politiker bürgerliche Sympathisanten meist verschrecken. Da kommt das Bild von der friedfertigen, politisch aktiven Mutter bei der Bevölkerung schon viel besser an. So wollen viele nicht glauben, dass ihr Lebensgefährte Marx, tätowiert und mit blankpolierter Glatze, und die schüchtern wirkende Rothe mit Grübchen in den Wangen die gleiche menschenverachtende Politik vertreten. Aber von der gewaltbereiten Neonazi-Szene distanzierte sich Rothe nie. Im Gegenteil, sie steht auch zu diesen Kameraden. Seit einem Brandanschlag auf das Flüchtlingsheim im benachbarten Sangerhausen im Januar 2007 rückten Marx und seine Freundin immer wieder in die Schlagzeilen. Am frühen Morgen des 6. Januar 2007 hatten vier ihrer Partygäste im »Thingplatz« ein Asylbewerberheim in Sangerhausen angegriffen. Die Täter im Alter zwischen 17 und 21 Jahren warfen Brandsätze in eine der Wohnungen des Heims. Nur mit einem Sprung aus dem Fenster konnte sich ein Flüchtling aus Burkina Faso retten. Vor Gericht wurde Rothe als Zeugin geladen. Dem ZDF-Magazin »Mona Lisa«, das über den Fall berichtete, erklärte sie gänzlich abgebrüht: »Ich kann mit negativen Schlagzeilen leben. Egal, ob positiv oder negativ, ich stehe in der Zeitung, und das freut mich.« Die Tatsache, dass ihr Name im Zusammenhang mit einen Brandanschlag auftaucht, belaste sie nicht, fügte sie ungeniert hinzu.

Auch RNF-Aktivistin Ricarda Riefling hat wenig Berührungsängste gegenüber gewaltbereiten Neonazis. Sie ist mit dem mehrfach verurteilten Kameradschaftsführer Dieter Riefling aus Hildesheim verheiratet. Die 23-Jährige tritt als Rednerin bei Neonazi-Aufmärschen hervor. In Bad Nenndorf wetterte sie bei einem Marsch der militanten *Nationalen Offensive Schaumburg* über die Alliierten: »Sie haben uns nicht befreit, sie sind über uns hergefallen. In Begleitung von Mord, Folter, Vergewaltigung.« Mit Ehemann und zwei kleinen Kindern lebt sie im niedersächsischen Coppengrave. Dieter Riefling war Aktivist zweier verbotener Organisationen, der *Freiheitlichen Deutschen Arbeiterpartei* (FAP) und von *Blood & Honour* (B & H). 1998 sprach ein Gericht in Recklinghausen den überzeugten Neonazi wegen Körperverletzung schuldig. Bei einer privaten Feier hatte er einem Polizisten, der einen Streit schlichten wollte, die Nase gebrochen. Ein Jahr später erhielt Riefling unter Einbeziehung früherer Strafen fünf Jahre Bewährung wegen Fortführung der verbotenen FAP in Gestalt der *Kameradschaft Recklinghausen*.

Kein Wunder also, dass nicht er, sondern Ricarda Riefling sich im alltäglichen Leben vor Ort einbringt. »Über Politik hat Ricarda nie geredet«, rechtfertigte sich Ehrhard Ziemke, Vorsitzender des TSV Coppengrave. In der Schwimmabteilung habe sie sich mit um die Kinder gekümmert. Sie ist »eine der sechs Mütter, die die Kinder regelmäßig zum Schwimmbad fahren«. Schon im Kindergarten habe sich die Mutter von zwei Kindern engagiert. Nachdem »taz« und NDR über ihre Hilfe im TSV Coppengrave berichtet hatten, kam es im Ort zu heftigen Diskussionen. »Ricarda wird sehr geschätzt«, räumte Ziemke damals gegenüber der »taz« ein. Nun sagt er bloß noch: »Ich gebe keine Auskunft mehr.« Nach Aussage von Ricarda Riefling hat sie inzwischen ihre Funktion aufgegeben, um »weiteren Schaden vom Verein« abzuwenden. Als einen Grund für ihre gelungene Verankerung in der Gemeinde führt sie an: »Vor ein paar Jahren steckte die Schwimmsparte in personellen Schwierigkeiten. Da meine Tochter bereits Mitglied war und mir diese sportliche Betätigung sehr am Herzen lag, habe ich mich entschieden, das ganz zu unterstützen. Ich habe hier als Mutter und Bürgerin von Coppengrave gehandelt.« Die braune Saat ging auf. Denn die Anwohner, so Riefling, hätten trotz kritischer Berichterstattung, »überwiegend positiv« reagiert, wenn oft auch nur »hinter vorgehaltener Hand«.

Ricarda Riefling stammt aus einem rechten Elternhaus, bereits ihr Vater war strammer Republikaner. Jetzt schult sie selbst, alle drei Wochen, zehn Frauen, berichtete die Neonazistin mit heller Stimme und Schülerinnengesicht der »Süddeutschen Zeitung«. »Wir lernen alles, Sonnensystem, Osteinsatz des BDM, Gilden, Zünfte, Hildegard von Bingen«, erklärte sie stolz. Ihre Frauen üben auch, was sie zu Konzentrationslagern sagen sollen, oder zu der Sache »mit den Juden«.

Der RNF wirkt bis in die Provinz. Eine andere langjährige NPD-Aktivistin, Sylvia Kirchner aus dem südthüringischen Wasungen, erzählt gern, wie leicht es gewesen sei, als siebenfache Mutter zur Elternsprecherin im Kindergarten und in der Schule gewählt zu werden. Da stört es auch niemanden vor Ort, dass die ehemalige Niedersächsin ihre eigenen Kinder nebenher zu Schulungen und Zeltlagern der neonazistischen *Heimattreuen Deutschen Jugend* schickt, wo sie ideologisch und körperlich »ertüchtigt« werden. Kirchner rief ihre Kameradinnen auf, es ihr gleichzutun.

Besucherin mit Kinderwagen verlässt die Wahlkampfauftaktveranstaltung der NPD im mecklenburgischen Lübtheen im Juni 2006.

Das Motto der Neonazi-Frauen lautet: »Wir richten unser ganzes Leben auf das deutsche Volk aus!« Individualität und persönliche Ansprüche stören dabei nur. Deshalb sind die Frauen auch nicht verstimmt, wenn der NPD-Fraktionschef in Mecklenburg-Vorpommern, Udo Pastörs, sich nach einem gewonnenen, gemeinsamen Wahlkampf bei seinen Helferinnen bevorzugt für das »Wäschewaschen für die Kameraden« bedankt. »Um das Frauenbild in der Bewegung ist es nicht gerade gut bestellt«, hatte bereits vor Jahren der *Arbeitskreis Mädelschar* um die Geschichtsstudentin Inge Nottelmann ernüchtert festgestellt. Die kritischen Töne der *Mädelschar* versiegten bald, heute ist über deren Aktivitäten nichts mehr bekannt.

Gleichwohl war es eher peinlich, als Pastörs das Thema Frauen im Schweriner Landtag erneut aufgriff. Der NPD-Mann zeterte gegen seine Kontrahenten im Parlament: »Verbiegen wir Männer und Frauen – Sie nennen es Emanzipation –, töten wir aber in den Frauen ein Stück ihrer Weiblichkeit und blockieren bei den Männern die Entfaltung ihrer Männlichkeit.« Wie es um die Selbständigkeit des RNF bestellt ist, zeigte sich bei den Mitgliedertreffen, wo die Auftaktredner stets vom NPD-Vorstand gestellt wurden und allesamt männlich waren. Diese organisatorische

Hierarchie gilt auch in anderen Belangen. Um Vorstandsfunktionen im RNF zu erlangen, bedarf es laut Satzung einer Mitgliedschaft in der NPD. Ökonomisch ist der RNF von Parteilaunen abhängig. In den Organisationsgrundsätzen ist festgeschrieben: »Der Ring Nationaler Frauen finanziert sich ausschließlich über Spenden und Zuschüsse der Mutterpartei NPD.«

Unabhängiger dagegen agiert die *Gemeinschaft Deutscher Frauen* (GDF), die im Jahr 2000 aus einer der ersten selbständigen rechtsextremen Frauengruppen, der *Skingirl Front Deutschland* (SFD), hervorgegangen ist. Stella Hähnel, die aus dem inneren Zirkel der Anfang der 90er Jahre gegründeten *Skingirl Front* stammt, gehörte auch zu den Gründerinnen dieser Frauengemeinschaft. Doppelmitgliedschaften von rechtsextremen Frauen in dem RNF und der GDF sind keine Seltenheit. Wie eine ehemalige Skinhead-Anhängerin sieht die Brandenburgerin Hähnel heute nicht mehr aus; dennoch haben die meisten Frauen beim GDF Tattoos und eine Skingirl-Vergangenheit. Bei der GDF tragen sie bevorzugt Röcke, Blusen und Zöpfe. 2005 erzählte Hähnel dem »Spiegel«, dass es ihr um »ein inneres Gefühl der Liebe zur Heimat und zum Volk« gehe. »Einen Sinn für historische Daten hat sie freilich auch«, schrieb der »Spiegel« spitz, denn »ihren ersten Mann heiratete sie ausgerechnet am 20. April – an Hitlers Geburtstag«.

Hähnel zählt zu den erfahrenen, älteren Frauen in der *Gemeinschaft Deutscher Frauen*, die meisten sind jünger. Die GDF propagiert in erster Linie Frauenkameradschaft. Zielgruppe sind sowohl »politisch aktive oder interessierte Frauen, Mütter, junge, unerfahrene Mädels als auch Skingirls«. Wie bereits die SFD beschwört auch die GDF den drohenden Untergang des deutschen Volkes: »Nur gemeinsam wird die Rettung der deutschen Mutter und der deutschen Lebensart, die Erhaltung des deutschen Volkes möglich sein«. Als Symbol verwendet die GDF das sogenannte Dreierschild aus der germanischen Mythologie. Das »Dreierschild« soll für den Lauf des Lebens, »vom Werden, Sein und Vergehen zu neuem Werden«, stehen.

Zum Programm der *Gemeinschaft Deutscher Frauen* gehören neben Familien- und Kinderthemen auch Rechtsschulungen, weltanschauliche Vorträge, deutsches Brauchtum und Naturschutz. Etwa drei Mal im Jahr treffen sich die bundesweit organisierten Frauen, die in sieben Regionalgliederungen unterteilt sind. Die Aufnahmekriterien für Neuzugänge sind autoritär, es gibt Wartezeiten von bis zu einem Jahr. Die Mädchen und Frauen müssen sich dabei Prüfungen unterziehen, mit denen beurteilt werden soll, ob sie als glaubwürdige nationalistische Mitstreiterinnen anzuerkennen sind. Die GDF sieht sich als eine dauerhafte »Lebensgemeinschaft«, die nicht will, »dass sich Frauen leichtfertig für uns entscheiden, um nach einem Jahr wieder auszutreten«. Experten gehen derzeit von rund 50 Aktivistinnen aus, Tendenz steigend. Die GDF ist ebenso wie die für die Kindererziehung zuständige *Heimattreue Deutsche Jugend* vernetzter Teil einer funktionierenden braunen Parallelgesellschaft. In ihr wird Individualität für Frauen und Kinder kaum geduldet. Alltagsleben und Freizeit werden fast vollständig für die »nationale Sache« vereinnahmt. Manche Anhängerinnen stammen wie ihre Männer bereits aus völkisch-nationalen Familien, sogenannten Sippen. Gezielt spricht die GDF von einer »Front der Frauen«, die sich der Stärkung »unserer nationalen Bewegung« durch »charakterfeste, selbstbewusste und gebildete Frauen« verpflichtet fühlt.

Viele GDF-Anhängerinnen schrecken vor öffentlichem Engagement in der NPD oder bei den »Freien Kameradschaften« zurück. »Unter Umständen ist mit der richtigen Erziehung von drei bis fünf Kindern politisch mehr erreicht«, als wenn Frauen in einer Organisation »tätig« würden, empfiehlt die GDF dann auch. In einer eigens erstellten Grundsatzschrift mit dem Titel »Die Frau in der nationalen Bewegung« offenbart die GDF ihr Selbstverständnis: »Es ist jedoch selbstverständlich, dass eine deutsche Frau einem deutschen Mann zur Seite gestellt ist – ihm also von Natur aus gleichgestellt ist.« Die Forderung nach einem »natürlichen Frauenbild« beinhaltet jedoch auch die Verpflichtung der deutschen Frau, »für den Erhalt der eigenen Art« zu sorgen. Verweigert sie sich den »eigenen, naturgegebenen Pflichten«, heißt es weiter, »dann macht sie sich im schwersten Maße mitschuldig am Untergang des eigenen Volkes«. Wissenschaftlerin Bitzan deutet solche Aussagen als »radikale Geschlechterdifferenz« im Dienste einer »Unterordnung für die völkische Sache«.

Aus Freundinnen und Ehefrauen von Neonazi-Anführern werden im GDF-Jargon »Mutterfrauen«, zuständig für Familie und Heim. »Der Mann ist Wegbereiter, die Frau Hüterin,

Walterin des nie versiegenden Bornes deutschen Volksgutes«, belehrt die GDF ihre Aktivistinnen. »Die Mütterlichkeit« sei außerdem in der nordischen Seele »am herrlichsten ausgeprägt«. Angelehnt an nationalsozialistische Vorstellungen sehen sich die Frauen der GDF als Teil einer »Opfergemeinschaft«. Folgerichtig ist Kindererziehung für sie mehr als die Verantwortung für die individuelle Entwicklung eines einzelnen Kindes, sie wird als Aufgabe »für die Leistungsfähigkeit, die Überlebensfähigkeit, die Klugheit, die Reife und Persönlichkeit einer ganzen Generation« angesehen.

Im Forum ihrer »Weltnetzseite«, wie die GDF-Homepage eingedeutscht genannt wird, tauschen die Frauen Erziehungstipps aus. »Beke« empfiehlt, die Temperatur im Kinderzimmer »unter 17 Grad im Winter« zu halten. Außerdem lehnt die überzeugte Nationalsozialistin, die angeblich seit acht Generationen »nachgewiesen deutsch« ist, ausländisches Essen ab: »keine Nudeln aus Italien, kein Döner aus Griechenland, keine Pommes aus Frankreich«. Schockiert über solche autoritäre Kindererziehung, zog sich Kirsten T. zunächst von den Kameradinnen und dann aus der gesamten Szene zurück. Die junge Frau ist inzwischen entsetzt über das, was sie in einer der ostdeutschen Sektionen jahrelang miterlebte. »Zucht und Sitte wie im Dritten Reich« sei bei manchen Familien die Norm gewesen. »Die Kinder sollen gehorchen und funktionieren«, erzählt sie. Auch »körperliche Züchtigungen« hat Kirsten T. kennengelernt. »Es war schwer zu ertragen«, sagt sie heute.

Martina B. erging es ähnlich, auch sie empfand die Kindererziehung der Neonazis als furchteinflößend. Die Frau mittleren Alters hatte eine Zeitlang Zugang zu einem Teil der Neonazi-Szene im sogenannten Mitteldeutschland. Ihr fiel auf, dass die Kinder der Neonazis »regelrecht abgerichtet« wirkten. »Es wurde nicht getobt und kaum gelacht«, erinnert sie sich. Jedes Wochenende sei mit politischen Treffen oder Brauchtumsfesten verplant gewesen. Oft hätten die größeren Kinder nur müde und matt herumgesessen. Mit kleineren Kindern zu spielen werde abgelehnt, vor allem von den Vätern. »Die Kinder sollen nicht verweichlicht werden«, erklärt Martina B. die zweifelhaften Erziehungsmethoden ihrer ehemaligen Kameraden. Nach außen gerieren sich Neonazi-Frauen als Übermütter, die für das Wohlergehen ihrer »Sippe« Naturkost kaufen, Kleidung selbst herstellen und auch sonst auf möglichst viele technische Haushaltshilfen verzichten. Beide Aussteigerinnen berichten jedoch, dass insbesondere junge Mütter aus den Reihen der GDF mit so einem Leben oftmals hoffnungslos überfordert seien. Bevor aber Probleme nach draußen dringen, übernähmen Kameradinnen bei den Betroffenen deren ideologische und körperliche Betreuung. Wichtig ist, dass die Frauen »bei der Stange« bleiben.

Die braune Szene versucht auch, die weiblichen Mitglieder gezielt von der Außenwelt abzuschotten. Eigens eingerichtete nationale Partnerbörsen wie »Odins Kontaktanzeigen – von Patrioten für Patrioten« sorgen per Mausklick dafür, die hier Suchenden zusammenzubringen. Der Traum vom großen Glück muss weiß sein, deutsch und volksbewusst. Die Partnerfindung innerhalb der Szene stärkt die »Bewegung«, das private Glück bindet noch enger an die politische Gemeinschaft. Auf Szene-Websites finden sich Kontaktanzeigen wie: »21-jähriges Mädel, Haare so flammend wie die Kraft meiner Ahnen, Augen so grau wie das Nordmeer« sucht einen »starken, aber liebevollen Germanen«.

Um die jungen Frauen und Mütter bei Laune zu halten und den Zusammenhalt zu stärken, organisieren Anführerinnen der *Gemeinschaft Deutscher Frauen* zahlreiche Aktivitäten, wie das GDF-Herbsttreffen 2006 im Harz, von dem Ricarda Riefling begeistert im Internet berichtete. Neben »lustigen Kennlernspielen mit Hexentüchern«, Kräuterkunde und einem Museumsbesuch wurden »Gedichte für die Heimatvertriebenen des deutschen Ostens« vorgetragen und »unserer Brüder und Schwestern, die in deutschen Städten noch immer unter fremder Herrschaft leben müssen«, gedacht. Im Dezember 2006 lud die junge Aktivistin gemeinsam für die GDF und für die *Freien Kräfte Hildesheim* ihres Ehemannes zu einer Zeitzeugenveranstaltung mit dem ehemaligen Jagdflieger Reinhold Leidenfrost. Der überzeugte Altnazi erzählte den 75 Gästen in einem Saal in Salzgitter vom »Deutschen Reich, dem Krieg und seinem späteren Aufenthalt in Afrika«. Frauen der mitgliederstärksten GDF-Sektion aus Berlin und Brandenburg konzentrieren sich nach eigenen Angaben hauptsächlich auf die Schulung ihrer 17- bis 35-jährigen Anhängerinnen. Für den neugegründeten *Nationalen Sanitätsdienst* der NPD, kurz NSD, sucht die GDF noch ehrenamtliche Helferinnen. Im Sinne seines Vorgängers, des *Braunen Kreuzes*, soll der NSD Erste Hilfe bei Neonazi-Aufmärschen leisten.

Nach Ansicht von Rechtsextremismus-Expertin Renate Feldmann bringt das Engagement junger Neonazistinnen die braune Szene langfristig in Bewegung. Mädchen und Frauen hinterlassen zunehmend ihre Spuren. So kommt kein rechter Online-Versandhandel ohne Girlie-Sparte mehr aus. Schwarz-weiß-rote Tops in den Farben des Deutschen Reiches, silberne Thorshammer-Ketten oder enge Shirts, auf denen eine Schwarze Sonne aufgedruckt ist, gehören zum Sortiment. In nationalen Foren diskutieren Neonazi-Protagonisten mit Frauen über »Müttergehalt« oder Kindererziehung. Manche Frau wagt dann auch anonyme Kritik.

Außerhalb der Reihen der GDF erwarten vor allem jüngere Neonazistinnen jedoch mehr als Kind und Küche. Sie sind nicht weniger fanatisch als die Männer und wollen ihre politischen Ziele direkt an der Seite der Männer umsetzen. So gehörte Martina Maal zur *Kameradschaft Asgard Ratisbona* und zur *Sozialrevolutionären Aktion Regensburg*, jetzt ist sie stellvertretende bayerische Landesvorsitzende der *Jungen Nationaldemokraten*. Maal mischt direkt in der Männer-Politik mit, ebenso wie die amtierende JN-Landesvorsitzende von Hessen, Martha Bettermann. Sie legte sich beim Landesparteitag sogar offen mit der langjährigen NPD-Funktionärin Doris Zutt an, als sie deren Programmschwerpunkt »Altenpolitik« kritisierte. Die junge Konkurrentin Bettermann bezeichnete diesen Schwerpunkt als »Fehlentscheidung« der NPD-Landespolitik, da die Probleme eher in der Bildungspolitik zu finden seien. Ihre Ablehnung gegen die einflussreiche Altenpflegerin Zutt aus Ehringshausen ging so weit, dass Bettermanns Jugendtruppe der NPD in Hessen beim letzten Landtagswahlkampf die Unterstützung verweigerte und sich stattdessen auf die Schulung neuer JN-Kader im Lahn-Dill-Kreis und in Gießen konzentrierte. Seit Februar 2005 existiert zudem der *Nationale Frauenkreis Hessen* mit Sitz in Karben, der NPD und Kameradschaften nahesteht. Zu deren Aktivistinnen wird auch Daniela Uebelacker aus Eppstein im Taunus gezählt. Die 22-Jährige ist die Lebensgefährtin eines Anführers der *Freien Nationalisten Rhein-Main* und nahm im August 2007 gemeinsam mit den Männern an einem Treffen von Neonazis im Schweizer Fricktal teil, bei der auch eine Schießübung stattfand.

»Nationaler Feminismus« oder Protest gegen den »Gendermainstream« heißen die eher ungewöhnlichen Gesprächsthemen beim *Mädelring Thüringen*. In der intellektuellen Tradition rechtsextremer Frauengruppen wie *Mädelgruppe Kameradschaft Tor Berlin* und *Frauen der Fränkischen Aktionsfront*, die inzwischen verboten sind, bewegt sich die Thüringer Gruppe um Marlen Pucknat, Isabell Pohl und Mareike Bielefeld in ideologischen Randbereichen. Die Anhängerinnen des Thüringer *Mädelrings* werden aufgefordert, sich »als Frau im nationalen Widerstand« unbedingt mit dem Feminismus auseinanderzusetzen. Es soll »ein neues Frauenbild« geschaffen werden. Der Leitsatz des *Mädelrings* mutet geradezu aufrührerisch an: »Deutsche Frauen, wehrt euch – gegen das Patriarchat und politische Unmündigkeit«. Die Betonung der Selbständigkeit geht jedoch mit der Warnung vor »übersteigertem Individualismus« einher. Und bewusst fängt diese Frauenvereinigung mit ihrer Ablehnung der Emanzipationsbewegung der 70er Jahre die eigene rebellisch anmutende Position schnell wieder ein.

Gleichzeitig grenzt sich der *Mädelring* von den Kameradinnen der GDF und von deren aus dem Dritten Reich stammenden Frauenbild ab, weil das »nicht mehr im vollen Umfang vertretbar« sei. Die Anhängerinnen des *Mädelrings* wollen nicht mehr nur »Hüterin der Familie und des Heims« sein, sondern auch »gleichwertige Mitgestalterin des öffentlichen Lebens«. Der *Mädelring* fordert Mädchen und Frauen auf, »endlich politischer Soldat zu werden« und damit die »chauvinistischen Vorurteile aus den eigenen Kameradenkreisen zu verbannen. Die Mädchen und Frauen um Pohl und Bielefeld sind weder besonders fortschrittlich, noch emanzipiert – sie wollen vor allem Anerkennung und politisches Engagement von Frauen in den eigenen Reihen einfordern. Der *Mädelring* »hat sich auf die Fahnen« geschrieben, junge Frauen »aus ihrer Ohnmacht herauszuholen, um sie politisch zu motivieren«. An die Adresse der männlichen Kameraden gerichtet, fordern die Frauen, das Geschlecht dürfe, wenn »es um das Überleben der eigenen Rasse« gehe, bei der Bildung von »intellektuellen Eliten« keine Rolle spielen. Sie wollen dem »negativen Bild der Frau« in der Gesellschaft entgegentreten und kritisieren dabei auch vorsichtig den Sexismus in den eigenen Reihen. Um jedoch keine Missverständnisse in der Szene aufkommen zu lassen, verkündet der

Mädelring, grundsätzlich an der »naturgegebenen Aufgabe – dem Mutterdasein« der Frau festzuhalten. »Es ist unsere völkische Pflicht, Kinder zu bekommen«, betonen sie in dem Artikel »Nationaler Feminismus – ein Paradoxon?« auf ihrer Homepage. So finden wöchentliche Mutter-Kind-Treffen in Thüringen statt. Im November 2007 versammelten sich »fünfzehn junge volkstreue Frauen und Mütter« im Thüringer Wald, um dem aktuellen Thema »Gendermainstream« die eigenen Grundwerte entgegenzusetzen. »Der Zeitgeist streckt seine dreckigen Fühler nach unseren Kindern aus«, beklagten die rechten Frauen und forderten: »Zerschlagt den Zeitgeist!«

So rebellische Positionen wie der *Mädelring* vertrat Anja Zysk nicht. Doch als geschäftsführende Landesvorsitzende des NPD-Verbandes in Hamburg ging auch sie ungewöhnlich selbstbewusst vor. Sie ließ sich auf einen Krach in den eigenen Reihen über das rechte Verhältnis zu Moslems und Islamisten ein. Es war jedoch ein vorgeschobener Streit, den Kameraden inszenierten, um Zysk zu entmachten. Denn den Bau einer Moschee will in der Szene niemand. Zysk unterschätzte ihre männlichen Gegner, die intern sogar zum Boykott einer von ihr organisierten Anti-Moschee-Demonstration in Hamburg-Bergedorf aufriefen. Empört beklagte sich die NPD-Politikerin über die »beispiellose Mobbingkampagne« an ihren »öffentlichkeitswirksamen Kampagnen«. Dabei ahnte sie noch nicht, dass hinter den Kulissen einflussreiche NPD-Drahtzieher wie der »persönliche Referent« des Parteichefs, Thomas Wulff, bereits ihren Sturz planten. Zysk sollte gehen, um Platz zu machen für Jürgen Rieger. Der Putsch war eiskalt geplant geworden. Bei einer Vorstandssitzung provozierte Wulff die Aktivistin, bis sie mit dem gesamten Landesvorstand zurücktrat. Zysk blieb stur und kündigte naiv eine neuerliche Kandidatur an, da sie sich immer noch der Unterstützung im eigenen Lager sicher wähnte. Doch der Streit spitzte sich zu. Ihr designierter Nachfolger Rieger rieb sich bereits die Hände. Neonazis aus seinem und Wulffs Umfeld beschimpften Zysk im Internet öffentlich als »Verräterin« und »Mosaische Levantiner Hexe«. Sie konterte wütend Anfang Januar 2007 mit einem Brief an den NPD-Vorsitzenden Udo Voigt in Berlin: »Die Vorgänge im Landesverband Hamburg sind eine schlechte Werbung für die NPD und mit Sicherheit keine Ermutigung für Frauen, sich hier zu engagieren.« Denn viele Mitglieder, so Zysk, würden sich Gedanken darüber machen, ob ihre »Demontage nicht auch geschlechtliche Hintergründe« habe. Immerhin habe Kontrahent Rieger ihr zu verstehen gegeben, dass »Frauen sich doch besser aus der Politik heraushalten und Kinder kriegen« sollten. Zysks Traum von eigener nationaler Macht platzte am 25. Februar 2007, als sie beim Landesparteitag in Hamburg nur ganze drei Stimmen erhielt. 18 NPD-Delegierte dagegen wählten den Neonazi-Anwalt Rieger, der erst ein paar Monate vorher Parteimitglied geworden war, dessen Einfluss aber bis in den Bundesvorstand der Partei reichte.

Verbittert erklärte Zysk ihren Austritt aus einer Partei, die ihrer Meinung nach von »bezahlten Berufsnationalisten« geführt werde. Sie wolle ihre »kostbare Zeit« nicht länger mit »skurrilen Gestalten wie Samenbank-Rieger« verschwenden. Das bezog sich auf Riegers 2004 geäußerte Absicht, auf einem seiner Anwesen Fruchtbarkeitsforschung betreiben und dabei darauf achten zu wollen, »dass blauäugige Frauen nur den Samen eines ebenfalls blauäugigen Mannes« bekämen. Zysk kündigte an, sich ein politisches Betätigungsfeld »mit besseren Erfolgsaussichten« zu suchen. In der Öffentlichkeit, auch im Rahmen von Aktionen ihr nahestehender »freier Kräfte«, ist sie bisher jedoch nicht mehr aufgetaucht.

Die braune Szene war noch nicht reif für eine ehrgeizige, aufstrebende Frau wie Anja Zysk. Der Traum von einer schnellen politischen Karriere zerplatzte, weil sie die reaktionäre Einstellung ihrer Kameraden unterschätzte. Zysk ließ sich blenden. Fakt ist: Starke Aktivistinnen prägen die braune Szene, aber bisher nur bis zu einer unsichtbaren Grenze und nicht darüber hinaus. Sie sollen die Bewegung stärken, fördern, aber nicht anführen. Die Partei verspricht sich vom netten Auftreten der Mädchen und Frauen im alltäglichen Leben eine positive Außenwirkung. Bewusst wird dabei Kameradschaft unter Frauen propagiert, nicht etwa Kameradschaft unter Männern und Frauen. Doch auch damit scheint es nicht weit her zu sein, wie die Haltung des RNF gegenüber Zysk offenbart Als männliche Parteibosse sie aus ihrem gewählten Amt putschten, schwiegen die Kameradinnen.

Andrea Röpke

»Soldatische Kindererziehung«

Die geheimen Kinderlager der *Heimattreuen
Deutschen Jugend* – Mutprobe und Marschieren –
Auf den Spuren der *Wiking-Jugend* – Einflussreiche
»Sippen« – Ein Leben für das Deutsche Reich

Dichte Nebelschwaden ziehen tief über die grünen Wiesen der
Lüneburger Heide. Heruntergewirtschaftete, fast verfallene Gebäude eines Anwesens werden sichtbar, als sich der graue Vor-
hang langsam lichtet. Schemenhaft sind Menschen auszuma-
chen, die aufgeregt hin und her laufen. Einzelne Autos ruckeln
stockend über die holprige, kilometerlange Schotterstrecke auf
den abgelegenen Bauernhof in Eschede bei Celle zu. Zwei Männer in dunkler Kleidung, mit Ferngläsern und Funkgeräten in
den Händen, weisen den Ankommenden Parkplätze am Rand
der Wiese zu. Wenig ist zu erkennen von den Vorgängen auf
dem einsamen Hof. Erst als die Nebelschleier sich auflösen und
Sonnenstrahlen durch das Grau dringen, enthüllt sich das ganze
anachronistisch anmutende Szenario.

»Der Heimat und dem Volke treu« prangt in dunklen Lettern
auf einem Holzschild über dem Eingangstor. Mädchen, mit ge-
flochtenen Haaren und in lange dunkle Röcke gekleidet, gehen
auf einen Platz mit weißen Rundzelten zu; Frauen in altmodi-
scher Kleidung, einen Kinderwagen vor sich herschiebend, folgen ihnen. Am linken Weiderand haben junge Männer eine Be-
helfstoilette wie beim Militär errichtet, notdürftig verhängt mit
einer dunkelgrünen Plane. Schräg gegenüber trägt ein Mann
schwere Suppenkübel zu einem Küchenzelt. Frauen mit Dutt
und in Schürzen rühren emsig in großen Kochtöpfen. Weit hinter dem Zeltplatz haben sich Kinder mit Speeren in der Hand zu
einem Wettkampf aufgestellt. Stimmengewirr. In diesem Mikro-
kosmos erscheinen nur die Autos und Kleinbusse modern. Auf
dem Gelände flattern zwei Fahnen im Morgenwind: eine große
Reichskriegsflagge wie sonst auch und jetzt zu Pfingsten 2007
die Fahne der *Heimattreuen Deutschen Jugend – Bund zum*

Teilnehmer des neonazistischen Sommerlagers der Heimattreuen
Deutschen Jugend *in Fromhausen bei Detmold 2006. – Das hölzerne
Eingangsschild mit der Parole findet immer wieder Verwendung.*

Schutz für Umwelt, Mitwelt und Heimat e.V., kurz HDJ: eine
rote Flamme auf schwarz-weißem Grund. Es ist alles andere als
ruhig an diesem Maiwochenende am Ortsrand der niedersächsischen Gemeinde. Denn an der Zufahrt zum Privatgrundstück
von Bauer Joachim Nahtz stehen Polizeifahrzeuge. Beamte beobachten das braune Treiben auf der grünen Wiese.

Nur eine Woche zuvor hatte das ARD-Magazin »Panorama«
über die gefährlichen Machenschaften der neonazistischen HDJ
berichtet und diese seit Jahren im Verborgenen agierende Organisation damit ins Licht der Öffentlichkeit gerückt. Deren Anführer sind nach eigenen Angaben angetreten, um »wieder eine
saubere Jugend zu formen«. Mit Fahrten, Zeltlagern, Ausmär-
schen, Wettkämpfen und ideologischen Schulungen soll Sieben-
bis 25-Jährigen eine »heimat- und volksbewusste Einstellung«
vermittelt werden. Die Organisation ist bundesweit aktiv, Hunderte von Kindern durchlaufen seit Jahren ihre militärisch geprägten Lager. Der HDJ-Bundesführung unter Sebastian Räbiger aus
Reichenwalde im Landkreis Oder-Spree und Holle Böhm aus
Hohen Neuendorf bei Berlin obliegt nach eigenen Angaben die
Aufgabe, »der Kopf und das Herz dieses Organismus zu sein
und das Wollen in die gewünschte Richtung zu lenken«.

HDJ-Führer übernehmen für zahlreiche Familien aus dem braunen Spektrum erzieherische Verantwortung, selbstbewusst versucht die Organisation auch an neue Familien außerhalb des gewohnten Spektrums heranzutreten und deren Kinder anzulocken. Mit einem Anfang 2008 im Internet veröffentlichten Werbevideo gehen sie gezielt auf Nachwuchsfang. An jedem zweiten bis dritten Wochenende finden in der Bundesrepublik Lager der *Heimattreuen Deutschen Jugend* statt. Ihre zweifelhaften pädagogischen Ziele werden im Kalender »Unser Leben 2008« offengelegt: »Volksbewusstsein in jedem Einzelnen zu formen« habe oberste Priorität. Bereits Kindern und Jugendlichen solle klarwerden, dass es sich bei der eigenen Weltanschauung um etwas »organisch Gewachsenes« handele. Ebenso wichtig sind für die Neonazi-Erzieher die »Ideale der soldatischen Erziehung«. Schon Kinder werden als »Kameraden« bezeichnet, mit »Heil Dir« begrüßt und zu Disziplin und Gehorsam genötigt. »Wir verachten den schwächlichen, erniedrigenden Pazifismus«, heißt es in der Selbstdarstellung, »ihm stellen wir ein stolzes und wehrhaftes Mannestum entgegen!«

Streng nach Geschlechtern getrennt, treten denn auch schon die Kleinsten zum »germanischen Wettkampf« in Eschede an. Begriffe wie »körperliche Ertüchtigung« fallen ebenso häufig im Umfeld der HDJ wie der Satz: »Die Kinder sollen abgehärtet werden.« Bundesführer Sebastian Räbiger spricht sogar von einer »Sturmjugend«, die er heranbilden möchte. Beschwörend schreibt er in der organisationsinternen Publikation »Funkenflug«: »Wenn für Dich Dein Volk alles ist und Du bereit bist, für das, was Du liebst, aufzustehen, alles zu wagen und zu kämpfen, dann ist Dein Platz bei uns!«

Im Sinne neonazistischer »Volksgemeinschaft« ist die Erziehung von Kindern und Jugendlichen stets Gemeinschaftssache, denn: »Wo keine Führung, da keine Gemeinschaft, da keine Erziehung.« Individuelles Verhalten, Kreativität und Kritikfähigkeit – alles Begriffe, die zur größten deutschen Neonazi-Jugendorganisation nicht passen. Nach der Parole »Gemeinnutz geht vor Eigennutz« wird in der HDJ gelebt, und was Gemeinnutz ist, gibt die Organisation vor. Zur ideologischen Weiterbildung der Kinder gehören neben Mut- und Messerproben, Geländespielen und Orientierungsmärschen auch Luftgewehrschießen und militärisches Heldengedenken. »Lagermannschaft aufstehen, fertigmachen zum Frühsport«, ertönt eine Stimme nach dem morgendlichen Fanfarenruf.

Auch in Eschede geht es recht militärisch zu, wie einer der anwesenden Polizisten bestätigt. Trotz des von den Behörden kurzfristig erlassenen Uniformverbotes tragen viele beim Zeltlager uniformähnliche, altmodische Kleidung, dunkle Jungenschaftsjacken, genannt Juja, sogenannte Grauhemden, schwarze Zunfthosen, und die Mädchen sind in bodenlange Röcke und weiße Blusen gekleidet. Schon die Kinder müssen zum Fahnenappell antreten. Sie sind gedrillt worden, sich in Reih und Glied aufzustellen, während einer der Anführer strenge Aufsicht führt. »Laute Befehle waren zu hören«, erzählt der Beamte. Germanische Riten und soldatisches Reglement gehören zum Alltag in den Kinderlagern der HDJ.

Nach eigenen Angaben feiert der beim Amtsgericht in Plön angemeldete Verein sein 16-jähriges Bestehen. Teile der Gruppe gelten als Abspaltung des extrem rechten *Bundes Heimattreuer Jugend* (BHJ), eine andere, weitaus größere Gruppe stammt aus den Reihen der 1994 verbotenen militanten *Wiking-Jugend* (WJ). Offiziell entstand die HDJ im Oktober 2000, als während eines »Bundesjugendtages« in Berlin die Umbenennung von *Die Heimattreue Jugend e.V.* in *Heimattreue Deutsche Jugend* vollzogen wurde. Als Grund wurde die banale Tatsache angegeben, dass man *Die Heimattreue Jugend* nicht »gescheit abkürzen könnte, ohne das Kürzel einer seit '45 in Deutschland verbotenen Organisation zu nutzen«. Doch trotz des neuen Namens bezeichnen Szeneanhänger die Gruppe nach wie vor gern mit dem beliebten Kürzel HJ.

Obwohl die Organisation es peinlichst vermeidet, die Hitlerjugend in ihren Publikationen namentlich zu nennen, tauchen intern immer wieder Bezüge zur NS-Diktatur auf. Bei einem Sommerlager mit rund 120 jugendlichen Anhängern im August 2006 in Fromhausen bei Detmold, unweit des Teutoburger Waldes, prangten an den weißen Rundzelten Holzschilder mit Aufschriften wie »Führerbunker«, »Alemannia« oder »Germania«. Neben dem Wimpel mit dem Flammensymbol der HDJ wehte auch eine schwarz-weiß-rote Fahne, im Gedenken an das Deutsche Reich. Kindern in der HDJ wird gelehrt, dass das vorrangige Ziel der Hitlerjugend gewesen sei, Jugendliche auf die künftigen Aufgaben »der großen Gemeinschaft« vorzubereiten. Die gefährliche Rolle, die der Nachwuchsorganisation im totalitären NS-Staat zukam, sowie die Verbrechen junger Hitler-Anhänger werden verschwiegen. Die HDJ-Erzieher beschwören dagegen die positive Bedeutung der Hitlerjugend innerhalb der NS-Volksgemeinschaft. Ein HDJ-Erzieher schreibt im »Funkenflug« euphorisch: »Damit wurde der Jugend auch eine Verantwortung aufgetragen, derer sie sich auch stets würdig erwies«. Im Hinblick auf das Kriegsende klagte der Autor: »Doch aus dem neuen sittlich hochstehenden, untadeligen und uneigennützigen Menschen wurde nichts mehr«, denn »die letzten Reste des großen Traumes gingen 1945 in den Trümmern der Reichshauptstadt unter«.

Kinder aus den Reihen der HDJ wachsen mit der Verehrung für NS-Verbrecher wie Ernst Otto Remer auf, dem Kommandeur des Berliner Wachbataillons »Großdeutschland«. Remer hatte 1944 den Putschversuch um Graf von Stauffenberg mit niedergeschlagen, zahlreiche Widerständler wurden hingerichtet. Für die HDJ ist der 1997 verstorbene, unbelehrbare Altnazi »ein Beispiel für treue Pflichterfüllung und Liebe zu seinem Vaterland«. Jugendliche besuchen das Grab der ranghöchsten BDM-Führerin Jutta Rüdiger in Bad Reichenhall oder treffen sich mit ehemaligen Angehörigen der Waffen-SS. Gedichte des Kommandanten der SS-Division »Wiking«, Kurt Eggers, gehören zum Standardrepertoire der HDJ. In seinen Versen geht es vorrangig um Soldaten- und Kriegertum, um »Blut und Eisen«. Die HDJ zitiert Eggers' Weltsicht: »Das kriegerische Leben erfordert nicht allein das Leben unter Waffen, es fordert mehr: die ständige Bereitschaft des ganzen Menschen, vornehmlich die seelische, willensmäßige Bereitschaft, den totalen Einsatz aller Werte, den Einsatz auch der letzten Reserve, den Einsatz ohne Reservate.« Im »Funkenflug« wird an den frühen Tod des Vorbilds Eggers 1943 im »groß-deutschen Freiheitskampf« an der Ostfront erinnert.

Feierlich, ein nächtliches Ritual: Bei Fackelschein legen Kinder und Jugendliche der HDJ einen Fahneneid ab. Allein, ängstlich blickend, tritt eines aus den Reihen der »Kameraden« zum Bundesführer vor und berührt andächtig eine »leere« Fahne. Experten nennen es den »Mythos der weißen Fahne«, angelehnt an ein Ritual der SA in den 20er Jahren des vorigen Jahrhunderts, als Hitler-Anhängern Uniformen und Hakenkreuzfahne verwehrt waren. Auch der HDJ wird ihr Symbol verweigert, offiziell beruft sie sich dabei auf die Odalrune, als Zeichen des *Bundes Heimattreuer Jugend* (BHJ), einer ihrer nicht verbotenen Vorläuferorganisationen. Die Odalrune, Symbol für »Blut und Boden«, prangte aber auch auf den Bannern von Hitlerjugend und *Wiking-Jugend*. Seit dem Verbot der *Wiking-Jugend* 1994 ist das öffentliche Tragen der Odalrune unter Strafe gestellt, sie gilt als verbotenes Zeichen. »Nach mehr als zweieinhalbjährigem Kampf vor deutschen Gerichten bleibt die Odalrune der HDJ verwehrt«, klagte Bundesführer Räbiger. Zweideutig prophezeite er jedoch seiner Gefolgschaft im »Funkenflug« Anfang 2006: »Und eines Tages wird sie wieder schwarz, mit weißem Saum auf blutrotem Tuche über uns wehen« – eine Beschreibung, die auch auf die Hakenkreuzfahne zutrifft.

Aber anders als der historische Vorläufer Hitlerjugend zielt die HDJ nicht darauf ab, zur nationalistischen Massenorganisation zu werden, denn die HDJ-Ideologen bekräftigen immer wieder den elitären Charakter ihrer Gruppe. Diese Strategie kommt nicht von ungefähr. Ein Blick auf die heutige Riege von Neonazi-Führern aus NPD und Kameradschaftsspektrum verrät: Die meisten von ihnen haben in der Vergangenheit die militante Schule der *Wiking-Jugend* durchlaufen – und die war elitär geprägt.

Tatsächlich erinnern Ablauf und Angebote auf dem HDJ-Pfingstlager in Eschede an ehemalige Treffen der *Wiking-Jugend*. Bis zu ihrem Verbot richtete die WJ Lager mit Fahnenappell, Märschen und Wehrsportübungen im nur rund 20 Kilometer entfernten Hetendorf am Rande der Heide aus. Solche Erinnerungen will die HDJ offiziell nicht wecken, steht doch in der Verbotsverfügung des Bundesinnenministeriums ausdrücklich: »Es ist verboten, Ersatzorganisationen für die Wiking-Jugend zu bilden.«

Die *Wiking-Jugend* galt bis zum 10. November 1994 mit rund 500 Mitgliedern und Sympathisanten nicht nur als größte Neonazi-Organisation seit Kriegsende, sondern auch als eine der militantesten Gruppierungen im extrem rechten Lager überhaupt. Zum Zeitpunkt ihres Verbotes, 42 Jahre nach der Gründung, existierten bereits zwölf sogenannte Gaue – besonders aktiv waren die in Sachsen und in Schwaben. 90 Prozent der Anhänger sollen unter 18 Jahre alt gewesen sein. Der Satzung entsprechend sollten die »Jungen- und Mädelarbeit« grundsätzlich getrennt gestaltet werden. »Mädchen zu uns!«, hieß es in einer Werbeanzeige der *Wiking-Jugend*. »Statt Disco und Langeweile: Zelten, Sport, Spaß, Singen, Volkstanz, Lagerfeuer und, und, und ... – Hinein in die Wiking-Jugend e.V.« Die *Wiking-Jugend* galt als hierarchisch straff strukturiert, letzter Bundesführer war der heute der NPD nahestehende Rechtsanwalt Wolfram Nahrath aus Birkenwerder bei Berlin. Unter der jahrzehntelangen Führung seines Familienclans sollte die WJ zu einer völkischen Lebensgemeinschaft heranreifen. Die Erziehung zu kämpferischer Härte begleitete deren Anhänger lebenslang, sie begann im Sandkasten und endete im Greisenalter. Erklärtes Ziel war die »Wiederbelebung von Elitegeist und Volksgemeinschaft«. Eine Art Sozialsystem auf völkischer Grundlage, unter Annahme eines Elite-Charakters der »nordischen Rasse«, wurde anvisiert. Nach eigenen Angaben seien 15 000 Kinder und Jugendliche durch die Schule der Organisation gegangen. Vereinsmitglied konnte werden, wer sich »zu Idee und Gestalt der WJ bekennt«. Gerade die Anerkennung dieses Glaubensbekenntnisses fand später in der Verbotsverfügung besondere Erwähnung: »Die in der WJ zusammengeschlossenen Personen haben sich einer organisierten Willensbildung unterworfen, da sie durch den Erwerb ihrer Mitgliedschaft die Satzung der WJ anerkannt haben.« Die Ideologie der WJ orientierte sich am Vorbild der Hitlerjugend.

In der Begründung des Verbotes durch das Bundesinnenministerium wurde insbesondere auf die »Wesensverwandtschaft« mit NSDAP und Hitlerjugend eingegangen. Außerdem hieß es: »Die WJ verfolgt das Ziel, mit ihrer Tätigkeit die verfassungsmäßige Ordnung fortlaufend zu untergraben und letztendlich zu beseitigen.« Auch mit den Vorbereitungen zum bewaffneten Kampf schien die *Wiking-Jugend* schon »weit gekommen« zu sein. Kurz vor dem Aus durch den Erlass von Bundesinnenminister Manfred Kanther urteilte ein Ermittler des Bundeskriminalamtes: »Das ist eine der Kampfeinheiten, denen nur noch der Startschuss fehlt.« Wiederholt waren bei Mitgliedern der seit 1952 aktiven Gruppierung scharfe Waffen, Munition und Sprengstoff sichergestellt worden. Beim Sammeln von Militärgerät hatten es die überwiegend jugendlichen Fanatiker nicht belassen: In Sommer- und Winterlagern wurde mit den Waffen geübt. Im Mittelpunkt dieser militärischen Ausbildung stand lange

Zeit das »Schulungszentrum Hetendorf«, eine neonazistische Tagungsstätte am Rande der Lüneburger Heide, betrieben vom Hamburger Neonazi-Anwalt Jürgen Rieger. Bis zu 300 Jungnazis marschierten damals uniformiert auf das nahegelegene Bundeswehrgelände des Truppenübungsplatzes Munster. Mit »Gewalt-« und »Orientierungsmärschen« wurde den Acht- bis 20-Jährigen das Heranschleichen an Feinde, der Handgranatenweitwurf und nach Augenzeugenberichten auch das Schießen beigebracht.

Jugendliche, Jungen und Mädchen, hatten bis zum vollendeten 15. Lebensjahr ein Leistungsabzeichen, die »Wikingprobe«, zu absolvieren. Zu deren Anforderungen gehörte »eine Mutprobe, die Teilnahme an einer Wochenendfahrt, Kenntnis des Leitwortes, der Nationalhymne, des Fahnenliedes der Wiking-Jugend und der gewaltsam abgetrennten Teile des Deutschen Reiches, vorschriftsmäßiges Packen eines Tornisters oder Wanderrucksackes, Führen eines Telefongespräches und die Beantwortung der Frage über den Sinn eines bestimmten Verkehrszeichens«. Nicht alle Jugendliche waren diesen Anforderungen gewachsen oder kamen mit dem Gruppenzwang zurecht. Für sie verursachte gerade die »Wikingprobe« Versagensangst. Karin Schmidt [Name geändert] aus Hessen erinnert sich heute nur noch ungern an ihre Zeit in den Lagern der *Wiking-Jugend*. In den 70er Jahren hatte sie während eines Sommerlagers in Belgien nicht nur theoretische Prüfungen abzulegen, sondern musste auch die Mutprobe bestehen. Die bestand darin, dass sich die Jugendlichen per Seilwinde, »vollkommen ungesichert, über eine etwa zehn Meter tiefe, riesige Baugrube hangeln mussten«. Karin Schmidt bekam bereits einen Tag vorher Bauchkrämpfe und musste die Übung nachholen. »Ich hatte Todesangst«, gesteht sie heute, »aber es gab keine Wahl, jedes Mädchen musste mitmachen, wir wurden gar nicht gefragt«.

An solchen Lagern nahmen auch heute führende NPD-Funktionäre wie Udo Pastörs und Stefan Köster, beide NPD-Abgeordnete im Schweriner Landtag, teil. Zu den Referenten politischer Schulungsveranstaltungen zählten damals zahlreiche Altnazis und ehemalige SS-Angehörige wie Gertrud Herr, Lisbeth Grolitsch oder Herbert Schweiger und Sepp Biber. Die *Wiking-Jugend* arbeitete eng mit anderen als verfassungsfeindlich geltenden Organisationen wie der mitgliederstarken Kulturorganisation *Gesellschaft für freie Publizistik* zusammen, die mittlerweile vom niedersächsischen NPD-Spitzenkandidaten, dem ehemaligen Waldorflehrer Andreas Molau aus Groß Denkte bei Wolfenbüttel, angeführt wird. Es bestanden immer schon personelle Verflechtungen zwischen *Wiking-Jugend* und NPD. »Viele der WJ-Anhänger waren eng mit der NPD verbunden«, bestätigt auch die ehemalige Unterführerin Karin Schmidt. Ihre Eltern waren ebenfalls in der Partei aktiv. Sie wurde von deren Kameraden als 13-Jährige direkt angeworben. Nach dem Verbot der *Wiking-Jugend* galten die NPD und ihre Jugendorganisation, die *Jungen Nationaldemokraten*, als politisches Auffangbecken für junge militante Nationalsozialisten.

Das Aus der Organisation bedeutete nicht das politische Ende der *Wiking*-Jünger. Zu den letzten »Gauführern« der WJ gehörten Manfred Börm aus Lüneburg, Sascha Stein aus Berlin, Dirk Nahrath aus Franken und Gerd Ulrich aus Detmold – sie sind alle wieder an führender Stelle in der *Heimattreuen Deutschen Jugend* aktiv. Wolfram Nahrath dagegen wird in HDJ-Publikationen nur vorsichtig als »unser Anwalt« tituliert. Kenner der Szene zählen ihn aber zu den einflussreichsten Unterstützern der heute aktiven Neonazi-Organisation.

HDJ-Bundesführer Sebastian Räbiger, der bis zum Verbot der WJ den »Gau Sachsen« leitete, zeigt an diesem nebelverhangenen Pfingstwochenende im niedersächsischen Eschede seinen Unmut über die Anwesenheit von Polizei und Pressevertretern. Jahrelang waren die Lager der HDJ nicht aufgefallen, gingen sogar als harmlose Pfadfindertreffen durch, jetzt schränkt öffentliches Interesse die Bewegungsfreiheit der Neonazis ein. Immer wieder schickt Räbiger Mitglieder des »Technischen Dienstes« der HDJ zur Straße, um das Gelände vor allzu neugierigen Beobachtern zu sichern. Dunkel gekleidete junge Ordner behindern Journalisten, bauen sich mit Drohgebärden vor ihnen auf und versuchen Fotos und Filmaufnahmen zu verhindern. Räbiger berät sich auf dem Lagerplatz mit Kameraden wie Jörg Hähnel und Michael Gielnik, beide Mitarbeiter der NPD-Fraktion im Schweriner Landtag. Räbigers Ehefrau lässt sich nur kurz blicken, auch sie engagierte sich lange Zeit im Umfeld der NPD, in Brandenburg. Mittlerweile kümmert sie sich, wie die meisten Aktivistinnen der HDJ, vorrangig um Familie und Erziehung.

Die Bundesführerin der HDJ, Holle Böhm, gebürtig aus dem nordfriesischen Tönning, stellt eine Ausnahme dar: Sie ist ledig, über 30 und bisher ohne Kinder. Ungewöhnlich für ein Spektrum, in dem junge Familien nicht selten bereits fünf oder sechs Kinder haben, die auf germanisch klingende Namen wie Helke, Sigrun, Hedin oder Sunhild hören. Im Escheder Zeltlager laufen Frauen umher, die Kleinkinder an der Hand halten und bereits wieder hochschwanger sind. Die Rollenverteilung dieser völkischen Gemeinschaft ist klar definiert. Schon junge Mädchen werden an die Verpflichtung zum »Erhalt der eigenen Art« erinnert. Holle Böhm gilt dennoch als beliebte Repräsentantin, seit Ende 2005 führt sie die HDJ als »Bundesmädelführerin« an. Die gelernte Steuerfachgehilfin hat es im Fernstudium zur Finanzwirtin geschafft. Politisches Ansehen innerhalb der Szene genießt die kleine unscheinbare Frau mit dem blonden Dutt und der Nickelbrille wegen ihrer Herkunft, denn sie entstammt einer bekannten braunen »Sippe«, einem generationsübergreifenden Familienverband. Ihr Großvater mütterlicherseits gehörte der SS-Division »Leibstandarte Adolf Hitler« an und war zum Ende der Nazi-Zeit SS-Brigadeführer. Nach dem Krieg arbeitete er ebenso wie seine Ehefrau wieder als Lehrer. Tochter Ingeborg trat in die beruflichen Fußstapfen ihrer Eltern und heiratete den Sozialpädagogen Rolf Dieter Böhm, Holles Vater. Die Eltern waren überzeugte Rassisten, ihre sechs Kinder wurden streng erzogen. Mit dem zehnten Lebensjahr traten die ältesten Böhm-Kinder der *Wiking-Jugend* bei. Die Familie betrieb mittlerweile einen Pony-Ferienhof, den »Thulehof« in Sandwehle bei Garding in Schleswig-Holstein Rolf Dieter Böhm gehörte Ende der 70er Jahre zu einer Husumer Neonazi-Gruppe, deren Angehörige ein britisches Militärfahrzeug überfielen, um Waffen zu stehlen. Statt Waffen erbeuteten die Neonazis aber einen Tresor. Später stellten sie dann fest, dass darin geheime Dokumente der NATO lagerten – von Telefonlisten bis zu Raketencodes. Mit dem Material wollten die sechs Neonazis den Hitler-Stellvertreter Rudolf Hess aus alliierter Haft in Berlin-Spandau freipressen. »Tauschen Safe für die Freiheit Rudolf Hess«, ließen sie als *Werwolf Deutsches Reich* per Post die britische Armee wissen. Als die Gruppe dann im März 1979 einen Brandanschlag auf eine Freimaurerloge in Hamburg vorbereitete, bekamen die Sicherheitsbehörden Wind davon. Unter dem Vorwurf, eine

»terroristische Vereinigung« gebildet zu haben, wurden sechs Neonazis festgenommen. Zuvor war der Gruppe bereits ein Anschlag auf die Flensburger Staatsanwaltschaft gelungen. Auch Böhm musste ins Gefängnis.

Die Familie verfügte über enge Kontakte ins internationale rechtsextreme Lager. Anfang der 90er Jahre wanderte Holle mit einem Teil ihrer Familie nach Argentinien aus. Während Ingeborg Böhm an einer deutschen Schule unterrichtete, arbeitete Rolf Dieter Böhm zeitweilig für die deutsche Handwerker- und Siedlergemeinschaft in der Provinz Córdoba. Holle kehrte jedoch nach Deutschland zurück, die Eltern folgten ihr wenig später. Sie machte ihr Abitur und zog zur älteren Schwester Gesine und deren Ehemann Sascha Stein, dem ehemaligen »Gauführer Berlin« der *Wiking Jugend*, nach Hohen Neuendorf in Brandenburg. Einige der Böhm-Kinder pflegen weiterhin die nationalistischen Traditionen von Eltern und Großeltern. Gesine ist ebenfalls im pädagogischen Bereich tätig, schickt die ältesten ihrer fünf Kinder aber regelmäßig in die Lager der HDJ. Ihre elf und neun Jahre alten Söhne durften im »Funkenflug« über einen Ausflug ihrer *Einheit Preußen* ins Technik- und Verkehrsmuseum Berlin-Kreuzberg berichten. Den Kindern wurde auch die Sonderausstellung zu Reinhard Heydrich, Chef im Reichssicherheitshauptamt, gezeigt. Heydrich, einer von Hitlers schlimmsten Schergen, starb 1942 bei einem Attentat durch tschechische Partisanen. Kritische Distanz zu NS-Größen erfahren die HDJ-Kinder nicht, deshalb schrieben sie brav zur NS-Ausstellung: »Hier beeindruckten uns die Uniformen, ein Originalwagen und vor allem Schachfiguren, die aus Brotteig gefertigt waren.« Holles Bruder Ragnar Böhm gehörte der Skinhead-Szene an und betreibt seit Jahren in Schleswig-Holstein zwei Bekleidungsläden, die als Treffpunkte der rechten Szene gelten.

Für die HDJ sind Familiengemeinschaften, sogenannte Sippen, ein zentrales Element. Ähnlich wie bei der verbotenen *Wiking-Jugend*, warnt das Berliner Landesamt für Verfassungsschutz, ziele das Lebensbund-Konzept der HDJ darauf ab, ein »neonazistisches lebensweltliches Freizeitangebot für die ganze Familie« zu bieten. Die Familie ist nach völkischen Vorstellungen von Gemeinschaft die kleinste Einheit von Personen. Die Partnerwahl findet oft innerhalb der Gemeinschaft der HDJ statt. Der »Gedanke der Familiengemeinschaft« wird an einigen »Sippen«

in der Organisation deutlich. Diese engagieren sich seit Generationen in der völkischen Jugendarbeit, sei es im BHJ, der *Wiking-Jugend* oder in der HDJ. Ähnlich wie die Böhms bringen sich auch die Familienverbände Nahrath (Stolberg), Börm (Lüneburg), Berg (Toppenstedt) oder Ulrich (Detmold) generationsübergreifend in die rechte Szene ein. »Manche Ehepaare sind schon als Kinder gemeinsam auf Fahrt und Zeltlager gefahren. Eltern, die früher selbst einmal bei uns gewesen sind, schicken heute ihre Kinder auf unsere Lager«, prahlt die HDJ auf ihren Internetseiten. So wuchs und wachse die »volkstreue Familie in Deutschland seit Generationen«.

Rechtsextremismus-Experte Gideon Botsch, Politikwissenschaftler am Moses-Mendelssohn-Zentrum in Potsdam, vermutet, dass viele Kinder wegen ihrer Eltern – auf deren Druck und im Widerspruch zu ihren eigenen Wünschen – in diesen Verband eintreten. Denn trotz nahezu geschlossener brauner Parallelwelt sind viele junge HDJler nebenher noch im vorpolitischen gesellschaftlichen Leben integriert. Sie sind häufig Mitglied in Fußballclubs oder Kampfsportvereinen. Experten befürchten über diese Kontakte aber auch eine mögliche rechte Infiltration der betroffenen Vereine.

Beruflich sind die Neonazis der HDJ eher im Mittelstand anzutreffen; sie arbeiten als Handwerker, Ingenieure oder Rechtsanwälte, viele Frauen in sozialen Berufen als Altenpflegerin oder Erzieherin. Dennoch gewinnt die Außenwelt kaum Einblick in die internen Strukturen der HDJ, die Neonazi-Organisation schottet sich sektenähnlich ab. »Die HDJ lässt sich am ehesten als ein Familienclub verstehen, der den Nationalsozialismus als einen geschlossenen lebensweltlichen Komplex organisiert«, beschreibt Michael Weiß vom Antifaschistischen Pressearchiv in Berlin das rechte Phänomen. Die HDJ ermahnt dabei national denkende Eltern, nicht zuzulassen, dass »linke Pädagogen« und Massenmedien mehr und mehr »zu Ersatzeltern in diesem Staat« würden. Selbstbewusst wollen die Neonazi-Erzieher mit scheinbarer Lagerfeuerromantik ihr Weltbild dagegensetzen. Dabei gelingt es den HDJ-Anhängern immer wieder, auf kommunale Einrichtungen wie Jugendherbergen, Selbstversorgerhäuser oder Grillhütten für ihre politischen Zwecke zurückzugreifen. Oft melden sie sich als harmlose Pfadfindergruppe an. Sehr aktiv sind zurzeit die HDJ-Gruppen in Mecklenburg und in Vorpommern, in Brandenburg, Hessen und seit neuestem in Sachsen. Bisher hinterfragten auffällig wenige Verpächter von Unterkünften und Grundstücken den militärischen Hintergrund der »Heldengedenken« für deutsche Soldaten, Leistungsmärsche mit Gepäck oder Morgenandachten mit Antreten und Strammstehen von Kindern. Ansonsten hätten Polizei und Behörden sicherlich eher von den bundesweiten Umtrieben der HDJ Kenntnis erhalten.

In Eschede, am Rande der Lüneburger Heide, herrschen dagegen klare Verhältnisse, denn Landwirt Joachim Nahtz ist selbst NPD-Mitglied und steht der völkischen Erziehertruppe wohlwollend gegenüber. Sein Sohn steigt in grüner Arbeitshose vom Trecker und läuft über den Lagerplatz auf befreundete Kameraden zu, um ein Schwätzchen zu halten. Nahtz' Ehefrau zeigt den Gästen, wohin sie die Wasserschläuche verlegen können. Es wird organisiert und getan, als wenn es die Außenwelt gar nicht gäbe. Regenschauer, Nebel oder Polizeihubschrauber hätten ihnen nichts anhaben können, schreibt HDJ-Bundesführerin Holle Böhm später begeistert im »Funkenflug«. Sie lobt die fleißige Arbeit ihrer Anhänger und erfreut sich an der »Auftanzschlange beim Bunten Abend«. Denn trotz Anwesenheit einiger entfernt stehender Beobachter kann das Pfingstlager auf grüner Wiese stattfinden, versteckt gelegen zwischen Waldstücken und verborgen hinter hohen Getreidepflanzen. »Den Mais habe ich extra nicht gemäht«, berichtet der NPD-Bauer stolz.

HDJ-Teilnehmer waren aus dem gesamten Bundesgebiet angereist, auch aus Bayern, Berlin und Sachsen. Die »HDJ-Einheiten Hessen, Preußen, Schwaben, Franken, Nordland, Hermannsland, Niedersachsen, Mecklenburg und Pommern« halten regelmäßig bundesweite Lager ab, zwischendurch konzentrieren sie sich auf regionale Aktivitäten. Die Kinder sollen unter strenger Führung die deutsche Heimat kennenlernen. Lager-Profis der Organisation sorgen für einen reibungslosen Ablauf. Kinder und Jugendliche werden rund um die Uhr beschäftigt, mit Sport, Geländespiel, Wettkampf, Tanz und theoretischen Schulstunden, in denen Runenkunde oder die Grenzen von 1937 gelehrt werden. Ihnen wird eingeimpft, Fremdsprachen zu vermeiden. Aus Pizza wird so Gemüsekuchen und aus Internet Weltnetz mit Heimatseiten statt Homepages. Dafür lernen sie Schimpfworte für die verhasste Demokratie, zum Beispiel »krankes System«, »Gesellschaft der Umerzieher« oder »BRDisten«. In eigens entworfenen Kreuzworträtseln tauchen vorrangig Fragen auf wie: »Hauptstadt Schlesiens?« oder »Führer des letzten Deutschen Reiches?«

»Wer auf Lagern Zeit zum Lesen findet, tut mir wirklich aufrichtig leid«, schreibt Holle Böhm im »Funkenflug«. Sie lehnt es ab, dass Jugendliche sich aus der Gemeinschaft ausklinken, um zwischendurch mal für sich allein mit Kopfhörern Musik zu hören, weil damit »das Band zu den Kameraden« durchschnitten werde. Böhm, selbst in straff hierarchisch ausgerichteter Familie mit strenger »Stammmutter« erzogen, mahnt ihre Zöglinge, in den Lagern bestehe die beste Möglichkeit, »für kurze Zeit ein Leben nach unserer Art« zu führen, da bewirke Musik aus der Konserve einen »zerstörenden Bruch«. Zum Beispiel gilt der bei Jugendlichen beliebte Hip-Hop in der HDJ als »schwarze Un-Kultur«. Auch damit haben sich HDJler im »Funkenflug« bereits auseinandergesetzt. So glaubt man fest daran, »diese Entartung« werde sich – wie viele andere Erscheinungen der amerikanischen Gesellschaft auch – »erledigen«, denn »sobald die Jugend wieder erkennen wird, wo ihre kulturelle Wurzel liegt, wird sie nicht nur die Symptome beseitigen, sondern den ganzen Virus«. Die Erzieher der HDJ überlassen nur ungern etwas dem Zufall. Sie beschäftigen sich intensiv mit Kindergarten und Schule und erstellen Regeln, »wie man kritisch und sachlich im Unterricht mit linken Lehrern und gehirngewaschenen Mitschülern umgeht«. HDJ-Kinder werden aufgefordert, in der Schule offen die Konfrontation zu suchen und Gegenpositionen zu vertreten. Sie sollen Lehrer und Mitschüler mit Gegenfragen »aus der Reserve locken« und so aus »speziellen Themen Grundsatzdiskussionen« machen. Toleranz gilt bei den Neonazi-Erziehern als ein Begriff für »Feige, Schwache und Menschen ohne wirkliche Überzeugungen«.

Der psychische Druck muss für viele Kinder unerträglich sein. Mit so hohen Erwartungen konfrontiert, sollen sie einerseits gegenüber Eltern und politischer Organisation, andererseits in der Schule »funktionieren«. Tanja Privenau gehörte der braunen Szene über 20 Jahre lang als Funktionärin in zahlreichen Gruppierungen an. Ende 2005 stieg sie aus. Sie bekam einen neuen Namen und lebt heute mit ihren Kindern an einem geheim gehaltenen Ort. Erfahrungen mit der HDJ sammelte sie, als zwei ihrer fünf Kinder an deren Lagern teilnahmen. Viele der HDJ-Fürsorger kannte sie zuvor bereits aus den Reihen von NPD, »Freien Kameradschaften« oder der rassistischen Sekte *Artgemeinschaft – Germanische Glaubens-Gemeinschaft.* Ihrer Meinung nach gehört es »zum guten Ton« innerhalb des rechten Spektrums, die Kinder ab dem siebten Lebensjahr der HDJ zu übergeben. »Jeder, der in der Szene was auf sich hält«, so Privenau, der »schickt seine Kinder dorthin«. Auch im Hause Privenau ging es damals volkstümlich zu, schon die Mädchen trugen nur Röcke. Jeans waren tabu. »Das war oft peinlich«, gestand ihre Tochter Ulrike [Name geändert] später gegenüber einer Tageszeitung. Bei der HDJ mussten die Mädchen alle Arbeiten in Röcken verrichten und sie sogar bei Fußmärschen und Kletteraktionen tragen. Die Kleidung erinnerte an die Uniformen des Bundes Deutscher Mädel (BDM). Kinder wie Ulrike lebten damals in zwei Welten. Über die Lagerbesuche am Wochenende hatten sie gegenüber Mitschülern Schweigen zu bewahren. Die Angst, sich zu verplappern, sei immer präsent gewesen, daran erinnern sich Mutter und Tochter Privenau noch genau.

Aber in der Regel leben viele der braunen »Sippen« eher in der Abgeschiedenheit. Die Kinder wachsen vor allem im Kreise Gleichgesinnter auf. Irgendwann sei es dann selbstverständlich gewesen, erzählte Tanja Privenau gegenüber dem ARD-Magazin »Panorama«, dass es geheißen habe: »Deine Kinder sind jetzt so weit, du schickst sie doch in die Heimattreue Jugend!« Nur über die Aufnahme ihres ältesten Sohnes seien rassistisch geprägte Erzieher wie Manfred Börm aus Lüneburg wenig begeistert gewesen, berichtet Privenau wütend – der Junge ist geistig behindert. »Eine Katastrophe«, habe Börm, ehemaliger Gauführer der *Wiking-Jugend* und jetziger HDJ-Aktivist, dessen Aufenthalt gleich zu Beginn genannt. Danach sei es dem Jungen in den Lagern nicht gut ergangen. Ihren Erfahrungen nach sei die HDJ »noch militanter« als die *Wiking-Jugend*, »kraftstrotzend und kämpferisch« gäben die sich. »Schwache Menschen« hätten da keinen Platz.

»Mein Glaube ist Kampf« ist einer der Leitsätze der *Heimattreuen Deutschen Jugend*, wie sie im »Funkenflug« Jahr für Jahr veröffentlicht werden. Weiter heißt es dort: »Unser Glaube darf nicht mit Hoffen verwechselt werden. Hoffen bedeutet demütige Schicksalsführung«, und nur die Schwachen würden »ihr Heil erwarten«. HDJler aber »kämpfen, weil wir gestaltend wirken wollen«, denn es sei kein »erklärtes Schicksal, als Deutsche in Ketten zu leben«.

Ebenso wie die *Wiking-Jugend* treten Anhänger der HDJ immer offener aggressiv auf. Eine Reihe von Übergriffen gegen Journalisten seit 2006 belegt den grundsätzlichen Hang zur Gewaltbereitschaft. Dass diese Haltung durchaus auch gegen die bestehende verfassungsmäßige Ordnung gerichtet sein könnte, verdeutlicht ein Zitat aus der Rede des Neonazis Ralph Tegethoff beim »Märkischen Kulturtag«, der von der HDJ und der *Berliner Kulturgemeinschaft Preußen* unter Wolfram Nahrath organisiert wird. Der fünfte »Märkische Kulturtag« 2005 fand konspirativ im Raum Berlin-Brandenburg statt und stand unter dem Motto: »Vergangenheit achten, Gegenwart meistern, Zukunft erkämpfen!« Ein Adler zierte das weinrote Banner über der Bühne. Fanfaren erklangen. Wolfram Nahrath trat im Anzug auf die Bühne und begrüßte die Anwesenden, darunter zahlreiche Kinder und Jugendliche. »Alles ist im Fluss«, erklärte der ehemalige Bundesführer der verbotenen *Wiking-Jugend* beschwörend, »die Zukunft ist der biologische Bestand unseres Volkes«. Nahrath warnte in HDJ-Manier: »Versagen in der Gegenwart die Guten, also wir, so werden die Schlechten den Sieg erringen und unser Volk beherrschen!« Ein Satz, den HDJ-Bundesführer Räbiger in ähnlicher Form als Leitsatz für das Jahr 2006 verkündete. Nach kleinen Theatereinlagen und einstudiertem Sprechgesang begann Tegethoff als Gastredner seinen Vortrag. Laut bellte er ins Mikrofon, sprach von neuen Möglichkeiten, »breiteren Schichten unseres Volkes zu sagen, dass dieses System keinen Fehler hat – denn dieses System ist ein Fehler – und wir sind angetreten, um dieses System abzuschaffen«. Tegethoff und seine Anhänger wollen die Demokratie nach eigenen Angaben durch einen angeblich »freien deutschen Volksstaat« ersetzen.

Eine deutliche Sprache, die in der HDJ verstanden wird. In einer internen Einladung norddeutscher HDJ-Einheiten zur »Sonnenwende Sommer 2007« hieß es: »Die Sonnwendfeuer sollen auf allen deutschen Höhen erzündet werden, als Zeichen, unsere schlummernde Kultur wieder zum Leben zu erwecken und dieses kranke System zu beseitigen.« Die Brauchtumsfeier im »Raum Osnabrücker Land« koste für jeden »5 Teuro«. Teilnehmer hätten »in Kluft zu erscheinen«. Die heidnisch geprägte Veranstaltung fand Mitte Juni 2007 in dem kleinen Dörfchen Dratum-Ausbergen bei Melle statt. Unter den rund 40 angereisten HDJ-Anhängern aus Norddeutschland waren neben vielen Kindern auch NPD-Funktionäre. Der gelernte Maurermeister Manfred Börm aus Lüneburg, Jahrgang 1950, gehört seit Jahren dem Bundesvorstand der NPD an. Er baute den parteieigenen Ordnungsdienst auf, eine als gewaltbereit geltende Truppe, die aus vielen verurteilten Neonazis besteht. Börm selbst wurde Ende der 70er Jahre zu sieben Jahren Haft verurteilt, weil er gemeinsam mit anderen Kameraden ein NATO-Depot in Bergen-Hohne in der Lüneburger Heide überfallen hatte. In der *Einheit Niedersachsen* kümmern sich Börm und seine Familie um die ideologische Erziehung der Kinder von Gleichgesinnten. Börms Kinder sind bereits in die Fußstapfen des Vaters getreten: Der Sohn, der 2007 seinen Grundwehrdienst ableistete, hat mit zur konspirativen Sonnenwendfeier eingeladen.

Schnell sind die weißen Rundzelte auf einer Wiese am Fuße eines Hügels aufgebaut. Ein größeres Zelt soll Platz zum Tanz bieten. Viele Jungen sind blond, sie tragen die Haare artig gescheitelt. Sie sammeln im Wald Holz für das große Lagerfeuer. Anwohner schauen vorsichtig über den Gartenzaun. Autofahrer, die den kleinen Feldweg neben den Zelten als Abkürzung benutzen, verlangsamen die Fahrt und blicken neugierig zum Geschehen auf der Wiese hinüber. Doch an diesem Wochenende wurde nichts aus der geplanten neuheidnischen Feierstunde in freier Natur. Gegen 19 Uhr rückte die Osnabrücker Polizei mit mehreren Fahrzeugen an. Der Vermieter des Grundstücks hatte erst jetzt vom politischen Hintergrund der Aktivitäten erfahren und seine Zusage zurückgezogen. Wütend wurden die gerade errichteten Zelte wieder abgebaut und in den bereitstehenden Kleinbussen verstaut. Christian von Velsen, NPD-Mitglied aus Georgsmarienhütte, beschwerte sich lautstark beim Einsatzleiter der Polizei, das Ganze sei eine »private Veranstaltung und habe nichts mit der HDJ zu tun« – er vergaß jedoch die wehende Fahne der Organisation, die fest im feuchten Boden steckte.

Die rechten Aktivisten fuhren daraufhin im Konvoi Richtung Georgsmarienhütte. Im Stadtteil Harderberg betreibt die NPD ein eigenes »nationales Haus«. Die Kameraden vor Ort wurden per Handy informiert, dass die völkischen Erzieher der HDJ dringend ein Ersatzquartier benötigten. Am Eingang zum NPD-Gelände standen bereits Glatzköpfe aus der Region Wache und nahmen die ankommenden Kameraden mit Familien in Empfang. Die beiden HDJ-Aktivisten der *Einheit Hermannsland* in Detmold, Christian von Velsen und Christian Fischer, kontrollierten das Geschehen. Die Polizei hielt sich zurück, nur zwei Beamte einer Zivilstreife beobachteten aus der Ferne das Geschehen. Journalisten war der Zutritt verweigert. Versteckt hinter hohen Hecken und Bäumen schlugen die HDJ-Anhänger und deren Schützlinge ihre Zelte erneut auf. Nur der Verkehrslärm der nahen Schnellstraße konnte die anheimelnde Stimmung ihrer neuheidnischen Brauchtumsfeier noch stören.

Gegen Velsen und Fischer ermittelt die Osnabrücker Staatsanwaltschaft wegen »Bildung einer bewaffneten Gruppe«. Fischer ist sogenannter Stützpunktleiter der NPD in Vechta und Mitglied des Ordnungsdienstes von Manfred Börm. Bei einer Razzia Ende April 2007 im nordwestlichen Niedersachsen und in Nordrhein-Westfalen beschlagnahmte die Polizei ein reichhaltiges Waffenarsenal bei 26 rechtsextremen Teilnehmern eines »paramilitärischen Sommercamps«. Bei der Aktion stellten die Beamten Kleinkalibergewehre, Totschläger, Wurfsterne, zwei Fallbomben, eine entschärfte Flugabwehrrakete, Schlagringe und Macheten sicher. Einige der aufgefundenen Waffen verstießen gegen das Kriegswaffenkontrollgesetz, so die Fahnder. Bei zehn weiteren Razzien im August 2007 suchten die zuständigen Beamten eine Rohrbombe. Auf zuvor beschlagnahmten Datenträgern war die Anleitung zum Bau sowie Fotos der Bombe aufgetaucht. Die Suche blieb erfolglos.

Die beiden HDJ-Aktivisten Velsen und Fischer gehörten 2006 zu den Erziehern beim großen Sommerlager der *Heimattreuen* in Fromhausen mit rund 120 Kindern und Jugendlichen. Nur wenige Wochen zuvor hatten sie nach Erkenntnissen der Polizei ihr »paramilitärisches Lager« mit 26-köpfiger »Lagermannschaft« an der holländischen Grenze in Wilsum durchgeführt. Dieses Lager fand nach Neonazi-Informationen unter dem Motto »Leben ist Kampf« statt. Die Veranstalter warben später im Internet: Man wolle »jungen Nationalisten vor allem neue Kraft geben, um sich dem maroden System der BRD weiterhin entgegenzustellen«. Fotos vom Lager, die von der Staatsanwaltschaft

Osnabrück veröffentlicht wurden, zeigen makabre Inszenierungen und Posen im Söldner-Stil, Scheinhinrichtungen und Männer in Tarnkleidung, die am Tisch sitzend schießen. Auf einem Foto drückt eine Person einer anderen eine Machete an den Hals. Einem anderen wird ein Waffenlauf in den Mund gehalten. Es sind Zelte, Schilder und Gegenstände zu erkennen, die Aufschriften wie »Leibstandarte«, »Hitlerjugend« oder »Entlausungsmittel« tragen. »Diese Bilder zeigen, dass es sich nicht nur um ein harmloses Pfadfinderlager handelte«, warnte der Osnabrücker Staatsanwalt Alexander Retemeyer während der Pressekonferenz im April 2007.

Ebenso wie die *Wiking-Jugend* pflegt auch die *Heimattreue Deutsche Jugend* einen militärischen Umgang mit Kindern. Anwohner im nordrhein-westfälischen Detmold berichten von Exerzierübungen mit Jugendlichen in einem Waldstück. Beim dortigen Sommerlager der HDJ 2006 hatten ein Mädchen und ein Junge in Uniform neben einer großen Lebensrune aus Holz strammzustehen. Die Staatsschutzabteilung der Polizei in Aschaffenburg hat Kenntnis von »Wehrübungen« im Landkreis Miltenberg. Dort lebt die Familie von Dirk Nahrath, dem ehemaligen »Gauführer Franken« der verbotenen *Wiking-Jugend*. Im fränkischen Obersinn bei Gemünden beobachteten Dorfbewohner, wie Jungen und Mädchen in Marschkolonne und mit Fahne durch den Ort zogen. 2005 wurde Anzeige gegen den NPD- und HDJ-Aktivisten Sven Ringmayer erstattet, als in seinem Ferienhaus in Obersinn Nazi-Symbole »zur Schau gestellt« wurden. In der Urteilsbegründung gegen den Neonazi betonte der verhandelnde Richter: »Ein Bild von Adolf Hitler in Ihrer Küche bringt Ihre Gesinnung ganz gut zum Ausdruck.« Die Frankfurter Familie Ringmeyer gehört zu den führenden Aktivisten der *Einheit Hessen*, die eng vernetzt mit fränkischen und schwäbischen Neonazis agieren.

Auch in einem anderen Fall wurde die Polizei gerufen. Dem Geschäftsführer der Herberge in der fränkischen Burg Hohenberg waren beim Winterlager der HDJ Ende 2006 die uniformierten Wachen am Eingang vor dem Tor aufgefallen. »Ich bin ja ein grundkonservativer Mensch, aber das ging zu weit«, sagt der Betreiber, »das hatte einen militärischen Charakter.« »Halt! Stehenbleiben!«, hätten ihn die jugendlichen Wachen aufgefordert. »Und das Schlimme war, sie hatten alle genau denselben

Neonazis stellen bei einem paramilitärischen Camp an der holländischen Grenze 2006 eine Hinrichtung nach und hantieren mit Waffen.

Ton«, berichtet er. Als der Hausherr sich vorstellte und nach-
hakte, was das solle, bekam er zu hören: »Sie sind nicht berech-
tigt, uns eine Frage zu stellen!« Der Geschäftsführer informierte
die Polizei, aber die hob nur die Schultern und sagte, das sei ein
eingetragener Verein, »da könne man nichts machen«. Am meisten erschütterten den Herbergsbetreiber die Bilder von den Kindern, die frierend in Uniform hätten Fahnenwache schieben
müssen und trotz der Kälte nicht hätten reinkommen dürfen.
»Die wollten ihre Kinder eindeutig abhärten«, erinnert er sich
heute.

Im Landkreis Ansbach organisiert die Tochter des mehrfach
verurteilten NPD-Liedermachers Frank Rennicke HDJ-Aktivitäten. Am Pfingstlager 2007 in Eschede nahmen auch Aktivisten
der *Freien Nationalisten Rhein-Main* teil, einer Kameradschaft,
die vom hessischen NPD-Chef Marcel Wöll aus Butzbach angeführt wird. Einige von ihnen sorgten kurze Zeit später für Schlagzeilen, als bekannt wurde, dass sie an Schießübungen in der
Schweiz teilgenommen hatten.

Am 9. Juni 2007 marschierten HDJ-Anhänger in voller Kluft
durch die Stralsunder Straße im brandenburgischen Oranien-
burg. Daraufhin erfolgten Hausdurchsuchungen in Brandenburg,
Berlin und Dresden, bei denen Uniformen der *Heimattreuen
Deutschen Jugend* sichergestellt wurden. Bei den Betroffenen
soll es sich nach Behördenangaben um teils verurteilte Anhänger der im März 2005 verbotenen *Kameradschaft Tor* aus Berlin
handeln, die sich offen zum Nationalsozialismus bekannten und
heute ein neues Sammelbecken in der HDJ zu finden scheinen.

Kurze Zeit später schlug das Bundesinnenministerium in Berlin zu und untersagte der HDJ nach Paragraph 3 des Versamm-
lungsgesetzes, Uniformen zu tragen. Sebastian Räbiger ging mit
Hilfe von Wolfram Nahrath juristisch dagegen vor. Bisher ohne
Erfolg, wie die »tageszeitung« Mitte Oktober 2007 berichtete.
Denn eine Gesamtschau der HDJ-Aktivitäten habe gezeigt, dass
»die politische die jugendpflegerische Betätigung überwiegt«, so
eine Ministeriumssprecherin gegenüber der Zeitung. Nach eigenen Angaben bedeuten Uniformen mit Rangabzeichen und Sym-
bolen für die HDJ, »dass wir unserem Deutschen Reich verschworen sind«.

Spätestens seit 2007 wird die HDJ vom Bundesamt für Verfassungsschutz beobachtet. Immerhin, denn noch im Juni dessel-

ben Jahres hatten die Bundesbehörden erklärt, nicht zuständig zu sein, da die Neonazi-Organisation »formal« nicht bundesweit aktiv sei. Die bayerische Landesregierung bestätigte im Oktober 2007 jedoch, dass ein »Informationsaustausch der Sicherheitsbehörden im gesamten Bundesgebiet stattfindet«. Bis 2006 hatten von allen Landesämtern für Verfassungsschutz einzig Berlin und Brandenburg vor den Aktivitäten der HDJ gewarnt. Jetzt ist auch in Hannover oder München bekannt, dass die HDJ »ein neonazistisch ausgerichteter Jugendverband« ist, der ein »rechtsextremistisches Weltbild« vermittelt. Den Behörden entging jedoch, dass sich die HDJ über Silvester 2007 mit 114 Anhängern in einem Turner- und Jugendheim in St. Goarshausen – als »Familien- und Jugendgruppe« getarnt – einquartierte. Wieder fiel den Betreibern der straff hierarchische Charakter des einwöchigen Lagers auf: »Es war alles sehr paramilitärisch.« Auch hätten die Teilnehmer uniformähnliche Kleidung getragen. Trotz Verbotes?

Die Anführer der HDJ fürchten eine mögliche Verbotsinitiative der Behörden, höhnen aber im »Funkenflug« über »den mächtigsten Rollstuhlfahrer der Republik« und »Pressekreaturen«, die ihnen die Arbeit schwermachen. Nicht ganz ins selbstbewusste Bild dagegen passt der Rücktritt des stellvertretenden Bundesführers der HDJ, Laurens Nothdurft. Ende 2006 hatte er noch das große Winterlager auf der Burg Hohenberg bei Wunsiedel mit rund 90 Kindern, Jugendlichen und Betreuern als »Pfadfinder-Familientreffen« angemeldet. Wenige Monate später legte der angehende Jurist sein Amt wohl nicht nur aus »familiären Verpflichtungen« nieder – er strebt eine juristische Karriere in Berlin an.

153

Christian Dornbusch · Jan Raabe

»Protestnoten für Deutschland«

Schulterschluss der NPD mit der Rechtsrock-Szene –
Rechtsrocker und »nationale Barden« – Werbung
auf dem Schulhof – Braunes Merchandising –
Konzert als Integrationsevent – Politik und Party

An langen Biertischen sitzen junge Männer und Frauen, schwat-
zen, lachen, trinken Bier – alkoholfreies Bier, anderes schenkt
die NPD auf dem Sommerfest nicht aus. Trotzdem sind rund
500 junge Leute an diesem sonnigen Augusttag 2007 nach Sangerhausen im Süden Sachsen-Anhalts gereist. Auf einer Wiese
ist eine große Bühne aufgebaut. Am Rande des Areals direkt an
einer Autobahnausfahrt der A 38 reihen sich Verkaufs- und In-
fostände aneinander. T-Shirts und Pullover mit bunten Aufdrucken und Dutzende verschiedene Buttonmotive bieten sie neben
Rechtsrock-CDs und Szenezeitschriften an. Wie ein Ewiggestri-
ger sieht hier kaum jemand aus. Ein junger Mann flaniert an den
Auslagen vorbei. »Hasta la Vista Antifascista« prangt in ge-
schwungenen weißen Lettern auf seinem modischen »T-Hemd«,
wie diese Form der Oberbekleidung in der extrem rechten Szene
heißt: »Auf Wiedersehen, Antifaschist«, darunter zwei gekreuzte
Revolver. Unweigerlich weckt die Drohung Assoziationen an
den Kinofilm »Terminator«. In dessen zweiten Teil mit dem Titel
»Tag der Abrechnung« vernichtet der von Arnold Schwarzenegger gespielte Killerroboter T-800 seine Kontrahenten: »Hasta
la vista, baby!«, kommentiert Schwarzenegger lakonisch – ein
Satz, der Filmgeschichte schrieb.

Am Informationsstand der *Jungen Nationaldemokraten* (JN)
spricht unterdessen eine junge dunkelhaarige Frau ein interes-
siert schauendes Pärchen an. Ihr Outfit steht in krassem Gegensatz zum Erscheinungsbild jener Aktivisten der völkisch-nationalistischen *Gemeinschaft Deutscher Frauen*, die sich einige
Stände weiter um die Kinderbetreuung kümmern. Dort bieder
uniformiert wirkende Rock und Bluse, hier modisch coole knie-
lange Cargohose nebst vierreihigem Nietengürtel und weißem

Männerunterhemd. Ansatzweise lässt sich eine Tätowierung erkennen, die sich vom Ausschnitt abwärts zum Bauch zieht. »Sucht ihr was?«, fragt die gestylte junge Frau das Pärchen: »Wir haben gerade etwas Neues reinbekommen«, sagt sie und zieht ein modisch geschnittenes blaues T-Shirt hervor. Über einem zerlaufenden rosa Farbklecks findet sich das Bekenntnis: »Kein Bock auf Kapitalismus«. Die Buchstaben des Wortes Kapitalismus bröckeln. Daneben ein Vermummter, nur die Augen sind unter der Baseballkappe zu erkennen, sowie das Logo der NPD-Jugend. Darunter der Slogan: »Antikapitalistisch, Revolutionär, Sozialistisch«. Die angesprochene junge Frau hält sich das T-Shirt an und wendet sich ihrem Freund zu. »Sieht gut aus!«, nickt der anerkennend: »Wenn du es willst … komm, ich zahle es.«

In Riesenschritten haben NPD und JN in den letzten Jahren Anschluss an die Jugend- und Musikszene der extremen Rechten gesucht – und sie haben ihn gefunden. Als die Partei 1964 in Hannover gegründet worden war, bestand sie vor allem aus ehemaligen Parteigenossen der NSDAP und Nationalkonservativen, die Marsch- und Volksmusik liebten, denen aber die Kultur der Nachkriegszeit – Jazz und Rockmusik – fremd war. Selbst in den 90er Jahren konnten viele in der NPD nichts mit Skinheads, ihrem Habitus und ihrer Musik anfangen. Erst unter dem Vorsitzenden Udo Voigt öffnete sich die Partei für jene, deren betont antibürgerlicher Gestus die älteren Mitglieder eher abgeschreckt hatte. Bewusst ging die NPD auf Tuchfühlung zum Skinhead-Spektrum, ein Anlaufpunkt dafür wurde der neu initiierte »Tag des nationalen Widerstands« mit Redebeiträgen und Musikeinlagen.

»Wir haben die nationale Jugend hinter uns«, verkündete Voigt auf dem ersten Tag dieser Art 1998. Rund 4000 vorwiegend junge Sympathisanten waren nach Passau in die Nibelungenhalle gekommen. Zwei Jahre später waren es bereits mehr als 5000 Anhänger. Für die »Jugend« hatte die Partei eine Legende des Rechtsrock eingeladen – Steve Calladine. Unter seinem Künstlernamen »Stigger« gehörte der heutige Solomusiker einst zur Besetzung der neonazistischen britischen Skinhead-Band *Skrewdriver*. Deren 1993 verstorbener Frontmann Ian Stuart Donaldson ist bis heute die Ikone dieses Musikspektrums.

»Die britische Kult-Band Skrewdriver hat zeitweilig viel zum Erfolg der National Front beigetragen«, hob 1999 das Neonazi-Magazin »Hamburger Sturm« im Gespräch mit Udo Voigt hervor. Ian Stuart, wie er in der neonazistischen Musikszene stets genannt wird, war Mitglied der neonazistischen britischen Partei. Seine Band hatte Anfang der 80er Jahre eine Reihe von Auftritten für die *National Front* absolviert. »Kannst du dir vorstellen, daß eine oder mehrere deutsche Bands für die NPD eine ähnliche Rolle spielen?«, fragte das 2000 verbotene Magazin »Hamburger Sturm« den Parteivorsitzenden Voigt. »Wenn deutsche Gruppen sich in Zukunft dazu überwinden könnten, sich positiv über die NPD zu äußern, Musik für die NPD machen würden oder sich in ihren Beiträgen für die NPD engagieren würden, könnte ich mir vorstellen, daß ihnen diese Schlüsselfunktion zukommen könnte«, orakelte Udo Voigt.

Manche überwanden sich, wie Michael Regener alias »Lunikoff«. Der Sänger der neonazistischen Berliner Band *Landser* machte sich für die NPD stark. 2003 wurde Regener zu drei Jahren und vier Monaten Gefängnis verurteilt. Das Berliner Kammergericht hatte die Gruppe als kriminelle Vereinigung eingestuft, deren Mitglieder willentlich in ihren Songs zu Straftaten aufriefen. In einer Passage des Liedes »Rock gegen ZOG« heißt es unmissverständlich: »Kunst ist eine Waffe für gewaltbereite Musikanten.« Das Kürzel »ZOG« steht in der Nazi-Szene für »Zionist Occupied Government«, auf Deutsch »Zionistisch besetzte Regierung«. Noch während des Prozesses gründete Regener eine neue Band: *Die Lunikoff Verschwörung.* Drei CDs veröffentlichte er bis zu seinem Haftantritt am 11. April 2005 – darunter den Live-Mitschnitt eines Konzertes vom November 2004 im ostsächsischen Mücka, das die NPD ermöglicht hatte. Kaum saß die Partei nach dem Wahlerfolg vom September 2004 im Sächsischen Landtag, meldete die Jugendorganisation Veranstaltungen unter dem Motto »Singen und Tanzen für Deutschland« an – ein Dank an die Wählerschaft, hatten doch 16 Prozent der 18- bis 24-Jährigen NPD gewählt.

Zwischen Selbststilisierung und Mythisierung deutscher Frontsoldaten redet »Lunikoff« Tacheles: »Mundschutz und Schienbeinschoner gehören zu unserer Garderobe. (…) wir sind die Jungs fürs Grobe«, singt er in einem Lied, und in einem anderen heißt es: »Wenn es den feinen Herrschaften in ihren

Villen graust, dann kommt mit Karacho Rock'n'Rollocaust. Die Lunikoff Verschwörung, die Kapelle ohne Gnade, fährt dieser Republik volles Programm in die Parade.« Offen bekennt die Band: »Wir lieben unser Land, aber wir hassen diesen Staat. Wir werden sie noch aufgehen sehn, unsere Saat. Und dann gibt es keine Gnade, unser Hass ist viel zu groß.« Und in dem Lied »Unsere besten Leute«, dessen Text im Begleitheft zur CD mit dem Logo der NPD hinterlegt ist, drohen sie: »Schröder, Schily, Fischer sind unsre besten Leute. (…) Sie treiben uns die Wähler scharenweise zu. Jetzt sitz ich vor der Glotze und bin es, der frech grient, sie erhöhen sich die Diäten, Mensch Jungs, ihr habt's verdient. Denn ihr seid Deutschlands Hoffnung, auch wenn ihr das nicht wollt. Heute rollt für euch der Rubel, ratet mal, was morgen rollt.«

Unter Jugendlichen und jungen Erwachsenen der neonazistischen Szene ist »Lunikoff« ein Star. Über seinen Kultstatus ist sich die NPD bewusst und weiß ihn strategisch einzusetzen. Unter dem Motto »Freiheit für Lunikoff – Lasst unsere Kameraden raus« mobilisierte die Berliner NPD im Oktober 2006 in die »Reichshauptstadt«, wie die Metropole an der Spree in der Szene bezeichnet wird. Knapp 1000 Neonazis marschierten vor dem Gefängnis im Stadtteil Tegel auf, um »Lunikoff« zu huldigen, unter ihnen auch Udo Voigt. Der NPD-Vorsitzende nutzte den Anlass, um einige Worte an das durchweg junge Publikum zu richten: »Kameraden und Kameradinnen, ich bin […] davon überzeugt, dass wir in den nächsten Jahren und Jahrzehnten in diesem Land die politische Verantwortung übernehmen werden, denn wir haben die Jugend, wir haben eine Vision, wir können heute sagen mit Fug und Recht: ›Drei Jahre nationale Politik in Deutschland und kein Deutscher ist mehr arbeitslos.‹ (…) Werte Freunde, der Wind dreht sich. Wir bekommen immer mehr Rückenwind.« Und beinahe väterlich-versöhnlich beendete Voigt seine Rede: »Ich weiß, ihr seit heute hergekommen, nicht um Reden zu hören, sondern um Musik zu hören und um zu dokumentieren: Freiheit für Lunikoff, Freiheit für alle Nationalisten!« Im Anschluss an Voigts Auftritt erklomm die Göttinger Band *Agitator* die improvisierte Bühne – nach der kurzen musikalischen Einlage verhaftete die Polizei deren Sänger Oliver Keudel. In einem Lied soll er gegrölt haben: »Ich bin stolz, ein Nazi zu sein.«

Die nationalistischen Liedermacher Annett und Michael Müller (an den Mikrophonen) mit dem Sänger von Agitator *beim Soli-Konzert für »Lunikoff« vor der Haftanstalt in Berlin-Tegel 2006.*

Bereits in dem Song »Das Lied« hatte er mit seiner Band *Agitator* bekannt: »Ich bin mit Leib und Seele Nazi, und ich weiß mit Sicherheit: Für mich kann's nix Schöneres geben, ich bleib Nazi für alle Zeit!« Erschienen waren diese Ergüsse 2005 auf dem Plattenlabel W&B Records von Thorsten Heise, Mitglied im Bundesvorstand der NPD. Heise veröffentlicht auch die Elaborate des »nationalen Barden« und Parteikameraden Michael Müller, der in Bad Lauterberg im Harz lebt. »Aus dem Vergessen ...« heißt eine CD von 2006, auf der Müller »altes Liedgut« neu vertont hat. Darauf findet sich das Lied: »Uns're Fahne flattert uns voran. In die Zukunft ziehen wir Mann für Mann. Wir marschieren für Deutschland durch Nacht und durch Not. Mit der Fahne der Jugend für Freiheit und Brot [...] Deutschland! Wir gehören dir.« Im Original stammt dieser Text vom ehemaligen Reichsjugendführer Baldur von Schirach, der diese einstige Hymne der Hitlerjugend für den Propagandafilm »Hitlerjunge Quex« 1933 verfasst hatte. Da marschierte »die Jugend« indes für Hitler, nicht für Deutschland, und bekannte: »Führer! Wir gehören dir!«

»Nationale Barden«, wie Protagonisten der extremen Rechten ihre Liedermacher gern nennen, sind ein fleischgewordener

Anachronismus. Ihr Erscheinungsbild ist zumeist ordentlich und adrett, auf Sekundärtugenden wird viel Wert gelegt. Der bekannteste Protagonist dieses Genres ist Frank Rennicke. Geboren 1964 in Braunschweig, wurde er als Jugendlicher Mitglied der *Wiking-Jugend*. 1987 veröffentlichte er im Selbstverlag die Musikkassette »Protestnoten für Deutschland«. Mit sorgfältig gezogenem Seitenscheitel, Hemd und gebügelter Stoffhose gab er in den 90er Jahre ein deutliches Gegenbild zu der von Skinheads mit Bomberjacken und Springerstiefeln dominierten extrem rechten Musikszene ab und ging gezielt auf Konfrontationskurs: »Auch wenn ich mir […] Feinde mache […]: Ob Skin oder Hooligan, beides sind Modeerscheinungen, die aus England gekommen sind. Ich habe manchmal meine Schwierigkeiten, bei etlichen Vertretern dieser Gruppen ein Deutschtum zu entdecken«, postulierte Rennicke 1992 in dem neonazistischen Skinhead-Magazin »Frontal«. Bei den so Gescholtenen galt er deshalb teilweise lange als Spießer. »Was an mir ›spießig‹ sein soll, sollte man mir mal sagen. Natürlich bin ich kein Saufkumpel, halte mich mit Kraftausdrücken zurück, trage weder amerikanische Bomberjacke noch Domestos-Levis-Jeans und werde auch künftig versuchen, das preußische Wort ›mehr sein als scheinen‹ zu beachten«, hob Rennicke sechs Jahre später im Gespräch mit dem neonazistischen Magazin »Der weiße Wolf« hervor und betonte: »Weil man auch mit vierunddreißig Jahren noch kurze Hosen trägt (hatte auch die Wehrmacht), sich um die Familie sorgt (Brutpflege ist in der Natur das Wichtigste zum Erhalt der eigenen Art) und eher ruhige Töne liebt, ist man doch nicht ›spießig‹!« Aber, so schob er nach, er werde es sich nicht nehmen lassen, offen zu sein für alle, vom Skinhead bis zum Burschenschafter, vom »Jungnationalen« bis zum »Altrechten«, und fragte: Ob »diese Offenheit auch die ›coolen Typen‹ haben«?

Heute ist Rennicke ein Star in der extremen Rechten. Seine Lieder, deren Texte oft geschickt die Klippen des Strafgesetzbuchs umschiffen, haben Kultstatus. Beim Pressefest der NPD-Zeitung »Deutsche Stimme« in Sachsen grölen junge wie alte Neonazis die Texte begeistert mit. Sie triefen teilweise vor Pathos, wenn er den Hitler-Stellvertreter Rudolf Hess zum »Friedensflieger«, Helden und Vorbild für die »deutsche Jugend« verklärt. Andere Songs, wie die »Parodie auf ein Tabu-Datum«, sind animierende Schunkellieder: »Jedes Jahr zur gleichen Zeit, wenn im Frühling die Blüte treibt, feier' ich, wenn man mich noch lässt, jenes Adolfs Wiegenfest. Er war 'ne echte Persönlichkeit, wir bräuchten ihn heut' in dieser Zeit. Drum sag ich's mir und anderen dann, ein Hoch auf Adi, den Ehrenmann. (...) Immer wieder zum 20. April, ob man sich freut oder ich es nur will, erinnern sich viele Leute in diesem Land an die goldenen Jahre seiner glücklichen Hand.« Erst gegen Ende des Songs widerspricht Rennicke der Intuition, das Lied sei ein Geburtstagsständchen für den am 20. April 1889 geborenen Adolf Hitler: »Und ein Patriot mit feinem Nerv, das war ein Mann, der Dr. Adolf Schärf.« Sodann stellt ein Sprecher kurz die Vita des österreichischen Sozialdemokraten vor, der von 1957 bis zu seinem Tod 1965 Bundespräsident gewesen war. »Und dieser gute Mann wurde geboren am 20. April. Wen soll man denn sonst an diesem Tag feiern?«, fragt Rennicke am Ende des Songs scheinheilig.

Auf keinem der größeren NPD-Festivitäten fehlt der bekennende Parteifreund, oft tritt er in deren kulturellem Begleitprogramm auf. Aber nicht nur dort. Mehr als 350 Konzerte hat Rennicke in den letzten 20 Jahren gegeben, 2005 spielte er in Moskau und Petersburg und 2007 beim extrem rechten »Nordiska Festival« in Schweden. Die skandinavischen Neonazis sind mit seinem Liedgut längst vertraut – zwei Jahre zuvor hatte das Projekt »Motstandssanger« (Widerstandsgesänge) eine CD veröffentlicht, für die elf Lieder von Rennicke ins Schwedische übertragen worden waren.

Neben Müller und Rennicke ist Jörg Hähnel aus Frankfurt / Oder das dritte Aushängeschild der NPD in Sachen Liedermacher. 1997, mit 22 Jahren, veröffentlichte er seine Debüt-CD »Da heißt es stehn ganz unverzagt«, die seinerzeit von der NPD-Jugend vertrieben wurde. Die Texte seiner Lieder stammten vorwiegend aus fremder Feder, von Herybert Menzel oder Dietrich Eckart – Autoren der völkischen und später nationalsozialistischen Bewegung. Bei Erscheinen der CD war Hähnel Vorsitzender des JN-Landesverbandes Berlin-Brandenburg. Seine Karriere bei der Partei führte ihn 2005 in den Bundesvorstand. Dort ist er seitdem Leiter des »Amtes Medien« und zuständig für die Erstellung einschlägigen Propagandamaterials. Im Herbst 2006 zog er als Abgeordneter seiner Partei in die Bezirksversammlung Berlin-Lichtenberg ein. Zudem ist er in Mecklenburg-Vorpommern als Sachbearbeiter bei der NPD-Fraktion im Landtag angestellt. Anfang Oktober 2007 fanden sich in der Zeitschrift »Funkenflug« über seine CD »Lichtverwandte Zeit« lobende Worte: »Wer sich in die Gefühls- und Gedankenwelt der jungen deutschen Generation hineinträumen möchte, dem sei diese Scheibe wärmstens empfohlen.« Die positive Rezension in dem Blatt der *Heimattreuen Deutschen Jugend* ist kein Zufall. Hähnel ist seit Jahren Aktivist der neonazistischen Jugendorganisation.

Im selben Monat trat bei der NPD-Ortsgruppe Freising ein Liedermacher-Pärchen auf. Michael und Annett Müller, geborene Moeck, sind seit 2005 verheiratet. Beide hatten sich zuvor schon solo einen Namen gemacht, der ehemalige Burschenschafter Michael Müller aus Amberg mit unverhohlen neonazistischen Texten und Annett, wie sie in der Szene stets genannt wird, als einzige »Bardin«. Auf ihrer ersten CD 2001 mit dem Titel »Eine Mutter klagt an« präsentierte sich die Nationalistin aus Schwedt an der Oder noch als biedere junge Frau im Dirndl und blonden Haaren. Passend dazu intonierte sie im Titelsong: »Ich hab für Deutschland einen Sohn geboren und eigentlich schon bei der Geburt verloren. (…) Meinen Sohn will ich lehren, was Vaterland heißt. Was unsere Ahnen dafür gaben zum höchsten Preis. Viele ließen ihr Leben für die gute alte Zeit, also haltet zusammen für alle Zeit.«

Drei CDs hat Annett Müller bisher veröffentlicht – musikalisch ist sie sich treu geblieben, einzig ihr äußeres Erscheinungsbild hat sich von Zeit zu Zeit gewandelt. Auf der zur Wahl erschienenen DVD »Offensive« der NPD Niedersachen erscheint sie wieder blond und bieder. Gemeinsam mit ihrem Ehemann tritt sie manchmal unter dem Namen *Faktor Deutschland* auf. Mit Jörg Hähnel und dem Berliner Liedermacher Lars Hellmich spielte sie 2001 die CD »Gemeinschaftswerk Funkenflug – Rufe ins Reich« ein.

Als Frau ist sie eine Ausnahme in der deutschen neonazistischen Musikbranche, egal ob unter den derzeit rund 20 Liedermachern oder den etwa 180 aktiven Rechtsrock-Bands. Mit ihrer Stimme sticht sie unter den anderen Musikern der sogenannten Schulhof-CDs der NPD hervor.

Auf die werbewirksame Unterstützung durch eine Musik-CD setzte die NPD erstmals 2001 im Wahlkampf zum Berliner Senat – doch seinerzeit floppte das Projekt. Erst als mehr als 50 Organisationen und Rechtsrock-Produzenten des neonazistischen Spektrums 2004 eine CD herstellten, um diese an Jugendliche und junge Erwachsene zu verteilen, schlug die Stunde für die NPD. Während der Tonträger mit dem Titel »Anpassung ist Feigheit. Lieder aus dem Untergrund« noch vor seinem Erscheinen als jugendgefährdend eingeschätzt und beschlagnahmt wurde, konnte die NPD das mediale Interesse im Vorfeld der sächsischen Landtagswahl 2004 nutzen. Sie produzierte eine eigene, juristisch geprüfte CD unter dem Titel »Schnauze voll? Wahltag ist Zahltag« und verteilte nach Eigenangaben rund 25 000 Stück werbewirksam vor der Wahl. »Musik wird im Medienzeitalter für die Vermittlung politischer Botschaften immer wichtiger«, betonte der damalige sächsische Spitzenkandidat der NPD, Holger Apfel. Das Konzept bewertete die Partei nach dem Einzug ins Dresdener Abgeordnetenhaus als Erfolg, gelang es doch, mit der CD die jungen Wähler anzusprechen und sich als legitime Vertretungsinstanz für rechte Jugendliche zu gerieren. Am Wahltag stimmten bei der Gruppe der 18- bis 29-Jährigen rund 21 Prozent für die NPD. Pünktlich zur vorgezogenen Bundestagswahl 2005 folgte eine neue CD, dieses Mal mit dem Titel »Der Schrecken aller linken Spießer und Pauker. Schulhof-CD«. Der Wahlkampfleiter Peter Marx erklärte dazu: »Mit der Schulhof-CD setzen die Nationaldemokraten den politischen Kampf um die Köpfe und Herzen der jungen Deutschen fort.« 200 000 Stück will die Partei hergestellt haben. Auch wenn diese Zahl wohl zu hoch gegriffen ist, gelang es der NPD doch, bundesweit junge Neonazis in Regionen, wo sie bislang noch nicht sehr präsent gewesen war, dazu zu motivieren, den Tonträger zu verteilen. Im Landtagswahlkampf in Mecklenburg-Vorpommern im Herbst 2006 versuchte die NPD mit der überarbeiteten CD erneut ihre jugendlichen Wähler zu mobilisieren. Zusätzlich entwarfen sie dafür ein Flugblatt mit dem Titel »Wähl mit 18«, in dem es hieß: »Die NPD macht keine abgehobene Politik (…). Unsere Sprache ist nicht die Lügenrede aus Funk und Fernsehen, sondern das freie Wort und das freie Lied. Hört doch einfach mal rein …«

Die je nach CD-Version 14 bzw. 16 Lieder reflektieren indirekt die verschiedenen Positionen der NPD. Die Gruppe *Faust-*

recht aus dem bayerischen Kaufbeuren rockt im Song »Die Macht des Kapitals« zu einem vordergründig antikapitalistischen Text, der bei genauerer Betrachtung deutlich antisemitisch motiviert ist. *Sleipnir* aus Gütersloh hingegen versucht sich eine Parole politisch Verdrossener zu eigen zu machen, wenn die Band tönt: »Das System bescheißt uns alle, und jeder ist gefragt, ob du Glatze hast oder nicht, ist völlig scheißegal!« Michael und Annett Müller ergehen sich unterdessen unter dem Namen *Faktor Deutschland* in Wehklagen über die schlechten gesellschaftlichen Zustände: auf der einen Seite der gebeutelte »kleine Mann«, auf der anderen Seite die »Bonzen«. Mit Letzteren meinen sie sowohl Politiker als auch Gewerkschafter und den »Zentralverein« – wohl eine Chiffre für den Zentralrat der Juden in Deutschland. Doch »wenn der Wind sich dreht in diesem Land, wird etwas bewegt durch unsere Hand«, heißt es im von Annett gesungenen Refrain. »Und die Herrscher zittern auch vor deiner Kraft, wenn der Wind sich dreht in diesem Land.« Auf radikale politische Veränderung setzt auch Frank Rennicke im Opferepos »Das Mädchen mit der Fahne«. Er beschwört den fiktiven Tod eines 15-jährigen Mädchens in Hamburg im Mai 1945. Es kam ums Leben, weil es ihre »schwarz-weiß-rote Fahne« nicht vor den alliierten Soldaten senken wollte. »Das Opfer des Mädchens – vergesst Ihr es nie«, beschließt Rennicke seine Ballade, »verliert nie den Stolz und kämpfet wie sie. Bis es endlich so weit, dass auch hier irgendwann, die Zeichen des Reiches man zeigen kann.« Da bestimmte Symbole des Deutschen Reichs wie die schwarz-weiß-rote Reichsfahne in der Bundesrepublik nicht verboten sind, kann Rennicke sie kaum gemeint haben. Nicht legal sind dagegen eindeutige Insignien der nationalsozialistischen Terrorherrschaft. Dazu gehört auch die Hakenkreuzfahne – jenes schwarze Symbol im weißen Kreis auf rotem Grund ist nach Paragraph 86 des Strafgesetzbuches verboten.

Die Strategen der NPD setzen neben politischen Klängen auch auf jugendfreundliche Comics. Eigenwerbung betreibt die NPD intensiv im Begleitheft zur CD, das größtenteils aus einem kurzen Comic besteht. Entnommen ist es einem älteren Flugblatt der nordrhein-westfälischen NPD. Zentral ist in der gezeichneten Story das Wiedersehen eines jugendlichen mutmaßlichen Schulabgängers mit einer gleichaltrigen Bekannten vorm

Arbeitsamt, wo die junge Frau Werbung für die NPD macht. In einem sich entspannenden Gespräch versucht sie ihm bzw. den Lesern die »Vorzüge« der Neonazi-Partei näherzubringen: »Seit ich die Schnauze voll habe, daß unser Land der Zahlmeister der ganzen Welt ist!«, erklärt sie auf die Frage, seit wann sie denn in der Partei sei: »Wir müssen an unsere und die Zukunft unserer Kinder denken ... Ich will nicht, daß meine Kinder später in eine Schule gehen, in der zu 80 % Ausländer sind – in vielen Großstädten ist das doch schon der Fall! Deshalb gibt es für mich nur eine Wahl: NPD!« Im weiteren Verlauf des Gesprächs hebt die junge Frau hervor, dass die NPD »nicht nur eine Protestpartei [sei], die populistische Themen nach Bedarf aufgreift, sondern eine Partei mit einem konsequenten Weltbild.« Und mit einem Verweis auf eine fröhlich vorbeiziehende NPD-Demonstration von jungen Menschen mit NPD-Fahnen und einem Banner mit der Aufschrift »Deutschland den Deutschen« betont sie abschließend: »Mit meiner Meinung bin ich nicht allein. Die NPD ist eine junge Partei ... mehr als die Hälfte unserer Mitglieder ist unter 30. Wir sind eine verschworene Gemeinschaft, die gemeinsam etwas verändern will.« Tatsächlich ist die NPD in der Lebenswelt jugendlicher Cliquen präsent. Politisch wenig bewanderten Jugendlichen gilt sie als Vertretungsinstanz, die sagt, was Sache ist. Für die Älteren ist sie oft die einzige legale wählbare Partei, die ihren neonationalsozialistischen Vorstellungen nahekommt. Die von der NPD propagierte fröhliche Gemeinschaft, beispielsweise im Rahmen der NPD-Jugendorganisation, stellt sich bei näherer Betrachtung indes als streng hierarchisch strukturierte Kaderorganisation dar. Mitmachen darf da erst einmal jeder, doch sobald er oder sie sich dem Einfluss der Institution unterworfen hat, beginnt die Formung nach dem Vorbild der Partei.

Die Idee der Gratis-Musik-CD haben inzwischen lokale und regionale Verbände der Partei aufgegriffen: Die NPD Mittelfranken setzte 2006 in Zusammenarbeit mit Aktivisten aus den »Freien Kameradschaften« auf den Tonträger »Rebellion im Klassenzimmer – NPD rockt!«. Ein Jahr später beschlagnahmte die Polizei eine neue Variante »Schulhof-CD – 60 Minuten Musik gegen 60 Jahre Umerziehung«, herausgegeben hatte sie der *Kameradschaftsbund Hochfranken*, verantwortlich für die CD zeichnet der stellvertretende Vorsitzende des NPD-Bezirksverbands Oberfranken, Udo Sieghart aus Hof. Im Herbst 2007 versuchten der NPD-Kreisverband Erfurt-Sömmerda und der JN-Stützpunkt Erfurt mit einem eigenen Tonträger aufzutrumpfen: »Musik für Deutschland, der Nationalen Opposition in Erfurt«.

Drei Varianten ihrer »Schulhof«-CD bietet die NPD derzeit zum kostenlosen Download auf ihrem Medienserver im Internet an. In Sekundenschnelle können die Audiodateien im MP3-Format auf den heimischen Computer heruntergeladen werden. Erhältlich sind diese Songs ferner bei diversen Tauschbörsen, nicht nur bei jenen, die von Neonazis betrieben werden und die oftmals Hunderte einschlägiger Alben anbieten. Mit den richtigen Stichworten finden sich die Lieder der NPD auch bei Soulseek, einer der weltweit größten Internettauschbörsen, die zeitgleich schätzungsweise 100 000 Benutzer bedienen kann. Angeboten werden dort in der Regel Lieder von Madonna, The Police und anderen bekannten Popstars, aber eben auch von *Die Lunikoff Verschwörung*, *Agitator*, Frank Rennicke oder *Landser*. Wegen dieser Angebotspraxis geriet im Sommer 2007 das internationale Videoportal YouTube in die Kritik. Neben Propagandafilmen neonazistischer Gruppen, Sequenzen aus nationalsozialistischen Hetzfilmen wie »Jud Süß« stellen Aktivisten des Rechtsrock dort immer wieder Konzertmitschnitte bekannter Rechtsrock-Bands ein. Sie präsentierten auf YouTube auch selbst hergestellte Musikvideos mit einschlägigen Bands, wofür oftmals alte »Wochenschau«-Berichte oder anderes Filmmaterial aus der NS-Zeit benutzt wird. Zu harten Gitarrenklängen marschieren etwa in einem Videoclip der Band *Stahlgewitter* Soldaten der Waffen-SS über den Bildschirm des heimischen Computers, stürmen voran mit dem Gewehr in der Hand, begleitet von Panzern beim schnellen Vorstoß in den russischen Weiten. Darüber der gegrölte Gesang: »Wo sie auch standen, war immer ganz vorn. Ewige Treue hatten sie geschworen, immer bereit, für Deutschland zu sterben. Den Feinden brachten sie Not und Verderben. (…) Idealisten kämpfen doppelt so gut! (…) Ruhm und Ehre der Waffen-SS.« Mit modernsten Medien soll Jugendlichen so heute diese verbrecherische NS-Organisation nahegebracht werden.

Neben der Nutzung allgemeiner Internetportale betreiben Rechtsrock-Bands eigene Homepages. Hier stellen sich die einzelnen Gruppen vor, präsentieren ihre Platten und bieten Fans die Gelegenheit, sich in den Gästebüchern zu verewigen oder direkt mit den Musikern in Kontakt zu treten. Oft sind den Websites auch Webshops angeschlossen, über die die eigenen CDs und Merchandising-Produkte verkauft werden. Mehr als 100 solcher virtuellen Einkaufsgelegenheiten existieren derzeit. Sie bieten Musik, T-Shirts und Pullover, aber auch Poster, Bücher, szeneeigene Musikzeitschriften und Waffen wie Teleskopschlagstöcke an.

Der NPD dient das Internet in erster Linie als Forum der Selbstdarstellung und als Möglichkeit der Gegenöffentlichkeit. Für Jugendliche oder junge Erwachsene bietet sie seit 2007 dort auch ihre selbstproduzierten Zeitungen für Schüler zum Download an, mit denen sie den »Kampf um die Köpfe« unter den potentiellen jugendlichen Wählern führen will. Der Landesverband Rheinland-Pfalz erstellt gemeinsam mit dem Bundesvorstand der NPD-Jugendorganisation das Heft »Schinderhannes«, die NPD Strausberg eine Publikation namens »Brennnessel« und die NPD/JN-Landesverbände Berlin und Brandenburg den »Stachel – Schülerzeitung für Mitdenker«. Eine einstweilige Verfügung des Berliner Landesverbands von Bündnis 90/Die Grünen untersagt ihnen aber mittlerweile die Weiterverwendung des Titels, da die Grünen den Namen »Stachel« seit mehr als 20 Jahren in verschiedenen Varianten für ihre Parteizeitschriften gebrauchen.

Beschlagnahmt wurde zunächst auch die erste, im September 2007 verteilte Ausgabe der Zeitung »perplex – jung, frech, deutsch«, herausgegeben vom sächsischen JN-Landesverband. Zwei Monate später stufte die Bundesprüfstelle für jugendgefährdende Medien (BPjM) die Ausgabe als jugendgefährdend ein – das Blatt darf damit nicht mehr Kindern und Jugendlichen unter 18 Jahren zugänglich gemacht werden. Zwar echauffierte sich die Partei ob des vermeintlichen Unrechts, verteilte aber noch vor Weihnachten provokativ die zweite Ausgabe des Heftes. »Mit der regelmäßigen Herausgabe der Jugendzeitung ›perplex‹ wollen die Jungen Nationaldemokraten einen Beitrag zur politischen Tendenzwende an den Schulen in Sachsen leisten«, erklärt der sächsische JN-Landesvorsitzende Jens Steinbach. Im Heft warteten sie mit einem Interview mit »Gigi«, alias Daniel Giese, von der Meppener Neonazi-Band *Stahlgewitter* auf.

Er äußerte sich darin zu der in seinen Augen unberechtigten Strafverfolgung seiner Musik – die von Texten wie diesen begleitet wird: »Eine türkische Stadt auf deutschem Boden, Millionen Fremde, die sich hier austoben. Wie soll ich das denn meinen Kindern erklären, dass wir Deutschen so blöd sind und uns selber zerstören (…). Eine Division nach Kreuzberg, eine Division in Schwarz. (…) Wir brauchen sie wieder, das ist kein Witz, die Jungs in Schwarz mit dem doppelten Blitz.« Gefragt, was Giese den Lesern der »Schülerzeitung« mit auf den Weg geben wolle, hob er hervor: »Der Sieger schreibt die Geschichte, das müssen wir Deutschen leider im Moment noch hinnehmen. Ganze Generationen werden bewußt und geplant so (um)erzogen, man stiehlt ihnen ihre nationale Identität. Von deutscher Schuld und Auschwitz hört man schon im Kindergarten, (…). Schluckt nicht jede Behauptung, schon gar nicht von linken Paukern.«

Die NPD ist für den Fall jugendlichen Nachfragens gewappnet. In diversen Publikationen, die im »nationalen Warenhaus«, dem Deutsche Stimme Versand, erhältlich sind, wird die Waffen-SS als tapferste Armee der Welt dargestellt und ihre Verbrechen geleugnet, werden ehemalige nationalsozialistische Größen als fähige und menschliche Politiker charakterisiert. Das Leben unter dem Hakenkreuz wird dabei zu einer goldenen Ära – eine Verfälschung der Geschichte von alten Nationalsozialisten und heutigen Neonazis, um den Nationalsozialismus und sein Gedankengut zu rehabilitieren.

Offensiv wirbt die NPD in der zweiten Ausgabe der Zeitschrift »perplex« unter der Überschrift »Parole ›Gegenkultur‹« für eine »nationale Jugendkultur«: »Wenn von ›rechts‹ die Rede ist, hört man immer von angeblicher Gewalt, autoritären Strukturen oder irgendwelchen Kleidungsvorschriften. Das ist Unfug! In der rechten Szene ist es völlig egal, wie man rumläuft, welche Musik man hört oder ob man Geld hat oder nicht. Wichtig ist vielmehr, daß man sich einbringt und verstanden hat, worum es geht.«

Im Kontrast zu dieser gern behaupteten angeblichen Offenheit und Freiheit in der neonazistischen Jugend- und Musikszene steht die szeneinterne Gewalt, die zum Beispiel Abweichler und Aussteiger trifft. Den Hang zur gefährlichen Intoleranz offenbart etwa die Göttinger Band *Agitator* in ihrem

Lied »Aussteiger«: »Ja, wir können doch gute Freunde bleiben, hat er zu mir gesagt, leider hatte ich in dem Augenblick die Knarre nicht parat! Ja, wir können doch gute Freunde bleiben, das nahm ich ihm krumm, und ich frage mich noch heute, warum schlug ich ihn nicht um?«

Eine kleine Warteschlange staut sich vor dem Eingang zum NPD-Sommerfest in Sangerhausen. »Zwölf Euro!« – »Für was?« – »Spende!« Viele schauen die beiden Kassierer verblüfft an, dachten sie doch, der Eintritt wäre umsonst. Bereitwillig ziehen junge, kräftige Männer ihre Portemonnaies. »Ist ja für die Bewegung«, murmelt einer und zahlt. Nur eine Kleinfamilie verhandelt noch. »Wir wollen wirklich nur mal kurz gucken, wirklich! Wir gehen auch gleich wieder.« 24 Euro Eintritt, für das junge Paar merklich viel Geld – Geld, das die NPD gut gebrauchen kann.

Vor allem mit dem Rechtsrock und den unzähligen Lifestyle-Accessoires werden seit Jahren schon Millionenbeträge umgesetzt. »Außerhalb der Parteienfinanzierung ist dies der umsatzträchtigste Bereich im Rechtsextremismus«, schätzt eine Länderoffene Arbeitsgruppe aus dem Kreis der Innenminister und -senatoren der Länder in ihrem Bericht »Finanzquellen der rechtsextremistischen Kreise« vom 15. Juni 2007. Die Herstellung einer CD samt Begleitheft koste die Produzenten bei einer Auflage von 3000 Stück gerade einmal einen Euro pro Exemplar. An Zwischenhändler werden größere Chargen zu Staffelpreisen weitergegeben. Der Endabnehmer zahlt indes in der Regel 14 bis 15 Euro. Allerdings macht die neuere Entwicklung auch den neonazistischen Musiklabeln zu schaffen. CDs werden häufiger kopiert als verkauft, vor allem die MP3-Technik sorgt für den schnellen Austausch von Musik. Geld machen daher viele Musikproduzenten in der Szene mit einem kaum noch zu überschauenden Merchandising-Angebot. Die meisten bekannten braunen Musikgruppen haben eigene Band-T-Shirts. Von Shootingstars wie *Landser* oder *Die Lunikoff Verschwörung* sind gleich ein halbes Dutzend verschiedener Motive erhältlich.

Als besonders einträglich hat sich in den letzten Jahren die Entwicklung eigener Bekleidungsmarken erwiesen. Es ist noch nicht so lange her, da kleideten sich die jüngeren Angehörigen der extremen Rechten fast unisono in Produkte der britischen Firmen Fred Perry oder Lonsdale, die auf der Insel bereits seit den 70er Jahren von Skinheads getragen wurden. Doch dann wurde in der neonazistischen Szene kolportiert, dass der Firmengründer Fred Perry Jude gewesen sei und dass Lonsdale antirassistische Projekte unterstütze. Geschäftstüchtige Aktivisten der extremen Rechten kreierten daraufhin eigene Marken. Consdaple heißt eine, deren Schriftzug dem von Lonsdale zum Verwechseln ähnlich sieht. Der Name weckt Assoziationen an den britischen Polizisten, der allerdings constable geschrieben wird – ohne die Buchstabenfolge »nsdap« in der Mitte. Andere Marken heißen Masterrace (»Herrenrasse«) oder Hate Hate (»Hass Hass«). Hinsichtlich der Verbreitung und Popularität reichen sie indes nicht an die Marke Thor Steinar heran, die von einer Firma aus Brandenburg entwickelt wurde. Ihre Produktpalette ist vielfältig und reicht von Hosen, Hemden und T-Shirts bis zu Jacken. Die Inhaber wiesen den Vorwurf stets von sich, mit der neonazistischen Szene etwas zu tun zu haben. Nichtsdestotrotz trägt diese die Accessoires mit dem Firmennamen besonders gern. Auch, weil eine Reihe von Motiven ihr Weltbild widerspiegelt. Ein Adler greift beispielsweise auf dem Rücken einer Kapuzenjacke mit seinen Klauen einen Fisch – Letzteres ein Bildmotiv frühchristlicher Kunst. Der Aufdruck symbolisiert im neonazistischen Spektrum den neuheidnischen Kampf gegen das Christentum. Der Hamburger Neonazi und Vorsitzender der neonazistischen Vereinigung *Die Artgemeinschaft – Germanische Glaubens-Gemeinschaft wesensgemäßer Lebensgestaltung*, Jürgen Rieger, hat sich dieses Motiv markenrechtlich schützen lassen.

Die Produzenten neonazistischer Musik oder Bekleidungsstücke nutzen die erwirtschafteten Gewinne in der Regel, um zunächst den eigenen Lebensunterhalt zu sichern und gegebenenfalls einigen Kameraden eine Beschäftigung zu verschaffen. Die Szeneunternehmer werden jedoch nicht müde zu betonen, dass sie auch Geld in die Bewegung zurückfließen lassen, schließlich geht es um ihre Reputation. Schnell kann da einen der nationale Bannstrahl treffen. Ingo Knauf, Inhaber des V7-Versandes, musste sich aus der Szene vorhalten lassen, dass er nie mehr mit ihr zu tun gehabt hätte »außer eben das CD-Geschäft«. Provozierend fragte einer seiner braunen Konkurrenten, Yves

Rahmel vom Chemnitzer Label PC Records, in einem offenen Brief an Knauf: »Lieber Ingo, wann hast Du die letzte nationale Veranstaltung besucht?«, und setzte nach: »Aus ziemlich sicherer Quelle weiß ich, daß Du noch nie etwas mit unseren Idealen am Hut hattest. Ich kann mich beruhigt ›Neonazi‹ nennen, Du auch?!?«

Derzeit existieren rund 40 Labels, die die Musik der extremen Rechten verlegen, ungefähr 90 Versandunternehmen, die die Produkte nach Hause liefern, sowie mindestens 45 Szeneläden, in denen die Ware direkt gekauft werden kann. Eine Reihe dieser Unternehmen befindet sich in den Händen von NPD-Aktivisten. Patrick Weber, Inhaber des Germania-Versands, ist Vorsitzender des NPD-Kreisverbands Nordhausen/Kyffhäuserkreis; David Petereit, Inhaber des Versands und Labels Levensboom aus Neustrelitz, ist seit 2006 Mitarbeiter der NPD-Fraktion im Schweriner Landtag; und Martin Schaffrath betreibt in Pirna den Laden »The Store«. Früher war er bei der 2001 verbotenen Kameradschaft *Skinheads Sächsische Schweiz* (SSS) aktiv, heute ist er Funktionär der NPD-Jugend. Auch Siegfried Birl aus dem bayerischen Geiselhöring, der Besitzer des Wikinger-Versands, ist in der NPD.

Im sächsischen Riesa ist der Deutsche Stimme Versand ansässig. Mit einem über 100 Seiten starken Hochglanzkatalog wirbt der NPD-nahe Versand alljährlich für sein umfassendes Angebot – Bücher, DVDs, Karten, Fahnen, Panzermodelle, Bekleidung und Tonträger. Erhältlich sind die Artikel auch online oder im Verkaufsraum mit regulären Ladenöffnungszeiten. Zu der Firma gehört ebenfalls Pühses Liste, das Label von Jens Pühse, einst Mitglied der 1992 verbotenen *Nationalistischen Front* und seit 1998 Mitglied des NPD-Bundesvorstands. 50 Tonträger wurden seit 1997 auf dem Label verlegt, darunter auch die Compilation-Reihe »Balladen des nationalen Widerstands«.

Mit dem Label und dem Versand W & B Records soll Thorsten Heise aus dem thüringischen Fretterode zu einem der Großen im Geschäft mit der braunen Musik aufgestiegen sein. Szenekenner betonen immer wieder die besondere Rolle des NPD-Bundesvorstandsmitglieds in diesem Business. Heise kennt den schmalen Grat zwischen Vorwürfen und Anerkennung unter den Kameraden. Der ehemalige vorbestrafte Skinhead hat inzwischen einen gehobenen Lebensstil. In der Szene rechtfertigt er sich mit finanzieller Loyalität und spielt sein erworbenes Gutshaus mit großen Anwesen herunter: »Wie […] gesagt, lebe ich mit meiner Familie davon«, erzählte er Anfang 2006 der Kampagne »Schöner Leben mit ›Nazi‹-Läden«. Diese Kampagne militanter Neonazis hat sich zum Ziel gesetzt, das »Kaufverhalten zu beeinflussen«, also die Szene dazu zu animieren, bei jenen Versandunternehmen zu kaufen, welche die rechte Bewegung aktiv unterstützen. »Selbstverständlich«, so Heise weiter, »unterstützen wir laufend alle möglichen (und unmöglichen) nationalen Projekte, die vielen Verweise und Danksagungen auf vielen nationalen Seiten sprechen ihre eigene Sprache. Wir haben ja auch 2000 einen alten Bauernhof in Fretterode gekauft, den wir wöchentlich mehrmals für Kameradschaften und Bands zur Verfügung stellen (z. B. Bandübungsräume & Kameradschaftsabende).« Am 30. Oktober 2007 durchsuchte das Bundeskriminalamt das weitläufige Anwesen in Fretterode. Der Verdacht: Heise soll die CD »Geheime Reichssache« der neonazistischen Untergrund-Band *Kommando Freisler* produziert haben. Auf der heißt es unter anderem: »In Buchenwald, in Buchenwald, da machen wir die Juden kalt. Fidiralala, fidiralala, fidiralalala. In Majdanek, in Majdanek, da machen wir aus Juden Speck. Fidiralala, fidiralala, fidiralalala.« Am Ende der Hausdurchsuchung trug die Polizei säckeweise CDs heraus sowie eine Maschinenpistole, ein zerlegtes Maschinengewehr und eine Pistole der Marke Browning.

Seit Anfang der 80er Jahre ist der aus der Nähe von Göttingen stammende Heise in der rechten Szene aktiv. Einst war er das »Ziehkind« des österreichischen Neonazis Karl Polacek, der 1992 aus Deutschland ausgewiesen wurde. Beim Verbot der *Freiheitlichen Deutschen Arbeiterpartei* (FAP) war er deren niedersächsischer Landesvorsitzender. Danach gründete er die *Kameradschaft Northeim* mit, zu deren Anführer er aufstieg. Seit Mitte der 90er Jahre organisierte Heise immer wieder Rechtsrock-Konzerte. 1999 gründete er schließlich seinen W & B-Versand, über den er bisher 30 CDs einschlägiger Bands veröffentlichte. Nebenbei ist er auch in die Produktion und den Vertrieb in Deutschland illegaler Tonträger verwickelt. Im Juli 2007 verurteilte ihn das Landgericht Mühlhausen zu sechs Monaten Haft auf Bewährung und 200 Stunden gemeinnütziger Arbeit, weil er vier Jahre zuvor 5000 CDs mit volksverhetzendem Inhalt in Thailand hatte produzieren lassen. Sechs Monate später erhielt er vor dem Göttinger Landgericht eine Freiheitsstrafe von einem Jahr auf Bewährung wegen Volksverhetzung. In den Jahren 2001 und 2002 hatte der rechte Unternehmer 6000 CDs mit volksverhetzenden Texten in der Slowakei und in Tschechien herstellen lassen. Außerdem muss er rund 15 000 Euro Strafe zahlen. Diese Summe habe er, so argumentierte das Gericht, mit dem Vertrieb jener CDs verdient, die Gegenstand des Verfahrens waren.

Stoisch verfolgen die vier Angeklagten, drei Männer und eine Frau, den Prozess vor dem Landgericht Halle an der Saale. Die Staatsanwaltschaft legt ihnen besonders schwere Brandstiftung und versuchten Mord zur Last. Sie sollen in den frühen Morgenstunden des 6. Januar 2007 an einer Tankstelle in Sangerhausen 1,6 Liter Benzin sowie ein Mixgetränk gekauft haben. Später, so die Staatsanwaltschaft, hätten sie einen Molotowcocktail in die örtliche Asylbewerberunterkunft geworfen. Zum Glück für die dort einquartierten Menschen litt einer der Bewohner unter Schlafstörungen. Der Grund: Bereits zwei Mal waren ihm die Scheiben seiner Wohnung im Hochparterre eingeworfen worden. So reagierte er sofort, als das Küchenfenster zersplitterte und die Küche durch den Brandsatz Feuer fing. Er weckte die im ersten Stock Schlafenden, so dass sich alle in Sicherheit bringen konnten.

Die jungen Männer im Alter von 24 bis 27 Jahren kamen von einer Party bei Enrico Marx aus Sotterhausen, einem der bekanntesten Neonazis in den neuen Bundesländern. Die 21-jährige Frau hatte sie gefahren. »Jeden Freitag ist hier Treffpunkt für Kameraden/innen aus den umliegenden Städten. Die Jungs und Mädels fahren teilweise 2 Stunden, um hier zu sein«, berichtete Enrico Marx 2006 stolz in einem Interview mit der Kampagne »Schöner Leben mit ›Nazi‹-Läden«. »12 oder 13 Jahre jung«, sei er »durch gewisse Kassetten von den ›Onkelz‹, ›Störkraft‹, ›Endstufe‹ usw.« mit der Szene 1988/89 in Kontakt gekommen. »Mit 16 Jahren verlor ich dann mein Haar durch eine Schermaschine, und ich frönte total der Skinhead-Mucke. Man traf sich in einer kleinen Truppe, wovon heute keiner mehr dabei ist und machte die Gegend unsicher. Man traf andere Gleichgesinnte und fuhr auf die ersten Konzerte und Partys.

War eine lustige Zeit. Ich trat in die FAP ein, welche aber kurz darauf verboten wurde«, erzählte Marx – das war 1996. Rund zwei Jahre später gründete er die neonazistische *Kameradschaft Ostara*, zu der zeitweise eine Fußballmannschaft und zwei Bands gehörten. 2002 trat er schließlich mit seinem neu gegründeten Plattenlabel Barbarossa Records in die Öffentlichkeit, heute ist er eine der wichtigsten Anlaufadressen für Rechtsrock in Sachsen-Anhalt. Im Jahr drauf pachtete er mit seiner Lebensgefährtin Judith Rothe einen ehemaligen Gasthof in Sotterhausen. Den Gebäudekomplex deklarierte Marx zeitweise als »Nationales Wohnprojekt«. 2006 trat der 30-Jährige der NPD-Jugendorganisation bei. Seine Freundin ist schon länger für die Partei aktiv und Landesverbandsleiterin der NPD-Unterorganisation *Ring Nationaler Frauen* in Sachsen-Anhalt, Mitglied des Landesvorstands und seit dem Frühjahr 2007 Mitglied des Kreistages Mansfeld-Südharz.

In der Szene firmiert die Adresse der beiden unter dem Namen »Zum Thingplatz«. Regelmäßig traf man sich freitags dort, auch zu Rechtsrock-Konzerte, die Marx veranstaltete, bis ihm das Ordnungsamt des Altkreises Sangerhausen 2007 die Benutzung seiner Räumlichkeiten für Feiern und Ähnliches untersagte. Bei Zuwiderhandlung müsse er eine Geldstrafe von 5000 Euro zahlen, die inzwischen fällig wurde, nachdem Marx gegen die Auflage verstoßen hatte.

Rechtsrock-Konzerte sind die Höhepunkte in der neonazistischen, stark durch Musik und Lifestyle geprägten Erlebniswelt. Die Anreise gleicht einer Schnitzeljagd. Nur vage wird im Vorfeld per E-Mail oder SMS für die Veranstaltungen im Kameradenkreis geworben, erst bei der Gesichtskontrolle am Schleusungspunkt wird der Konzertort mitgeteilt. Auf keinen Fall soll der Veranstaltungsort frühzeitig bekannt werden, befürchten die Veranstalter doch, dass die Behörden einschreiten, »die Antifa« Gegenproteste organisiert und Journalisten durch Nachfragen Wirte abschrecken. Jeder durchgeführte Live-Auftritt hinterlässt bei den Rechten denn auch das Gefühl, der verhassten Staatsmacht mal wieder ein Schnippchen geschlagen zu haben. Und wenn die musikbegeisterten, meist bierseligen Neonazis fröhlich ihre Bands auf der Bühne feiern und deren Texte mitgrölen, verschmilzt der Einzelne mit den neben ihm stehenden Gleichgesinnten zu einer Gemeinschaft. Für junge Szeneangehörige gleicht das erste Konzert beinahe einer Initiation, Ältere treffen dort Bekannte und Freunde wieder und können sich mit neuen CDs, Magazinen und anderen Accessoires eindecken. Rund 150 Konzerte finden jährlich statt, oftmals als Privatveranstaltung, als Geburtstag oder ähnliches, getarnt. Obwohl es in einzelnen Bundesländern sogenannte Konzerterlasse gibt, in denen auf bestehende Rechtsnormen zur möglichen Auflösung derartiger Veranstaltungen hingewiesen wird, bleiben sie oft genug ungestört. Unverständlich ist ebenfalls, dass die Beamten nicht einschreiten, wenn bei einer als privat deklarierten Veranstaltung Türsteher kontrollieren, nur gegen Geld Eintritt gewährt wird und die Getränke bezahlt werden müssen – was nicht gerade dem Charakter eines privaten Festes entspricht.

Längst schon hat die NPD derartige Konzerte für sich entdeckt. Manche Veranstaltungen werden sogar als politische Veranstaltung deklariert, wodurch ein Zugriff durch die Polizei erschwert wird. NPD und Kameradschaftsführer wissen, wie sie sich bei jungen Anhängern beliebt machen können. Entsprechend versucht die NPD manche Parteiabende mit dem Auftritt eines Liedermachers attraktiver zu gestalten, oder politische Funktionäre verschaffen sich über ausschweifende Geburtstagspartys Reputation. Anlässlich seines 31. Geburtstags richtete der bayerische JN-Landesvorsitzende Norman Bordin am 1. September 2007 eine Feier im »Gasthaus Gruber« in Halsbach aus, zu der 200 einschlägige Gäste kamen. Die neonazistischen Bands *Feldherren*, *Spreegeschwader*, *Natural Born Haters*, *Burning Hate* und *Blitzkrieg* spielten.

Neben solchen »kleineren« Veranstaltungen organisiert die NPD seit Jahren größere Festivals und verknüpft Redebeiträge mit den Auftritten von Rechtsrockern. Ab 2002 setzte sie zunächst mit dem Pressefest ihres Parteiorgans »Deutsche Stimme« auf eine jährliche Zentralveranstaltung, mit zuletzt fast 7000 Besuchern. Da der organisatorische Aufwand für das Fest allerdings immens war, begannen die Partei und ihre Jugendorganisation ab 2007 stattdessen dezentrale Festivals durchzuführen. Am 19. Mai kamen 500 Menschen zum »Thüringentag der nationalen Jugend« nach Eisenach. Zwei Wochen später fuhren rund 650 Anhänger zum »Rock für Deutschland« nach Gera. In der Hauptferienzeit richtete die Partei Sommerfeste aus.

NPD-Rechtsrock-Konzert 2005 in einem öffentlichen Park im Zentrum von Gera.

NPD-Chef Udo Voigt am Biertisch inmitten von Anhängern während des Rechtsrock-Konzerts im Park der Jugend in Gera 2005.

Mehr als 500 Sympathisanten trafen sich am 4. August in Dresden und noch einmal so viele bei der zeitgleichen Veranstaltung in Sangerhausen. »Nur« 150 konnte die NPD eine Woche später ins saarländische Rehlingen-Siersburg locken. Dafür gelang es am 8. September, mehr als 1500 Menschen zum zweiten »Fest der Völker« nach Jena zu mobilisieren. Auf dem international ausgerichteten, vom stellvertretenden thüringischen NPD-Landesvorsitzenden Ralf Wohlleben organisierten Festival traten 2007 drei neonazistische Bands aus verschiedenen europäischen Ländern auf und elf Redner aus neun Nationen. Welche soziale Bedeutung derartige Veranstaltungen für die Lebenswelt junger Neonazis haben, zeigte sich, als Thomas Gerlach, einer der führenden Kameradschaftsführer der Thüringer Neonazi-Szene, die Bühne nutzte, um am frühen Abend seiner Freundin einen Heiratsantrag zu machen. Das Publikum johlte.

Doch nicht immer funktioniert das abwechselnde Programm von Redner und Band. Um zwölf Uhr mittags hätte das Sommerfest in Sangerhausen beginnen sollen. Die Ankündigung versprach Musik von einheimischen Rechtsrock-Kapellen, Redebeiträge – sogar von dem Schweriner NPD-Landtagsabgeordneten Udo Pastörs – und ein großes »Familienprogramm« mit »Hüpfburg, Kinderschminke und vielen weiteren Schminkereien«. Um 14 Uhr erklomm der NPD-Landesgeschäftsführer Matthias Heyder schließlich die Bühne und eröffnete formal die Veranstaltung mit der Verlesung des polizeilichen Auflagenkatalogs. Welche Zahlen- und Buchstabenkombinationen untersagt waren, las er mit Nachdruck vor und erzielte damit den einen oder anderen Lacher. Es folgte die Landesvorsitzende Carola Holz mit einer Ansprache und danach der thüringische Liedermacher Torsten Hering – szenebekannt unter dem Künstlernamen »Torstein«. Dessen gestelzte Darbietung fand wenig Zuspruch. Im Anschluss sprachen die JN-Landesvorsitzenden von Sachsen-Anhalt und Thüringen, Philipp Valenta und Christian Kaiser, sowie Marita Schäfer, die dortige Landesvorsitzende der *Deutschen Partei,* kurze Grußworte. Als sechster Redner wandte sich danach Frank Rohleder an die Gäste. Danach Podiumsdiskussion mit Udo Pastörs, Andreas Thierry vom Verlag »Volk in Bewegung« und Sascha Braumann für die »Freien Kräfte«. Nach kurzer Pause redete Matthias Fiedler aus Thüringen. Erst um 17 Uhr betrat schließlich mit *Civil Disorder* aus Magdeburg die erste Rockband die Bühne. Die Aufmerksamkeit stieg merklich. Doch die Band hatte mit der Technik zu kämpfen und spielte nur vier Lieder. Enttäuschung machte sich unter den Besuchern breit. Es folgten Redebeitrag Nummer neun und zehn. Danach, um kurz nach 19 Uhr, ein kurzes Intermezzo der Rechtsrock-Band *Vae Victis* aus Köthen. Doch auch sie spielten aufgrund der Polizeiauflagen nur wenige Lieder. Nach dem elften Redner, Andreas Thierry, musste der Auftritt von *Hate Soldiers* aus Sangerhausen um kurz vor 20 Uhr abgebrochen werden. Zu dieser Zeit befanden sich viele Besucher längst auf dem Heimweg, sichtlich genervt. Genervt davon, dass die angekündigte Band *Kraftschlag* nicht spielte, deren Auftritt die Polizeidirektion Merseburg bereits im Vorfeld verboten hatte. Das Oberverwaltungsgericht Magdeburg hatte mit Verweis auf die Geschichte der Band und den Inhalt der Lieder – Verherrlichung des Nationalsozialismus und Aufruf zu rassistischer Gewalt – ihr Auftreten untersagt. Nur wenigen fiel so am Ende des Abends auf, dass bei *Hate Soldiers* ein Neuer hinter dem Schlagzeuger thronte. Der eigentlich vorgesehene Trommler saß derweil in Halle in Untersuchungshaft. Er ist einer der Angeklagten im Prozess um den Brandanschlag auf die Flüchtlingsunterkunft in Sangerhausen.

Thomas Niehoff · Andrea Röpke

»Der gelenkte Mob«

Rechte Gewalt in Deutschland – Polizisten, die wegsehen
sollen – Ermittlungen, schlampig geführt – »Zonen
der Angst« – Rechte Straftäter machen Karriere –
Mythos Kameradschaft: Gewalt gegen Kameraden

Das mecklenburgische Bützow mit seinen knapp 8000 Einwohnern ist eine ganz normale Kleinstadt in Mecklenburg-Vorpommern. 37 Ausländer verzeichnet die Statistik des Einwohnermeldeamtes, ihr Anteil an der Gesamteinwohnerzahl beträgt nicht einmal ein halbes Prozent. Doch selbst diese geringe Anzahl scheint einigen Bützowern schon zu viel.

Wie in jedem Jahr richtete der kleine Ort auch Ende August 2007 seine traditionellen »Gänsemarkttage« aus. Ein Volksfest für die ganze Familie mit Schießbuden, Autoscooter und Bastelangeboten für die Kleinen. Alles war eigentlich wie immer. Doch als die Markthändler ihre Buden verschlossen hatten und die letzten Klänge der mobilen Disco gegen zwei Uhr nachts verstummten, blieb ein – das bestätigte das Schweriner Innenministerium im Nachhinein – »stadtbekannter, alkoholisierter, aggressionsbereiter, gefährlich rechtsextremistisch beeinflusster Mob« von 40 bis 50 Personen auf dem Marktplatz zurück. Gegen drei Uhr nachts patrouillierte die Polizei ein letztes Mal. Wie der Güstrower Polizeidirektor Hans-Detlef Henkel später sagen sollte, beendeten die Beamten den Einsatz nach dieser letzten Begehung und schickten auch die zusätzlich angeforderten Kräfte nach Hause. Denn es sei »noch nie so ruhig« gewesen. Eine fatale Entscheidung.

Denn bereits kurze Zeit später, um 3.05 Uhr, ging ein erster Anruf bei der Polizei ein, in dem vor möglichen Ausschreitungen gewarnt wurde. Doch die Polizisten ignorierten den Hinweis. Kurz darauf zog die Menge dann tatsächlich grölend, mit ausländerfeindlichen Rufen durch die nächtliche Kleinstadt. Auf ihrem Zug hinterließen die Randalierer ein Bild der Verwüstung. Umgekippte Wagen, beschädigte Imbissbuden und in Brand gesetzte Sonnenschirme wiesen den Weg vom Markt hin zur Steh-pizzeria in die Lange Straße. Das Lokal gehört Saqib Mahmood, einem ortsansässigen Deutsch-Pakistani. Er wohnt mit seiner deutschen Frau und der vierjährigen Tochter direkt über seinem Geschäft. Die Angreifer hämmerten gegen die Tür, schlugen dann das Türfenster ein, brachen die Jalousie des Schaufensters auf und schlugen auch hier Scheiben ein. Von dem Krawall auf-geschreckte Nachbarn, die aus dem Fenster schauten, wurden mit Flaschen beworfen. Hinter dem Fenster der Wohnung beo-bachtete Saqib Mahmood das Treiben vor dem Haus, er musste mit anhören, wie der Mob skandierte: »Scheiß Türke, wir kom-men hoch und machen dich fertig.« Die Angreifer stürmten da-raufhin das Ladenlokal und verwüsteten die Einrichtung. Ent-setzt und in Todesangst versteckte sich das deutsch-pakistanische Ehepaar in seiner Wohnung, als die wütende Menge auch noch glühende Kohlen eines Grills in den Laden kippte. »Wir hatten zum ersten Mal Angst um unser Leben«, berichtete die Familie später. Doch sie hatten Glück im Unglück, denn die Ladenein-richtung fing kein Feuer.

Der Mob zog weiter. Jetzt richtete sich die Gewalt gegen den Pavillon eines türkischen Händlers. Dessen Verkaufsstand wurde umgeworfen. Er selbst konnte sich vor den Flaschenwürfen und Schlägen der wildgewordenen Menschen nur durch die Flucht in sein Auto retten. Die örtliche Polizei reagierte, indem sie, mehr als eine Stunde nach dem ersten Hinweis auf mögliche Ausschrei-tungen und mindestens drei weiteren Anrufen, zwei Beamte zum Ort der Übergriffe schickte. Doch aus »Gründen der Eigensiche-rung«, so die offizielle Begründung später, zogen sich die Beamten nach einigen Flaschenwürfen auf ihr Revier zurück und warteten dort zunächst auf Verstärkung. Eine Kapitulation der Staatsge-walt vor dem braunen Pöbel, begründet mit Dienstvorschriften? Tatsächlich traf die Verstärkung erst kurz nach 5.00 Uhr in Bützow ein und ging gegen den Rest der Randalierer vor. Statt Festnahmen wurden lediglich die Personalien von einigen der Ge-walttäter aufgenommen. Später sollte der Inspekteur der Landes-polizei Mecklenburg-Vorpommern Rudolf Springstein gegenüber der »Ostsee-Zeitung« einräumen: »Wäre der erste Anruf ernst genommen worden und hätte man die Polizisten zurückbeordert, hätte vieles verhindert werden können.« Doch die Pannen der Polizei gingen weiter. »Ein ausländerfeindlicher Hintergrund ist für mich vordergründig nicht erkennbar,« so Güstrows Polizeichef Henkel. Dies trotz der szenetypischen Kleidung der Angreifer – einer trug ein T-Shirt mit dem Aufdruck »Waffen-SS« – und der ausländerfeindlichen Parolen. Auch der Staatssekretär im Schweriner Innenministerium, Thomas Lenz, verneinte »einen zielgerichteten fremdenfeindlichen Hintergrund« der Ausschreitungen. Maik Oswald von der Kripo Rostock erklärte später öffentlich, die Ursache der Ausschreitungen habe ausschließlich am Alkoholkonsum der Randalierer gelegen.

Die Bützower Stadtvertreter waren da schon weiter. In einem Offenen Brief erklärten sie, dass an den Ausschreitungen Personen beteiligt gewesen waren, »die eindeutig der rechtsextremen Szene zugeordnet werden können«, und es kein Zufall gewesen sei, »dass der Imbiss eines Deutsch-Pakistaners angegriffen wurde«. Sie stellten unmissverständlich klar: »Seit vielen Jahren ist uns das Vorhandensein einer gewaltbereiten rechten Szene in Bützow bekannt.« Drei Wochen nach der Tat waren zwar einige Gewalttäter bekannt, aber die Ermittlungsbehörden konnten keinen »Tatbestand einer bestimmten Person« zuordnen. Die Ermittlungen drohten im Sande zu verlaufen. Dann wurde Saqib Mahmood ein Video zugespielt. Auf diesem ist der Übergriff dokumentiert. Es zeigt, wie fünf Männer die Jalousie des Ladens eintreten und dabei »Deutschland den Deutschen« skandieren. Das Opfer brachte dann selbst Bewegung in die Ermittlungen, indem es das Video den ermittelnden Polizeibehörden übergab und den öffentlichen Druck damit erhöhte. Auch Bützows Bürgermeister kennt inzwischen das Video. Sein ernüchterndes Fazit: Das sei »eindeutig Ausländerfeindlichkeit«. Auch die Staatsanwaltschaft konnte nach einer ersten Sichtung des Videomaterials nicht mehr ausschließen, »dass sich bei dem Angriff auf den Laden eine ausländerfeindliche Motivation entwickelt hat«. Bis dahin hatten die Ermittler nur von Schmährufen gegen Polizeibeamte gesprochen.

Am 10. Dezember 2007 erhob die Rostocker Staatsanwaltschaft Anklage gegen sechs Tatverdächtige wegen schweren Landfriedensbruchs und des Versuchs der gefährlichen Körperverletzung. Gegen weitere Tatverdächtige wird noch ermittelt. Bützows Bürgermeister Lothar Schoppe scheint nicht überrascht über den Gewaltexzess in seiner Stadt. Gegenüber der »Schweriner Volkszeitung« erklärte er: »Was sich vorher andeutete, ist brutale Realität geworden.« Roswitha Dargus, Ausländerbeauftragte des Landkreises, spricht gar von No-go-Areas in Mecklenburg-Vorpommern, sogenannten Zonen der Angst für potentielle Opfer rechter Gewalt. »Wenn ich schwarz wäre und ein ängstlicher Mensch, würde ich in bestimmte Gebiete nicht gehen.« Die Gewalt richte sich aber nicht nur gegen Ausländer, denn, so Dargus, »wer aussieht wie ein Linker, ist genauso fällig«.

Ein Beispiel dafür ist der Vorfall, der sich Heiligabend 2007 im schleswig-holsteinischen Ratzeburg ereignete. Dort trafen sich nach der Bescherung 15 Jugendliche im »Moonlight«, einer beschaulichen kleinen Kneipe, unter ihnen Studenten, die ein gemeinsames Wiedersehen feiern wollten. Sie waren nicht die einzigen Gäste des Lokals. Aber dies wurde ihnen erst hinterher klar. Ihnen fielen die Neonazis im Raum anfänglich gar nicht auf. Als eine Frau aus der Runde zur Toilette ging, wurde sie von einem jungen Mann aus der anderen Gruppe als »dreckige Punkerschnepfe« beschimpft. In der Menge erkannte sie einen stadtbekannten Rechtsextremisten. Die Jugendlichen wollten keinen Ärger. Sie beschlossen, das Lokal zu wechseln. Die Rechtsextremisten brüllten ihnen »Zick-Zack-Zeckenpack« hinterher und zeigten den Hitlergruß, wie sich die Jugendlichen später erinnerten. Ihr Weg führte die Freunde in die nicht weit entfernte Cocktailbar »L'île« in der Langenbrücker Straße. Das Gegröle der Rechten begleitete sie bis zur Bar. Später merkten sie, dass sich am Marktplatz Rechte sammelten. Sie sahen mindestens zwölf Rechtsextremisten, die sich mittlerweile mit Holzlatten von einer nahegelegenen Baustelle bewaffnet hatten und zu ihnen herüberkamen. Kurz nach zwei Uhr war es, als die Rechten von der gegenüberliegenden Straßenseite anfingen, die Gäste der Cocktailbar wüst zu beschimpfen. »Wir und die Kellner sind raus«, berichtete ein Jugendlicher. Plötzlich wechselte einer der bewaffneten Rechtsextremisten die Straßenseite, kam auf die Gruppe zu, schubste und pöbelte gegen Gäste und Kellner. Ein weiterer Rechter kam hinzu und schlug gezielt einem jungen Mann mit der Holzlatte auf den Kopf. Der 24-Jährige brach zusammen. Im Krankenhaus musste er operiert werden, die Ärzte fürchteten um die Sehkraft seines linken Auges. Nach der Attacke ergriffen die Rechtsextremisten die Flucht.

Augenzeugenberichten zufolge erreichte die Polizei nach etwa 20 Minuten den Tatort. Die Zeugen gaben an, dass die Beamten sich weigerten, eine Anzeige aufzunehmen. Sie taten es mit der Begründung ab, die Kneipengäste seien ja alle betrunken. Einer der Beamten fügte nach Recherchen der »tageszeitung« hinzu: »Von so einer hysterischen Kuh nehme ich keine Anzeige auf.« Vorwürfe, welche die Polizei zurückweist. Später stellte sich heraus, dass eine andere Streife den rechtsextremistischen Schläger festgenommen hatte. Als die Mutter des Opfers am ersten Weihnachtstag telefonisch eine Anzeige bei der Polizeiwache aufgeben wollte, bekam sie nach eigenen Angaben zu hören, sobald ihr Junge »wieder klar« sei, könne er irgendwann selbst eine Anzeige machen. Solches Verhalten von Polizeibeamten ist leider kein Einzelfall.

Die 14 Mitglieder des Nordharzer Städtebundtheaters hatten am Abend des 8. Juni 2007 allen Grund zu feiern. Die Premiere der »Rocky Horror Picture Show« im nahegelegenen Harzer Bergtheater Thale war ein großer Erfolg für das Ensemble, der noch begossen werden sollte. So machten sie sich auf zum »Spucknapf«, einer Musikkneipe in der Spiegelstraße. Doch schon am Eingang der Kneipe war es mit der Freude vorbei. Der Türsteher empfing einen der Mimen mit den Worten: »Keine Linken, keine Rechten, keine Punks!« und verweigerte ihm den Zutritt. Offenkundig störte ihn der Irokesenschnitt des Schauspielers. Gemeinsam beschloss man, ein anderes Lokal aufzusuchen. Doch dazu sollte es nicht mehr kommen. Eine Gruppe von acht bis zehn Neonazis, die in einem leeren Clubhaus nahe dem »Spucknapf« herumlungerte, fiel über einige der Schauspieler her. Mit blindem Hass prügelten und traten sie auf die überraschten Ensemblemitglieder ein. Zeugen beschrieben die Täter später als »trainierte Schlägertypen«. Am Ende der Prügelorgie lagen fünf Schauspieler verletzt am Boden und mussten ambulant und stationär behandelt werden. Eine Gerichtsmedizinerin stellte später bei zwei Opfern lebensgefährliche Verletzungen fest. Einer hatte zwei Schläge neben die Wirbelsäule erhalten und war gestürzt. Bereits am Boden liegend, hatten die Neonazis nicht von ihm abgelassen und weiter auf den Wehrlosen eingetreten, bis er das Bewusstsein verloren hatte. »Auf einmal bin ich irgendwo aufgewacht, wo ich mich nicht erinnern kann, wie ich dahin gekommen bin«, so das Opfer später. Vier der Täter im Alter zwischen 22 und 29 Jahren waren einschlägig vorbestraft und standen zum Tatzeitpunkt noch unter laufender Bewährung.

Anders als in Bützow und Ratzeburg waren die Beamten der Polizeidirektion Halberstadt schon nach einer Minute am Tatort. Doch auch dieser Einsatz lief nicht ohne Pannen ab und weitete sich dann gar zu einem weiteren Skandal für die sachsen-anhaltinische Polizei aus. Eine interne Untersuchung der polizeilichen Ermittlungsarbeit stellte später das Versagen der Polizei auf allen Ebenen fest. Beamte räumten »Fehler und Pannen« bei der Verfolgung der Täter ein. Im Landtag in Magdeburg setzte sich daraufhin ein Parlamentarischer Untersuchungsausschuss mit den Geschehnissen in Halberstadt auseinander.

Die Vorwürfe gehen dahin, dass die eintreffenden Beamten, ohne sich um die zum Teil Schwerverletzten zu sorgen, erst einmal in aller Ruhe die Personalien der Opfer aufgenommen hätten. Um die Täter, die noch vor Ort waren, kümmerten sich die Beamten gar nicht. So konnten sie sich in aller Ruhe vom Tatort entfernen. Auch die weiteren Ermittlungen wurden schlampig geführt. Im Gegensatz zur Halberstädter Polizei reagierte die Staatsanwaltschaft prompt – und zu hastig. Als Anklage erhoben wurde, waren noch nicht einmal alle Ensemblemitglieder polizeilich befragt worden. Umstände, die verwundern. Auch der folgende Prozess im Herbst 2007 war in den Augen des Intendanten des Nordharzer Städtebundtheaters André Bücker »eine Farce«. Mit dieser Ansicht steht er nicht allein. Die Anklage der Staatsanwaltschaft lautete auf gemeinschaftliche gefährliche Körperverletzung. Der zuständige Richter aber konnte keine hinreichenden Anhaltspunkte für einen gemeinsamen Tatplan oder ein arbeitsteiliges Vorgehen der Angeklagten erkennen und ließ die Anklage in diesem Punkt nicht zu. Und das, obwohl doch alles genau auf die rechtlichen Voraussetzungen für eine solche Anklage hindeutete. Damit sind im Prozess erschwerte Bedingungen gegeben, denn jetzt muss jedem einzelnen Angeklagten eine direkte Tat nachgewiesen werden. Aufgrund des Tatherganges dürfte dies schwer möglich sein.

Trotz interner Nachforschungen und Untersuchungsausschuss des Landtages rissen die Pannen der Polizeiarbeit nicht ab. Erst auf massives Drängen von Nebenklage und Verteidigung wurde der Staatsanwaltschaft am 20. Dezember 2007 ein durch die Halberstädter Polizei zurückgehaltener Aktenordner mit Zeugenaussagen, Fotografien und Tatortspuren übergeben – mehr als zwei Monate nach Prozessbeginn. Die Rechtsanwältin

Frauke Steuber, die die Nebenklage vertritt, bezeichnet das Vorenthalten von Ermittlungsergebnissen im laufenden Verfahren durch die Polizei als »Verhöhnung der Opfer des Neonaziangriffs und der Justiz«. Steuber geht sogar noch weiter. Für sie hat es den Anschein, als wolle die »Polizei eine juristische Aufarbeitung des Neonaziangriffs« verhindern. »Die Staatsanwaltschaft ist in der Pflicht, Konsequenzen aus dem bisherigen Prozessverlauf zu ziehen«, mahnt auch ein Sprecher der Mobilen Beratung für Opfer rechter Gewalt. »Die Staatsanwaltschaft muss Nachermittlungen anordnen«, fordert der Szeneexperte. Denn ohne weitere Ermittlungen drohe ein Debakel für den Prozess und der Freispruch von einigen der mutmaßlichen Angreifer. Zwei Ensemblemitglieder haben mittlerweile ihr Engagement am Theater beendet und die Stadt im Harz-Vorland verlassen. Ein kleiner Schritt hin zur No-go-Area, zu einer »Zone der Angst«.

Anfang der 90er Jahre entwickelten Neonazis das Konzept der sogenannten national befreiten Zonen. Sie wollten Gebiete besetzen, in denen sie Dominanz ausüben und Ausländer, Obdachlose oder Andersdenkende nicht geduldet werden. Ob diese Ziele punktuell bereits durchgesetzt werden konnten, ist umstritten. Definitiv gibt es »Vorformen rechtsextremer Alltagsdominanz«, solche Orte, an denen Neonazis pöbeln, einschüchtern und auch zuschlagen können, ohne dass Passanten einschreiten. Experten wie Bianca Klose von der Mobilen Beratung gegen Rechtsextremismus (MBR) in Berlin bezeichnen diese Gebiete als »Angstzonen«. Solche neonazistischen Aktionsräume gibt es vielerorts, sie variieren häufig und sind nicht für jeden wahrnehmbar. Sie liegen oft an Verkehrsknotenpunkten wie dem S-Bahnhof Schöneweide oder in Straßenzügen wie dem berüchtigten Weitling-Kiez im Stadtteil Lichtenberg. Gefährdete Jugendliche definieren das gegenüber Klose so: »Ich fahre nicht jenseits des S-Bahn-Ringes in Berlin, das ist zu gefährlich!« Wenn Bewohner im vorpommerschen Ueckermünde oder im mecklenburgischen Lübtheen davon erzählen, dass sie bestimmte abgelegene Garagenkomplexe in ihrer Stadt nach Einbruch der Dunkelheit meiden, weil dort »die Nazis dann das Sagen haben«, ihre Fahnen hissen, Alkohol trinken und Randale machen – so zählen auch diese Gebiete zu den subjektiv wahrgenommenen Angsträumen. Im ländlichen Thüringen werden solche

Teilnehmer einer Kameradschaftsdemonstration in Leipzig posen mit martialischen Botschaften auf ihren T-Shirts.

Zonen eher anlassbezogen, regional wechselnd, verortet. Im August zu den »Hess-Wochen« etwa, die dem Gedenken an Hitlers Stellvertreter Rudolf Hess gewidmet sind, häufen sich die Übergriffe auf Jugendliche und Migranten in den Kleinstädten. Angsträume bestehen aber auch für Jugendliche in Apolda, wenn sie die Skaterbahn besuchen wollen. Im thüringischen Arnstadt beherrschen Neonazis jedes Jahr das Stadtfest. Beim alljährlichen »Dachsbergfest« in Premnitz im brandenburgischen Havelland dominieren rechte Jugendliche nicht nur die Szene, es gibt auch personelle Kontakte zum Wachschutz. Jugendliche aus der alternativen Szene sind nicht erwünscht. Im Landkreis Teltow-Fläming nahe Berlin fühlen sich vor allem Migranten nicht sicher. Immer wieder kommt es dort zu Übergriffen. Zonen der Angst werden sichtbar, wenn sogar Passanten als Augenzeugen Aussagen bei der Polizei verweigern, weil sie Angst vor Racheaktionen gewalttätiger Neonazis haben.

Sachsen Anhalt belegt in der Statistik »politisch motivierter Gewalttaten mit rechtsextremistischem Hintergrund« bezogen auf 100 000 Einwohner seit Jahren einen unrühmlichen Spitzenplatz.

2006 zählte die Polizeistatistik 111 rechtsextremistische Gewalttaten.

Eine Statistik, die nicht jedem gefällt und gefallen hat. Auch nicht dem ehemaligen Dessauer Vize-Polizeipräsidenten Hans-Christoph Glombitza. In einem Gespräch mit drei sehr engagierten Staatsschutzbeamten soll er unter Verweis auf die im Jahr 2006 um über 60 Prozent auf 392 Delikte angestiegenen Fallzahlen rechtsextremistischer Gewalttaten erklärt haben, dass darüber »niemand glücklich« sei, »das Innenministerium ist nicht glücklich, das Landeskriminalamt ist nicht glücklich«. Auch werde »das Sicherheitsgefühl der Bevölkerung empfindlich gestört, und das Ansehen unseres Landes könnte nachhaltig geschädigt werden«. Man müsse nicht alles sehen, sei das unmissverständliche Fazit von Dessaus Polizei-Vizechef mit Blick auf den Kampf gegen Rechts gegenüber den drei Staatsschützern gewesen. Die Staatsschutzbeamten fertigten ein Gedächtnisprotokoll des internen Gespräches an und wehrten sich. Der damalige Leiter der Staatsschutzabteilung der Dessauer Polizei wandte sich, nachdem er versetzt werden sollte, mit diesem Protokoll an den Petitionsausschuss des Landtages, und der Vorgang wurde öffentlich. Auch damit befasst sich nun der Untersuchungsausschuss des Landtages. Vor dem Ausschuss wiederholte der inzwischen versetzte ehemalige Staatsschützer die Aussage seines früheren Vorgesetzten Glombitza, der inzwischen in Ruhestand gegangen ist. Vor dem Untersuchungsausschuss räumte auch sein ehemaliger Chef ein, diese Aussagen gemacht zu haben – allerdings sei dies in einem anderen Zusammenhang geschehen. In der Unterredung habe er lediglich darauf hinweisen wollen, dass er für die Verfolgung rechter Straftaten »nicht mehr Personal zur Verfügung stellen« könne und es deshalb Ermittlungsgrenzen gebe.

Bundesweit steigen die Zahlen rechtsextremistischer Straftaten seit Jahren an. Wie aus dem Bericht des Bundesamtes für Verfassungsschutz vom 15. Mai 2007 hervorgeht, erhöhte sich die Zahl politisch rechts motivierter Delikte im Vorjahr um 15 Prozent auf 18 142. Die Zahl der Gewaltdelikte stieg um 9,3 Prozent auf 1115 Fälle. Die steigenden Opferzahlen sind ein Beleg für die zunehmende Brutalität der Szene. Opferberatungsstellen gehen zudem von einer weitaus höheren Dunkelziffer aus. Viele Straftaten würden mangels Anzeige gar nicht erst in die Statistiken einfließen. Besonders Angehörige der alternativen Szene und Migranten erstatten angesichts der in einigen Regionen als Alltag empfundenen Bedrohungen und Diskriminierungen selten Strafanzeigen. Viele Opfer haben einfach nur Angst.

In den ersten elf Monaten des Jahres 2007 wurden 9948 Straftaten der rechten Szene durch die Landeskriminalämter registriert. Darunter 592 Gewaltdelikte. Zwar hat sich die Zahl der Gewalttaten geringfügig zum Vorjahreszeitraum verringert, aber die Zahl der Verletzten stieg in den ersten elf Monaten 2007 um mehr als 120. Diese Zahlen sind lediglich vorläufig. Nach den Erfahrungen der Ermittlungsbehörden steigen sie durch entsprechende Nachmeldungen der Landeskriminalämter regelmäßig deutlich an. Dass die Gewaltverbrechen in zunehmenden Maße auch mit Waffengewalt begangen werden, verdeutlichen folgende Beispiele.

Am 25. September 2007 war es mit der Ruhe in der sonst so beschaulichen Straße An der Rellau im schleswig-holsteinischen Rellingen vorbei. Beamte des Spezialeinsatz-Kommandos (SEK) Schleswig-Holstein schlichen sich an ein Mehrfamilienhaus heran. In dem Haus wohnte der 19-jährige André M. mit Bruder und Eltern. Mit ihm in der Wohnung war sein gleichaltriger Freund Kevin W. aus dem benachbarten Ellerbeck. Die Aktion galt den beiden Jugendlichen. Nach dem SEK rückte der Kampfmittelräumdienst an. Die Jugendlichen werden als rechts eingeordnet. »Die trugen Topfschnitt, Lonsdale-Klamotten und hörten entsprechende Musik«, berichtete ein Jugendpfleger aus dem Ort gegenüber dem »Stern«. Auch Polizei und Staatsanwaltschaft war André M. kein Unbekannter. Mehrfach stand er vor dem Jugendrichter. Er gilt als Anführer einer Jugendbande, die über Monate einen Hauptschüler drangsalierte und verfolgte. Dafür erhielt M. eine Jugendstrafe von neun Monaten, ausgesetzt zur Bewährung. Weil André M. auf der Homepage der Gemeinde Rellingen eine Anleitung zum Bau von Briefbomben veröffentlichte, erhöhte das Amtsgericht die Jugendstrafe im März 2007 auf elf Monate, ebenfalls zur Bewährung ausgesetzt. Der neuerliche Verdacht, M. könne eine Straftat planen, erhärtete sich: Die Beamten des Kampfmittelräumdienstes und des Landeskriminalamtes stellten in der Wohnung verschiedene Chemikalien sicher, die sich zum Bau von Bomben eignen. Gerade noch rechtzeitig, denn die Jugendlichen sollen seit Monaten einen Sprengstoffanschlag auf das wenige Tage später stattfindende »Apfelfest«, mit mehreren tausend Besuchern, geplant haben. Bei dem Anschlag, da sind sich Ermittler und Staatsanwaltschaft sicher, hätten die Jugendlichen »die Tötung und Verletzung von Besuchern des Volksfestes in Kauf genommen«. Die beiden Jugendlichen sollen schon am 6. Juni 2007 in Ellerbeck zu Testzwecken einen Sprengstoffanschlag auf einen Zigarettenautomaten verübt haben. Dieser wurde durch die Detonation total zerstört. Entdeckt wurde der Plan nur, weil die Jugendlichen mit der Tat im Freundes- und Bekanntenkreis geprahlt hatten. Vor der Jugendkammer des Landgerichts in Itzehoe müssen sie sich seit Anfang Februar wegen einer Vielzahl von Delikten, wie unerlaubtem Waffenbesitz, verantworten.

Den wohl größten Waffenfund der letzten Jahre in extrem rechten Kreisen stellte die Staatsanwaltschaft München I im November 2006 im Raum Rosenheim sicher. Insgesamt wurden 23 Wohnungen und Bauernhöfe in der Umgebung von Miesbach und Ebersberg durchsucht und 55 Schusswaffen, darunter Maschinengewehre und Maschinenpistolen, sowie kistenweise Fahnen mit Nazi-Symbolen, SS-Uniformen, Stahlhelme und Orden beschlagnahmt. Die Ermittlungsgruppe »Inntal« hatte rund ein Jahr in der braunen Szene in Südbayern nachgeforscht, bis sie zuschlug. Medienberichte von einer sogenannten *Wehrsportgruppe Wendelstein* machten die Runde. Der Bürgermeister der betroffenen Gemeinde Samerberg zeigte sich gegenüber dem Bayerischen Rundfunk überrascht von der massiven »Nacht- und Nebelaktion« der Polizei. In dem Ort sei es »kein Geheimnis« gewesen, dass die Männer »a bisserl im Wald rumgeballert« hätten.

Obwohl Verfassungsschützer Kenntnis von illegalen Übungen der rechtsextremistischen Szene mit scharfen Waffen haben, reagiert die Politik insgesamt oft gelassen auf solche Vorfälle. Für Niedersachsens Innenminister Uwe Schünemann (CDU) ist klar, dass Rechtsextremisten im Allgemeinen eine »hohe Affinität zu Waffen« haben. Aber es bleibe abzuwarten, so Schünemann gegenüber der »Hannoverschen Allgemeinen Zeitung«, ob diese auch im politischen Kampf eingesetzt werden würden. Allein 2006 registrierten die Behörden bundesweit 1343 rechtsextremistisch motivierte Straftaten mit 1640 Waffen. Wie die Bundesregierung auf eine Anfrage der Linksfraktion im Bundestag mitteilte, gab es zwischen 2002 und 2006 insgesamt 125 Brand- und sieben Sprengstoffanschläge mit Personen- und Sachschäden.

Offiziell lehnen NPD-Größen wie der Fraktionsführer im Schweriner Landtag, Udo Pastörs, Gewalt ab. Der ehemalige Schmuck- und Uhrenhändler gibt gern den rechten Saubermann mit weißer Weste. Noch während des Wahlkampfes im Herbst 2006 zu den Landtagswahlen in Mecklenburg-Vorpommern lautete seine Antwort auf eine Frage nach seinem Verhältnis zur Gewalt und speziell einem Angriff von NPD-Wahlkampfhelfern auf ein 70-jähriges Opfer: »Grundsätzlich sind Übergriffe, ganz gleich von welcher Seite, zu verurteilen und auf der Grundlage des geltenden Strafrechts zu ahnden.« Doch die hässliche Fratze der Partei können solch harmlos klingende Sätze schwerlich verbergen. Nur wenige Minuten nachdem feststand, dass die NPD mit 7,3 Prozent der Stimmen sechs Abgeordnete ins Schweriner Schloss entsenden würde, zeigten Angehörige seiner Partei, nach monatelanger Zurückhaltung im Wahlkampfeinsatz, ihr wahres Gesicht. Trunken vom Wahlerfolg, griff vor laufenden Kameras einer der NPD-Ordnungskräfte, der Kreisvorsitzende der NPD in Westmecklenburg, Andreas Theißen, einen Kameramann des NDR an. Während dann im angemieteten Ausflugslokal am Faulen See die NPD-Granden ihren Sieg feierten, hielt die in schwarzen Anzügen und weißen Hemden gewandete Ordnungsgruppe der Neonazis Beobachter und kritische Journalisten vor dem Grundstück in Schach. Später, als einige ausgewählte Berichterstatter Zutritt bekamen, behinderte NPD-Ordner Theißen erneut einen Fotojournalisten bei der Arbeit und griff auch ihn tätlich an. Bei dem fünffachen Familienvater Theißen aus Lübtheen, der zeitweilig den NPD-Ordnungsdienst mit anführte, wurde 1996 Sprengstoff gefunden. Das Amtsgericht Hagenow verurteilte ihn daraufhin zu einer Gefängnisstrafe von einem Jahr, die Vollstreckung wurde zur Bewährung ausgesetzt. Der Angriff auf den NDR-Kameramann beschäftigt derzeit die Schweriner Justiz.

Theißen ist jedoch nicht der einzige gewaltbereite Neonazi in Nadelstreifen unter den NPD-Führungsfiguren im Schweriner Schloss. Sein Landesverbandschef, der NPD-Landtagsabgeordnete Stefan Köster, wurde vom Landgericht Itzehoe im März 2007 wegen gemeinschaftlich begangener Körperverletzung zu einer Geldstrafe von 5400 Euro verurteilt. Köster war in einem Berufungsverfahren erneut nachgewiesen worden, im Rahmen des Landtagswahlkampfes 2004 während einer Auseinandersetzung bei einer NPD-Wahlveranstaltung im schleswig-holsteinischen Steinburg auf eine am Boden liegende Frau eingetreten zu haben.

Hinter dicken Schlossmauern, versteckt in einem abgelegenen Trakt des Schweriner Landtages, scheint sich die NPD-Landtagsfraktion zu einem Hort für ehemalige braune Straftäter zu entwickeln. So fand auch der thüringische NPD-Kader Patrick Wieschke eine Praktikantenstelle bei der Schweriner Landtagsfraktion. Wieschke war Anstifter eines Sprengstoffanschlages auf einen türkischen Imbiss im thüringischen Eisenach. Um seine Partei zu schonen, legte der damals angeklagte Wieschke im Januar 2002 sein Amt als stellvertretender Landesvorsitzender der *Jungen Nationaldemokraten* nieder und trat aus der NPD aus. Das Landgericht Mühlhausen verurteilte Wieschke kurze Zeit später zu einer Freiheitsstrafe von zwei Jahren und neun Monaten. Hinzu kam noch eine Verurteilung wegen Körperverletzung, die vom Amtsgericht Eisenach mit sieben Monaten Jugendhaft geahndet wurde. Der junge Parteistratege verschwand für einige Zeit im Gefängnis. Nach seiner Freilassung engagierte er sich sofort wieder in der braunen Szene. Seit März 2006 ist Patrick Wieschke stellvertretender Kreisvorsitzender der NPD im Wartburgkreis, Landesgeschäftsführer und Chef des »Referats Mittelstand«.

Zu seinem Wahlkreismitarbeiter erwählte der NPD-Landtagsabgeordnete Michael Andrejewski aus Anklam den ehemaligen Maurer Alexander Wendt. Wendt ist einer der prominentesten Neonazis aus dem Raum Ostvorpommern. Er hatte auf seinem Grundstück in Salchow bei Anklam ein »nationales Wohnprojekt« gegründet. Dort finden nicht nur regelmäßig Rechtsrock-Konzerte statt, sondern das Anwesen diente auch als Zentrale für den Landtagswahlkampf 2006. In einer umgebauten Scheune auf dem Gelände wurden angereiste rechte Wahlhelfer aus dem gesamten Bundesgebiet untergebracht und versorgt. Es ist eine aggressive Mischung von Neonazis, die sich dort in dem abgelegenen Dörfchen immer wieder tummelt. Seit

August betreibt der NPD-Parlamentarier Andrejewski auf Wendts Anwesen in Salchow sein Wahlkreisbüro und neuerdings auch eine Anwaltskanzlei für Szeneklientel. Wendt selbst hatte im Juli 2004 während einer NPD-Demonstration eine Fotografin angegriffen und verletzt. »Ein krasser Fall von Selbstjustiz«, wie die Staatsanwaltschaft die Attacke in einer Berufungsverhandlung vor dem Landgericht Neubrandenburg wertete. Das Gericht verurteilte Wendt zu einer Geldstrafe.

Der rechte Liedermacher Jörg Hähnel, der für die NPD in die Bezirksversammlung Berlin-Lichtenberg gewählt wurde und im NPD-Bundesvorstand das »Amt Medien« leitet, ist ebenfalls Mitarbeiter der braunen Fraktion im Schweriner Landtag. Den Sicherheitskräften fiel der neue NPD-Sachbearbeiter kurz nach seinem Arbeitsantritt auf, als er Anfang Mai 2007 versuchte, einen 40 Zentimeter langen Teleskopschlagstock in den Landtag zu schmuggeln. Da diese Art Waffen nicht illegal sind, konnte Hähnel sie beim Verlassen des Parlaments wieder in Empfang nehmen. Für die NPD-Vertreter scheint der Besitz von Waffen Normalität zu sein. Wie der Parlamentarische Geschäftsführer der Schweriner Landtagsfraktion, Peter Marx, zu dem Vorfall verlauten ließ, habe der Mitarbeiter »lediglich vergessen, den Teleskopstock, welchen er zu seiner eigenen Sicherheit mit sich führt, im Auto zu lassen, als er zu seiner Arbeit in den Landtag kam«.

Schon während des Wahlkampfes umgab sich Pastörs mit rechten Waffen- und Sprengstoff-Fetischisten wie dem ehemaligen Rechts-Terroristen Peter Naumann. Der 1952 geborene Diplom-Chemiker Naumann blickt auf eine lange Karriere in der braunen Bewegung zurück. Seine scheinbar ständigen Wegbegleiter damals: Waffen und Sprengstoff. Der Staatsschutzsenat des Oberlandesgerichts Frankfurt am Main verurteilte Naumann im Oktober 1988 wegen der Herbeiführung eines Sprengstoffanschlages, der Verabredung zu Sprengstoffanschlägen, der versuchten Gründung einer terroristischen Vereinigung und wegen des Verstoßes gegen das Waffen- und Sprengstoffgesetz zu einer Freiheitsstrafe von vier Jahren und sechs Monaten. Gegenüber Fahndern des Bundeskriminalamtes und einem NDR-Fernsehteam des ARD-Magazins »Panorama« präsentierte Naumann 1995 mehrere Waffen- und Sprengstoffdepots. Die Depots sollten bereits Anfang der 80er Jahre angelegt worden sein. Innerhalb der NPD wird Naumann als »Sicherheitsexperte« für innerparteiliche Schulungen herumgereicht. Vor jungen und alten NPD-Anhängern hielt er 2004 auf dem »Heisenhof« von Jürgen Rieger in Dörverden einen 90-minütigen Vortrag zum Thema »Überwachen, Beschatten und Abhören. Methoden der Observation«.

Für den NPD-Bundesvorsitzenden Udo Voigt ist das Engagement junger Leute in seiner rechtsextremistischen Partei eine Art Sozialarbeit, wie er der Tageszeitung »Die Welt« erklärte. »Bei uns handelt es sich um junge, aktionistische Leute, die etwas verändern wollen und bereit sind, ein persönliches Risiko zu tragen. Wir holen sie von der Straße runter.« Der ehemalige Waldorflehrer und NPD-Spitzenkandidat in Niedersachsen, Andreas Molau, sprach bei einer Pressekonferenz 2007 gemeinsam mit Voigt fast zynisch von einer »Chance auf Resozialisierung« für seine verurteilten Kameraden. Von Anheizern in Anzügen wie Udo Pastörs erhalten die jugendlichen Straftäter dann zusätzliche zweifelhafte Lektionen erteilt: »Ich glaube, dass wir sehr viele krankhafte Keime in unserem Staatswesen haben. Wenn du Wundbrand kriegst und noch irgendwie Kraft hast, dann nimm dir ein Beil und hau dir das faule Bein ab. Weg damit! Man muss das gesund schneiden.«

Neben ideologischen Scharfmachern gibt es eine ganze Riege rechter Gewalttäter auch in hohen NPD-Parteiämtern. So wurden der NPD-Kreisvorsitzende für Berlin-Pankow, Daniel Steinbrecher, und das Vorstandsmitglied Diego Pfeiffer im November 2007 wegen gemeinschaftlich begangener gefährlicher Körperverletzung zu Haftstrafen auf Bewährung verurteilt. Glimpflicher davon kam der 35-jährige NPD-Chef von Königs Wusterhausen, Michael Thalheim. Ein Verfahren gegen ihn wurde gegen Zahlung einer Geldstrafe eingestellt. Er soll auf dem Weg zum »Heldengedenken« in Halbe auf eine 21-jährige Gegendemonstrantin eingetreten haben.

Einer, der es als Bundesvorständler bis weit nach oben innerhalb der braunen Hierarchie gebracht hat, ist der gebürtige Göttinger Thorsten Heise. Seit 2004 sitzt der ehemalige Skinhead im Bundesvorstand der rechtsextremistischen Partei als Bindeglied zu den sogenannten parteiungebundenen »Freien Kräften«. Bis zum Verbot der *Freiheitlichen Deutschen Arbeiterpartei* 1995 war Heise deren Landesvorsitzender in Niedersachsen. Danach führte er die *Kameradschaft Northeim* an. Seit 1986

Hausdurchsuchung beim NPD-Bundesvorstandsmitglied und Rechtsrock-Produzenten Thorsten Heise in Fretterode im Herbst 2007.

findet sich Heise immer wieder vor den Schranken der Justiz wieder. Lang ist die Liste seiner Verurteilungen. Neben diversen Propagandadelikten wurde er wegen Verstoßes gegen das Waffengesetz, Nötigung, Widerstand gegen die Staatsgewalt belangt, und mehrfach musste er sich wegen Körperverletzung verantworten. Zuletzt wurde Heise im Dezember 2007 vom Göttinger Landgericht wegen Volksverhetzung zu einer Freiheitsstrafe von einem Jahr – ausgesetzt zur Bewährung – und einer Geldstrafe von 15 000 Euro verurteilt, weil er Rechtsrock-CDs mit volksverhetzendem Inhalt in Tschechien und der Slowakei hatte produzieren lassen. Seit 2002 ist der Neonazi-Anführer im Thüringischen ansässig. In der Nähe des Dreiländerecks zu Hessen und Niedersachsen erwarb er in der beschaulichen 176-Seelen-Gemeinde Fretterode ein unter Denkmalschutz stehendes Gutshaus. Von dort aus betreibt Heise mit seinem W & B-Versand einen schwunghaften Handel mit rechtsextremer Musik und rechten Lifestyle-Produkten.

Am Morgen des 30. Oktober 2007 rückten etwa 100 Beamte von Bundeskriminalamt und thüringischer Landespolizei gegen das Anwesen von Heise vor. Als sie nach 17 Stunden Einsatz schließlich abzogen, hatten sie rund 1000 beschlagnahmte CDs im Gepäck. Neben den Tonträgern entdeckten die Ermittler noch versteckt in einem Hohlraum ein zerlegtes Maschinengewehr. Insgesamt wurden drei Waffen bei Heise gefunden. Heise bezeichnete sie als harmlose Deko-Waffen. Gegen ihn, der weder über eine Waffenbesitzkarte noch über einen Waffenschein verfügt, wird nun wegen des Verstoßes gegen das Kriegswaffenkontrollgesetz ermittelt.

Selbstbewusst scheuen NPD-Spitzenfunktionäre auch nicht die Nähe zu Anhängern verbotener Neonazi-Organisationen wie der *Fränkischen Aktionsfront*, der *Kameradschaft Tor Berlin*, der *Berliner Alternative Süd-Ost* (Baso), der Kameradschaften *Hauptvolk* und *Sturm 27* aus Brandenburg oder den *Skinheads Sächsische Schweiz* (SSS). Im Gegenteil, einige wie Matthias Fischer aus Fürth bekamen Vorstandsposten bei der NPD. Andere wie die beiden verurteilten Rädelsführer Thomas Sattelberg und Thomas Rackow aus dem sächsischen Pirna haben im Landesvorstand der *Jungen Nationaldemokraten* eine neue politische Heimat finden können. Auch Angehörige der als kriminelle Vereinigungen eingestuften Kameradschaften *Westerwald* und *Sturm 34* stehen der Partei nahe.

Entsprechend dem militanten Selbstverständnis vieler rechter Führungskader werden die unterschiedlichsten Methoden gegen Kritiker und Andersdenkende angewandt. Dabei wird Gewalt nicht mehr nur mit dem Baseballschläger ausgeübt, sondern zunehmend auch das Internet genutzt, um Macht zu demonstrieren und andere einzuschüchtern. Einer, der dies zu spüren bekam, ist der Greifswalder Student Benjamin S. Der angehende Theologe erstattete gegen mehrere Betreiber von Internetseiten mit rechtsextremistischem Inhalt Strafanzeige. Seither hat sich sein Leben verändert. S. lebt gefährlich, er ist ins Visier gewaltbereiter Neonazis geraten. Ständig erreichen ihn Drohungen per Post, E-Mail oder Telefon. Fingierte Bestellungen in Versandhauskatalogen unter seinem Namen und das Verschicken von Viren an seine E-Mail-Adresse gehören noch zu den harmlosesten Schikanen. Ein Rechtsextremist, der sich hinter dem Pseudonym »wartender Krieger« verbirgt, forderte: »Ein Glas Säure ins Gesicht.« Einschüchterungen und Drohungen gehören für Benjamin S. fast zum Alltag. »Dabei habe ich nichts weiter als meine Pflicht getan«, sagt er. Doch er lässt sich nicht einschüchtern. Ein anonymer Schreiber namens »Runenraunen« empfahl für den couragierten jungen Mann aus Greifswald eine »Opferberatung«, wie sie auch im sächsischen Mügeln »angerückt ist«. Mügeln ist einer der ostdeutschen Orte, die 2007 wegen rechter Gewalttaten bundesweit in die Schlagzeilen gerieten.

Mügeln mit seinen 5000 Einwohnern ist auf den ersten Blick eine ganz normale Kleinstadt in Westsachsen, etwa 50 Kilometer von der Messestadt Leipzig entfernt. Aber deutsche Volksfeste können für manche Menschen immer gefährlicher werden. Das zeigte sich auch im August 2007, als auf dem Marktplatz das 12. Altstadtfest gefeiert wurde. An alles war gedacht worden: für die Kleinen eine Hüpfburg, für die Großen ein Festzelt. Am Abend sollte dann zu den Klängen fetziger Musik der 50er und 60er Jahre »die Post abgehen«. Eine Gruppe von acht Indern wollte mitfeiern. Kurz nach Mitternacht rempelte einer von ihnen einen Deutschen auf der Tanzfläche an. Das, was danach passierte, glich nach Angaben der Ermittler »einer regelrechten Gewaltorgie«.

Etwa 50 Jugendliche versammelten sich vor dem Festzelt, dann begannen sie, die Inder durch die Gassen des Ortes zu hetzen. Einige Mügelner prügelten dabei auf die Gejagten ein, riefen ausländerfeindliche Parolen. Andere schrien: »Hier regiert der nationale Widerstand.« Die braune Hatz endete in der Pizzeria »Picobello«, in der die Inder bei einem Landsmann Zuflucht gesucht hatten. Plötzlich splitterte Glas, Steine flogen gegen die Fensterfront des Lokals, Türen wurden eingetreten und das Auto des Ladenbesitzers demoliert. Nach einer Stunde beendeten 70 aus der Umgebung herangezogene Polizisten den Gewaltexzess, an dessen Ende 14 Personen, darunter alle acht Inder, verletzt waren. Mügelns FDP-Bürgermeister Gotthard Deuse war anschließend um nichts mehr als den Ruf seiner Stadt besorgt. Vor den Medien spielte er den braunen Mob herunter: »Hier gibt es keine Rechtsextremen.« Dabei ließ er auch die Tatsache außer acht, dass bei der Landtagswahl 2004 immerhin 9,7 Prozent der Wahlberechtigten in Mügeln ihr Kreuz bei der neonazistischen NPD gemacht hatten. Außerdem hat in dem Ort, in dem es angeblich keine Rechtsextremisten geben soll, der extrem rechte Musikversand No Colours Records seinen Firmensitz. Aber der gute Ruf war dem Bürgermeister scheinbar wichtiger, als dass Ursachen und Wahrheit ans Tageslicht kommen sollten.

Für den Präsidenten des Bundesamtes für Verfassungsschutz, Heinz Fromm, war die NPD für die Mügelner Hetzjagd »mitverantwortlich, weil sie eine rassistische Propaganda betreibt«. Auch SPD-Chef Kurt Beck sah die NPD als Ursache für die Gewalttat an. Er forderte ein neues Verbotsverfahren gegen die Partei. Die hingegen versuchte sogar noch aus den Krawallen politisches Kapital zu schlagen und nutzte die Ereignisse in Mügeln für ihre Propaganda. So hielt der Chef der sächsischen NPD-Landtagsfraktion, Holger Apfel, die »Medienhysterie im Fall Mügeln« für »unangebracht« und verkehrte das Geschehen ins Gegenteil. Für Apfel waren die Vorfälle eine Hetzjagd auf die Mügelner Bürger – also acht Inder gegen 50 Mügelner. Nachdem sich Wirtschaftsminister Michael Glos (CSU) bei der indischen Regierung für die Mügelner Hetzjagd entschuldigt hatte, reagierte die extrem rechte Partei prompt. NPD-Mann Apfel verfasste einen Offenen Brief an den indischen Ministerpräsidenten. Darin stand, »daß die Einwohner von Mügeln sich nicht zu entschuldigen haben, da der Ablauf der Tat nicht geklärt ist und die Erstanwendung von Gewalt nach dem bisherigen Ermittlungsstand von den indischen Staatsangehörigen ausging«. Mittlerweile sind die ersten Urteile gegen Tatbeteiligte wegen Volksverhetzung ergangen. Die ungenierte Propaganda der NPD geht hingegen weiter. Fakten spielen für die Neonazis scheinbar keine Rolle. Trotz der Verurteilungen spricht die NPD von einer angeblichen Kriminalisierungskampagne. Anfang Januar teilte sie mit, dass sie über 30 000 Flugblätter vorbereiten würde, die »die Menschen weiter gegen den deutschenfeindlichen Lügenbetrieb aufbringen werden«.

In erster Linie konzentriert sich der öffentliche Blick auf fremdenfeindliche Gewalt in den ostdeutschen Bundesländern. Doch sie wächst auch im Westen der Republik. Statistisch gesehen werden durchschnittlich drei rechte Gewalttaten pro Tag in Deutschland registriert. Rechte Alltagsgewalt hat viele Gesichter, wie die nachfolgenden Beispiele zeigen.

Im Oktober 2006 sollen drei junge Männer und eine junge Frau im Alter von 16 und 17 Jahren mehrere Brandsätze auf ein vornehmlich von Ausländern bewohntes Mehrfamilienhaus im mittelfränkischen Bad Windsheim geworfen haben. Zwei der jungen Männer wird zudem zur Last gelegt, gemeinsam mit

einer anderen jungen Frau im März 2007 einen jüdischen Fried-
hof verwüstet haben. Die ermittelnde Justiz unterstellt den Angeklagten ausländerfeindliche Motive und wirft ihnen »aus
niedrigen Beweggründen, heimtückisch und mit gemeingefähr-
lichen Mitteln begangenen versuchten Mord in 42 Fällen sowie
versuchte schwere Brandstiftung« vor.

An einem Novemberabend des Jahres 2007 flogen Steine gegen ein Lokal in der Dortmunder Innenstadt, das vornehmlich
von Migranten besucht wird. Die Fensterscheiben gingen zu
Bruch. Unter lautem Gegröle und den Rufen »Scheißausländer«
und »Scheißtürken« stürmte eine Gruppe von etwa 30 Rechtsextremisten das Lokal. Angesichts der großen Übermacht
wichen die Türsteher zurück. Ein Gast wurde mit einer Schuss-
waffe bedroht und durch Pfefferspray verletzt. Beim Eintreffen
der Polizei versuchten die Täter zu flüchten. Nicht allen gelang
das. Fünf Neonazis gingen den Beamten ins Netz.

Anfang Dezember 2007 griffen sieben Männer aus der rechten Szene im Alter von 16 bis 38 Jahren im baden-württember-
gischen Sandhausen einen Deutschen türkischer Herkunft in
einem Bus an. Nachdem die Männer sich zu dem Mann gesetzt
hatten, provozierten sie ihn und riefen rechte Parolen. Der
29-Jährige wollte sich aus dieser Situation befreien und ging in
den vorderen Bereich des Busses. Für die Rechten das Signal,
um auf den wehrlosen Mann einzuprügeln.

Schnell kann die Dynamik rechter Gewalt auch die eigenen
Kameraden treffen. Während Neonazis nach außen hin Geschlossenheit demonstrieren und den Mythos Kameradschaft
beschwören, gibt es auch immer wieder interne gewalttätige
Auseinandersetzungen. Bei Geldstreitigkeiten zum Beispiel hört
die Kameradschaft bald auf. Einer, der dies am eigenen Leib
erfuhr, ist der rechte Unternehmer Philipp Schlaffer. Von Wismar
aus betrieb er mehrere Szeneläden, Versandgeschäfte und Musik-
labels. Zum Streit kam es, als Schlaffer im August 2006 ein Geschäft in Berlin-Oberschöneweide schloss. Als Betreiber hatte er
dort Alexander Willibald Bahls, Drummer der Skinband *Spreegeschwader*, eingesetzt. Zwei Monate später erhielt Schlaffer
unerwarteten Besuch von seinem alten Geschäftspartner Bahls.
Dieser kam nicht allein, sondern in Begleitung zweier Kameraden. Bahls und seine Kumpane forderten von Schlaffer 10 500
Euro aus der alten Geschäftsbeziehung. Um der Ernsthaftigkeit

ihrer Forderung Nachdruck zu verleihen, hatten sie eine Axt und Totschläger dabei. Da Schlaffer nicht zahlen konnte, nahmen sie mehrere hundert Euro, drei EC-Karten und eine Kreditkarte an sich. Schlaffer rief die Polizei. Im Mai 2007 wurde Bahls vom Landgericht Schwerin zu einer Freiheitsstrafe von drei Jahren verurteilt. Das hat die Szene Schlaffer übelgenommen. Auch bei Rechtextremisten gilt eine Art Ehrenkodex. Im Internet kursierten alsbald diverse Boykottaufrufe gegen die Unternehmen von Schlaffer. Ihm wurde intern auch vorgeworfen, nicht genug Finanzmittel in die Bewegung zurückfließen zu lassen, sondern sich zu bereichern.

Dabei ist Schlaffer kein unbeschriebenes Blatt. Vor Schlaffers »Werwolfshop« in Wismar spielte sich im August 2006 eine erschreckende Szene ab, als bullige Glatzköpfe mit Baseballschlägern aus dem Laden stürzten, um auf Gegendemonstranten loszugehen, und nur von zwei Polizisten mit gezogener Waffe in Schach gehalten werden konnten. Überhaupt hat sich die beschauliche Hansestadt zu einer neonazistischen Hochburg im Norden entwickelt. Aus dem »nationalen Wohnprojekt« »Wolfshöhle II« in der Fischerstraße etwa wurden im April 2007 mit einer Zwille Stahlkugeln auf Gegendemonstranten geschossen, auf Kameras von Journalisten wurde ebenfalls gezielt. Ein junger Mann erlitt dabei eine Kopfverletzung.

Die Gewalt untereinander ist in der Szene fast alltäglich, nur die Öffentlichkeit erfährt wenig davon. In den strengen hierarchischen Strukturen werden oft schon vermeintlich kleine Verfehlungen – auch mittels Gewalt – geahndet. So sind vor dem Amtsgericht Wismar seit Juli 2007 fünf Männer angeklagt, gemeinsam einen Bekannten getötet zu haben. Einer der Angeklagten war bereits an der Baseballschläger-Aktion vor Schlaffers »Werwolfshop« beteiligt gewesen; er ist als Neonazi bekannt, auch die anderen Betroffenen werden dem braunen Milieu zugerechnet. Dennoch will die Staatsanwaltschaft nicht von einer Tat in der rechten Szene sprechen. Die Männer im Alter zwischen 17 und 37 Jahren sollen Andreas F. in der Neujahrsnacht 2007 stundenlang gequält haben, bis Henning W. dann mit einem Küchenmesser mehrfach auf den bereits Verletzten eingestochen habe.

Ein befreundeter Getränkehändler erhielt an diesem Januarnachmittag den Anruf, er solle »Schnaps, Cola und Zigaretten« in die Wohnung von Henning W. in der Liselotte-Hermann-

Straße liefern. Das spätere Opfer, das ein Freund noch gewarnt hatte, fuhr mit. Es brach ein Streit aus, der in ein Handgemenge überging. Die Ursache der Auseinandersetzung konnte bisher auch vor Gericht nicht geklärt werden. Das Opfer lag bereits stark blutend am Boden, als der Getränkelieferant die Wohnung verließ. Als er am Abend noch mal zurückkehrte, sah er »viel Blut« an Wänden und am Boden. Die Polizei fand am 2. Januar allerdings eine völlig gesäuberte Wohnung vor. Henning W. hatte in Begleitung seines Anwalts bei der Polizei gemeldet, dass eine Leiche in seiner Wohnung liege. Mehr sagte er nicht. Der Tote wies schon Leichenstarre auf. In der Wohnung fielen den Beamten rechtsextremistische Devotionalien auf. Anwohner sprachen von einer »Nazi-Wohnung«, die immer wieder als Anlaufpunkt gedient habe. Die Zimmer waren aufgeräumt und der Boden noch feucht vom Wischen. Nur in einem Eimer und in der Badewanne stießen sie auf »rotes Wasser«. Sauber war um die Leiche gewischt worden. Von einer politisch motivierten Tat wollte niemand reden, die Motive des Streits seien unbekannt.

Das kann man auch anders deuten. Der Sozialwissenschaftler Michael Kohlstruck hat sich mit den Ursachen rechtsextremistischer Gewalt auseinandergesetzt. In einer Studie weist er auf den in der Szene üblichen Doppelcharakter von Gewalt hin. Die Gewalt, so Kohlstruck, ist einerseits eine Form aggressiver Selbstdarstellung und andererseits Ausdruck einer politischen Haltung. Gewalt wird in diesem Milieu zum politischen Mittel, ideologisch legitimiert und praktisch verübt. Das Täterspektrum reicht, so betont Kohlstruck, »vom einfachen Schläger bis zum geschulten Ideologen«.

Der Bürgermeister von Bützow in Mecklenburg-Vorpommern hat sich bei den Opfern des ausländerfeindlichen Angriffs entschuldigt. Doch die braune Alltagsgewalt reißt auch in seiner kleinen Stadt nicht ab. Mitte Januar 2008 überfiel eine Gruppe »rechtsgerichteter Jugendlicher« eine Geburtstagsparty von Punkern. Sie schlugen mit Flaschen auf die Gäste ein. Nach Angaben der Staatsanwaltschaft in Rostock wird gegen einige der Angreifer ohnehin schon ermittelt: Sie gehörten zum braunen Mob der Stadtfest-Randale.

Anhang

Literaturverzeichnis

Verwendete Literatur

Agentur für soziale Perspektive e.V. (Hg.): Versteckspiele. Lifestyle, Symbole und Codes von neofaschistischen und extrem rechten Gruppen. Hamburg//Münster: rat, 2005.

Apfel, Holger (Hg.): »Alles Große steht im Sturm« – Tradition und Zukunft einer nationalen Partei. Stuttgart: DS-Verlag, 1999.

Assmann, Aleida/Frevert, Ute: Geschichtsvergessenheit, Geschichtsversessenheit – Vom Umgang mit der deutschen Vergangenheit nach 1945. Stuttgart: Deutsche Verlagsanstalt, 1999.

Benoist, Alain de: »Kulturevolution von rechts«. Krefeld: Sinus-Verlag, 1985.

Benoist, Alain de: Aus rechter Sicht. Tübingen: Grabert-Verlag, 1983.

Bitzan, Renate (Hg.): Rechte Frauen. Skingirls, Walküren und feine Damen. Berlin: Elefanten Press, 1997.

Botsch, Gideon/Kopke, Christoph/Rensmann, Lars/Schoeps, Julius H.: Rechtsextremismus in Brandenburg – Handbuch für Analyse, Prävention und Intervention. Berlin: Verlag für Berlin-Brandenburg, 2007.

Braun, Stephan/Vogt, Ute (Hg.): Die Wochenzeitung »Junge Freiheit« – Kritische Analysen zu Programmatik, Inhalt, Autoren und Kunden. Wiesbaden: VS Verlag, 2007.

Breuer, Stefan: Anatomie der Konservative Revolution. Darmstadt: Wissenschaftliche Buchgesellschaft, 1993.

Butterwegge, Christoph: Rechtsextremismus. Freiburg im Breisgau: Herder, 2002.

Cremet, Jean/Krebs, Felix/Speit, Andreas: Jenseits des Nationalismus – Ideologische Grenzgänge der »Neuen Rechten« – ein Zwischenbericht. Hamburg/Münster: rat, 1999.

Decker, Oliver/Brähler, Elmar/Geißler, Norman: Vom Rand zur Mitte – Rechtsextreme Einstellungen und ihre Einflussfaktoren in Deutschland. Berlin: Friedrich Ebert Stiftung, 2006.

Deutsche Stimme Verlag: Taschenkalender des nationalen Widerstands. Riesa: DS-Verlag, 2006, 2007 und 2008.

Dornbusch, Christian/Raabe, Jan: RechtsRock. Bestandsaufnahme und Gegenstrategie. Hamburg/Münster: rat, 2002.

Dornbusch, Christian/Raabe, Jan/Begrich, David: RechtsRock – Made in Sachsen-Anhalt. Magdeburg: Landeszentrale für politische Bildung Sachsen-Anhalt, 2007.

Dornbusch, Christian/Virchow, Fabian: 88 Fragen und Antworten zur NPD. Schwalbach/Ts.: Wochenschau Verlag, 2008.

Evola, Julius: Heidnischer Imperialismus (1928). Leipzig: Armanen-Verlag, 1933.

Friedrich-Ebert-Stiftung/Forum Berlin: Der Aufstand der Zuständigen – Was kann der Rechtsstaat gegen Rechtsextremismus tun? Friedrich-Ebert-Stiftung: Berlin, 2007.

Hafeneger, Benno/Schönfeld, Sven: Politische Strategien gegen die extreme Rechte in Parlamenten – Folgen für kommunale Politik und lokale Demokratie. Berlin: Friedrich-Ebert-Stiftung, 2007.

Heitmeyer, Wilhelm: Deutsche Zustände. Folge 5. Frankfurt am Main: Suhrkamp, 2007.

Heitmeyer, Wilhelm: Deutsche Zustände. Folge 6. Frankfurt am Main: Suhrkamp, 2008.

Hundseder, Franziska: Rechte machen Kasse – Gelder und Finanziers der braunen Szene. München: Knaur, 1995.

Kershaw, Ian: Hitler, 1889–1936, 1936–1945. Stuttgart: Deutsche Verlags Anstalt, 1998, 2000.

Kraske, Michael/Werner, Christian: … und morgen das ganze Land – Neue Nazis, »befreite Zonen« und die tägliche Angst – ein Insiderbericht. Freiburg: Herder, 2007.

Krebs, Pierre: Die europäische Wiedergeburt. Tübingen: Grabert-Verlag, 1982.

Lenk, Kurt/Meuter, Günter/Otten, Henrique Ridardo: Vordenker der Neuen Rechten. Frankfurt am Main: Campus Verlag, 1997.

Mecklenburg, Jens (Hg): Handbuch Deutscher Rechtsextremismus. Berlin: Elefanten Press, 1996.

Moeller van den Bruck, Arthur: Das Dritte Reich. Berlin: Ring Verlag, 1923.

Mohler, Armin: Die Konservative Revolution in Deutschland 1918–1932. Ein Handbuch. Darmstadt: Wissenschaftliche Buchgesellschaft, 1994.

Molau, Andreas: Die Entdeckungen des Alexander Kern. Berlin: Vorreiter Verlag, 2008.

NPD-Parteivorstand Amt für Öffentlichkeitsarbeit (Hg.): Argumente für Kandidaten & Funktionsträger. Berlin: NPD, 2006.

Pfahl-Traughber, Armin: »Konservative Revolution« und »Neue Rechte«. Opladen: Leske + Budrich, 1998.

Röpke, Andrea: Ferien im Führerbunker – die neonazistische Kindererziehung der Heimattreuen Deutschen Jugend (HDJ). Braunschweig: Bildungsvereinigung Arbeit und Leben, 2007.

Röpke, Andrea: Retterin der weißen Rasse – Rechtsextreme Frauen zwischen Straßenkampf und Mutterrolle. Braunschweig: Bildungsvereinigung Arbeit und Leben, 2005.

Röpke, Andrea: Wir erobern die Städte vom Land aus! Schwerpunktaktivitäten der NPD und Kameradschaftsszene in Niedersachsen. Braunschweig: Bildungsvereinigung Arbeit und Leben, 2005.

Röpke, Andrea/Speit, Andreas (Hg.): Braune Kameradschaften – Die militanten Neonazis im Schatten der NPD. Berlin: Ch. Links Verlag, 2005.

Schmitt, Carl: Der Begriff des Politischen (1932). Berlin: Duncker & Humblot, 1991.

Schröm, Oliver/Röpke, Andrea: Stille Hilfe für braune Kameraden. Das geheime Netzwerk der Alt- und Neonazis. Berlin: Ch. Links Verlag, 2001.

Speit, Andreas: Mythos Kameradschaft – Gruppeninterne Gewalt im neonazistischen Spektrum. Braunschweig: Bildungsvereinigung Arbeit und Leben, 2005.

Speit, Andreas: Rechtsextremisten in Norddeutschland – Wer sie sind und was sie tun! Brüssel: Die Grünen im Europäischen Parlament, 2007.

Staud, Toralf: Moderne Nazis: Die neuen Rechten und der Aufstieg der NPD. Köln: Kiepenheuer und Witsch, 2005.

Stein, Dieter: Phantom »Neue Rechte«. Edition JF. Berlin: Junge Freiheit Verlag, 2005.

Stöss, Richard: Rechtsextremismus im Wandel. Berlin: Friedrich-Ebert-Stiftung, 2005.

Volkov, Shulamit: Antisemitismus als kultureller Code. München: C.H. Beck, 2000.

Weser-Kurier: Sie marschieren wieder. Bremen: Verlag Bremer Tageszeitung, 2005.

Woche, Klaus R.: Deutschland und die Kriegsursachen. Mit einem Geleitwort von Günther Kissel. Berg: Türmer-Verlag 1990

Zobel, Jan: Volk am Rand – NPD: Personen, Politik und Perspektiven der Antidemokraten. Berlin: Edition Ost, 2005.

Verwendete Fachzeitschriften

Aida-Archiv Nachrichten – Antifaschistische Infoblatt – Blick nach Rechts – Der Rechte Rand – Enough is enough – Lotta

Verwendete Gesinnungszeitschriften/-broschüren

Antikapitalismus von rechts: Nationalen Sozialismus durchsetzen – Brennnessel – Der Aktivist – Der Pappenheimer – Der weiße Wolf – Deutsche Geschichte – Deutsche Stimme – Die Frau in der Nationalen Bewegung – Frontal – Funkenflug – Globalisierung: Das Elend der amerikanischen Eroberer – Hamburger Sturm – Hier & Jetzt – Junge Freiheit – JVA-Report – Mehr Demokratie wagen: Hände weg von der NPD – Nation & Europa – National-Zeitung – perplex – Privatisierung: Wirtschafts- und Plünderungsstandort Deutschland – Schinderhannes – Stimme des Gewissens – Unser Leben 2008 – Volk in Bewegung

Danksagung

Unser Dank gilt:

Peter Müller und Jan Kahlcke von der »taz«-Nord, Janine Clausen und Uwe Seher vom »Rechten Rand« und Reinhard Koch und David Janzen von der Arbeitsstelle Rechtsextremismus und Gewalt (arug) für freundschaftliche Ratschläge und kenntnisreiche Unterstützung;

Martina Renner, Cornelia Habisch und Michael Quelle für fachliche Auskünfte und leise Hilfen;

den Opferberatungsstellen, u. a. Lobbi e.V., Mobiles Beratungsteam Mecklenburg-Vorpommern und Miteinander e.V. in Sachsen-Anhalt, sowie Günther Hoffmann für die vielen informellen Hinweise;

Anke Landwehr von den »Verdener Nachrichten« und hilfsbereiten Kollegen aus Regionalredaktionen sowie vom Norddeutschen und vom Westdeutschen Rundfunk und natürlich den freien Kollegen aus allen Bundesländern, mit denen wir einen freundlichen Informationsaustausch pflegen dürfen;

den Fotokollegen, die uns begleiten, beraten und auch mal schützen;

Anton Maegerle und seinem Riesenfundus – ohne ihn wäre manche Hintergrundgeschichte nur halb so spannend;

Christoph Links, unserem Verleger, auch dafür, unabhängig von Konjunkturen dieses Thema aufgegriffen zu haben, und Stephan Lahrem für das einfühlsame Lektorat;

all denjenigen – auf eigenen Wunsch – Unerwähnten, die uns seit Jahren eng verbunden sind und uns bei den langjährigen Recherchen begleitet haben;

manch leisem Aussteiger bzw. Aussteigerin aus der Szene, die geduldig Rede und Antwort gestanden haben.

Last but not least: Es ginge nichts ohne Familie, Freunde und ihre Solidarität und Rücksicht. Danke!

Andrea Röpke, Andreas Speit

Personenregister

Kursiv gesetzte Seitenangaben beziehen sich auf Bildunterschriften.

Angaben zu den Autoren

Robert Andreasch
Jg. 1973, arbeitet als freier Journalist; zahlreiche Beiträge über die extreme Rechte in Süddeutschland, u. a. für die »Süddeutsche Zeitung« sowie für den Bayerischen Rundfunk und »Report Mainz«. Co-Autor in »88 Fragen und Antworten zur NPD« (2008).

Christian Dornbusch
Jg. 1970, Promotionsstipendiat der Friedrich-Ebert-Stiftung an der Heinrich-Heine-Universität Düsseldorf; schreibt für die Fachzeitschrift »Der Rechte Rand«. Mitherausgeber von »Rechtsrock« (2002) und »88 Fragen und Antworten zur NPD« (2008), Co-Autor von »Unheilige Allianzen. Black Metal zwischen Satanismus, Heidentum und Neonazismus« (2006).

Thomas Niehoff
Jg. 1964, lebt als freier Journalist in Mecklenburg-Vorpommern; schreibt und arbeitet für verschiedene Fernsehmagazine, Tageszeitungen und ist regelmäßiger Autor beim Fachorgan »blick nach rechts«.

Jan Raabe
Jg. 1965, Dipl. Sozialpädagoge, Arbeitsschwerpunkt rechte Jugendkulturen und Musik; Referent für Argumente & Kultur gegen rechts e.V. Mitherausgeber von »Rechtsrock« (2002), Co-Autor von »RechtsRock – Made in Sachsen-Anhalt« (2007) und Co-Autor in »Braune Kameradschaften« (2004) und »88 Fragen und Antworten zur NPD« (2008)

Andrea Röpke
Jg. 1965, Dipl. Politologin; freie Journalistin mit dem Schwerpunkt Rechtsextremismus u. a. für »Panorama«, »Monitor« und »Kontraste«, Autorin beim »blick nach rechts« und »Der Rechte Rand«. Veröffentlichungen: »Ferien im Führerbunker« (2007), Mitherausgeberin von »Braune Kameradschaften« (2004), Co-Autorin von »Stille Hilfe für braune Kameraden« (2006). 2005 Journalistenpreis Stiftung Denkmalschutz (mit René Schulthoff); »Reporterin des Jahres 2006« des Medium-Magazins; 2007 »Leuchtturm für besondere publizistische Leistungen« des Netzwerk-Recherche (mit Thomas Kuban und Anton Maegerle).

Andreas Speit
Jg. 1966, Diplom-Sozialökonom; freier Journalist, »taz«-Kolumnist zum Thema »extreme Rechte« und Autor für die »taz Nord«, »Freitag«, »blick nach rechts« und »Der Rechte Rand«. Veröffentlichungen: »Mythos Kameradschaft« (2005); »Rechtsextremismus in Norddeutschland« (2007), Herausgeber von »Ästhetische Mobilmachung« (2002), Mitherausgeber von »Braune Kameradschaften« (2004), Co-Autor in »Rechtsrock« (2002) und »88 Fragen und Antworten zur NPD« (2008). Ausgezeichnet vom Medium-Magazin in der Rubrik Lokaljournalisten 2007.